船舶工程识图与绘图

主　编　孙　杰

副主编　梁　爽

参　编　姜　涛　赵维信　付秀丽

　　　　李鸿飞　孙　超

主　审　朱凤艳

北京理工大学出版社

BEIJING INSTITUTE OF TECHNOLOGY PRESS

内 容 提 要

本书依据技术制图与机械制图相关国家标准规范、船舶行业职业标准（规范）和专业人才培养方案（专业标准）等进行编写。本书主要内容包括绪论、学习制图基本知识和技能、绘制与识读组合体三视图、绘制船用机件图样、识读与绘制船舶典型零件图、识读与绘制装配图、构建船舶柴油机零件三维模型。

本书可作为船舶与海洋工程装备类相关专业的教材，也可供船舶工程行业相关工程技术人员工作时参考。

图书在版编目（CIP）数据

船舶工程识图与绘图 / 孙杰主编.--北京：北京
理工大学出版社，2022.8
ISBN 978-7-5763-1037-5

Ⅰ.①船⋯　Ⅱ.①孙⋯　Ⅲ.①船舶工程－工程制图－
识图－高等学校－教材　Ⅳ.①U66

中国版本图书馆CIP数据核字（2022）第030917号

出版发行／北京理工大学出版社有限责任公司
社　　　址／北京市海淀区中关村南大街5号
邮　　　编／100081
电　　　话／（010）68914775（总编室）
　　　　　　（010）82562903（教材售后服务热线）
　　　　　　（010）68944723（其他图书服务热线）
网　　　址／http://www.bitpress.com.cn
经　　　销／全国各地新华书店
印　　　刷／河北鑫彩博图印刷有限公司
开　　　本／787毫米×1092毫米　1/16
印　　　张／16
字　　　数／388千字
版　　　次／2022年8月第1版　2022年8月第1次印刷
定　　　价／79.00元

责任编辑／阎少华
文案编辑／阎少华
责任校对／周瑞红
责任印制／王美丽

前言

Foreword

本书按照工程制图课程标准及教学基本要求，围绕船舶工程技术高水平专业群项目建设，依据技术制图与机械制图相关国家标准规范、船舶行业职业标准（规范）和专业人才培养方案（专业标准）等编写而成。

本书的编写吸取了近年来船舶工程制图与识图教学改革的成功经验和相关企业专家的建议与意见，编写过程中力求实现"科学性与实用性相结合、教材内容与专业特色相结合"的目标，使学生能学有所悟、练有所思，从而培养学生的多向思维能力和自主学习习惯，满足复合型技术人才培养的需要。本书在教学设计和内容组织上具有以下特色：

（1）编写模式新颖，教材体系体现职业教育特色。本书打破传统的章节编写模式，采用以"做中学"为主的学习路径和模式，更好地体现"教、学、做"一体的教育特色。本书编写时有企业专家的共同参与，教学内容符合专业职业岗位要求，全书的任务设置与实施既能满足既有的实在载体，又有完整工作过程的要求，由简单到复杂地将学科知识有效融入，通过"模块化"和"任务实施"的教学完成每个模块、任务的学习。

（2）教材内容符合船舶行业要求。本书以船舶制造为背景，任务实例选用体现船舶工程专业特色的典型图纸，从而更好地实现船舶工程制图和识图的基本技能训练。

（3）贯彻新标准。本书编写时采用的技术制图和机械制图相关标准均为现行国家标准。

（4）将"教材"变为"学材"。依据学生的认知规律和技能形成规律，全书将工作任务转换为学习模块，将素质教育与业务培养相结合、知识传授与能力培养相结合，以学生为中心，发挥其自主学习的主观能动性。

（5）教学资源丰富。本书素材全面，开发了微课、教案、课件、习题（含答案）等配套教学资源。

（6）教材版面设计精美，图线规范、准确。

本书主要内容包括绪论、学习制图基本知识和技能、绘制与识读组合体三视图、绘制船用机件图样、识读与绘制船舶典型零件图、识读与绘制装配图、构建船舶柴油机零件三维模型。

Foreword

　　本书由渤海船舶职业学院孙杰担任主编；由渤海船舶职业学院梁爽担任副主编；渤海船舶重工集团有限公司姜涛，渤海船舶职业学院赵维信、付秀丽、李鸿飞、孙超参与编写。具体编写分工如下：孙杰编写绪论、模块1、模块3、模块4和模块5，并负责全书内容的组织和统稿；梁爽编写模块2；姜涛提供职业岗位标准、技能要求及企业资料；赵维信编写模块6；付秀丽编写习题；李鸿飞、孙超编写附录。全书由渤海船舶职业学院朱凤艳主审。本书在编写过程中，得到了渤海船舶职业学院姜昊宇的支持与帮助，在此表示感谢！

　　由于编者水平有限，书中难免存在疏漏和不足之处，敬请读者批评指正。

编　者

目录

Contents

绪　论

一、课程的研究对象

　　船舶工程识图与绘图是以船舶制造为背景，研究绘制与识读有关船舶常用机械图样的一门课程，主要内容包括正投影法的原理及应用、国家标准中关于技术制图和机械制图的有关规定、绘制和识读船舶机械图样的技巧与方法等。

　　在实际生产中，为了准确表达工程对象的形状、大小、相对位置及技术要求等，要将工程对象按一定的投影方法和有关技术规定表达在图纸上，这种图纸称为工程图样，简称图样。工程图样是表达和交流技术思想的重要工具，也是工程技术部门的一项重要技术文件。

　　我们学习的机械图样是工程图样应用较多的一种。本书通过研究三维形状与二维图形之间的一一映射规律，进行机械图样的绘制、看图实践，训练工程图学的思维方式，培养学生的工程图学素质。学生具有描述形体形状和表达、识别形体形状的能力，是其具有工程图学素质的外在表现；学生具有工程图学思维方式，才是其工程图学素质的内在反映。本课程的教学着眼点，就是教会学生形象（直觉）思维和抽象（逻辑）思维相结合的工程图学思维方式，培养学生的工程图学素质。

　　本书是以任务和模块的形式，从研究基本体开始进行学习，通过绘制轴承座机件的图样，了解投影法的概念、三视图的形成过程；通过学习绘制船舶机件，掌握机件的图样画法；通过以船舶制造为背景，进行识读与绘制船用典型零件图、识读与绘制装配图的学习，培养船舶工程相关专业的学生能够掌握满足职业岗位需求的基本识图与绘图技能。

二、课程的性质、任务

1. 课程的性质

　　本课程是一门实践性较强的专业基础课，是培养工程技术应用人才的一门主干技术专业基础课。它是研究有关船舶行业工程图样的绘制（画图）、识读（看图）规律与方法的一门学科。设计者可通过图样来表达设计意图，制造者可通过图样进行零件加工，使用者可通过图样了解工程设备的结构和性能，凡从事工程技术工作的人员都必须具有画图的技能和看图的本领。

　　本课程的主要目的是通过对识读和绘制图纸的技能训练，使学生掌握有关船舶行业机器（或部件）的结构形状特征、装配关系、工作原理，以满足船舶工程相关专业的岗位要求。

　　通过本课程的学习，学生可掌握有关船舶机械设备安装、调试、运行管理和维修所需要的基本技能，提升适应船舶修造生产所需的知识、能力和职业素养，从而为后续课程的学习打下坚实的基础。

2. 课程的主要任务

（1）学习投影理论及其应用。

（2）学习贯彻《机械制图》《技术制图》国家标准及其有关规定。

(3)培养绘制和识读船舶工程相关专业领域机械图样的能力。

(4)培养空间形象思维的能力、自学能力、综合分析能力、动手能力以及创新设计能力。

(5)培养爱岗敬业、团结协作、严谨细致的工作作风。

三、课程的学习方法

1. 掌握基础理论

本课程通过研究三维空间形体与二维图形之间的一一映射规律，培养学生的工程图学素质。需要自始至终把物体投影与物体形状紧密联系一起，不断"由物到图"和"由图到物"，做到物体与图样相结合。要多画多看，逐步培养逻辑思维和空间形象思维能力。

2. 理论联系实际

学习本课程，必须做到理论联系实际。制图课程不同于其他课程，重在动手能力和制图与识图技巧，因此，需要多做作业与练习，既要用理论指导画图、看图，又要通过画图与看图实践来加深对基础理论和作图方法的理解，只有这样才能真正学好本课程。

3. 多观察、多分析、多想象和多动手

在学与练结合的过程中，注意举一反三，做到虚实结合、空间与平面结合、具体与抽象结合、教师引路与自学结合。

模块1 学习制图基本知识和技能

模块概述

通过认识齿轮油泵装配图及泵体零件图，了解制图的基本知识和国家标准的有关规定。通过正确使用绘图工具和仪器绘制吊钩图样，掌握平面图形的绘制方法和步骤。

模块目标

一、知识目标

1. 了解国家标准中关于图纸幅面和格式、比例、字体及图线等方面的基本规定。
2. 掌握平面图形尺寸和线段分析的方法和步骤。

二、能力目标

1. 能够正确使用绘图工具和仪器。
2. 能熟练掌握几何作图的方法与技巧。

三、素质目标

1. 培养严谨细致的工作态度。
2. 培养发现问题、解决问题的能力。

任务 1.1 认识机械图样

任务描述

通过图 1-1-1～图 1-1-3，了解图样的概念、零件图与装配图的区别，以及国家标准关于机械制图的基本规定。

(a)   (b)

图 1-1-1 齿轮油泵立体分解图

(a)齿轮油泵外形图；(b)齿轮油泵零件

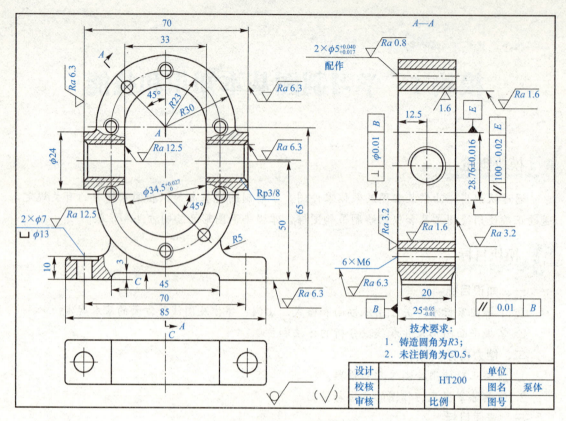

图 1-1-2　齿轮油泵泵盖零件图

🧰 任务目标

1. 了解零件图与装配图的区别。
2. 了解国家标准中关于图纸幅面和格式、比例、字体及图线等方面的基本规定。
3. 了解尺寸的标注方法。

📚 知识准备

一、图样

根据投影原理、标准或有关规定，表示工程对象（零件、机器等）并有必要技术说明的图，称为图样。图样用于不同的工程领域，可分为不同的工程图样，如"机械图样""建筑图样""水利图样"等。在生产实际中，应用较广的工程图样是零件图和装配图。

1. 零件图

表示零件的结构、大小及技术要求的图样，称为零件图。零件图是指导零件生产制造和检验的技术文件，制造机器或部件必须依照零件图中的材料备料，按照零件图的图形、尺寸和技术要求制造，然后按技术要求检验加工的零件是否达到规定的质量标准。图 1-1-2 所示为齿轮油泵泵盖零件图，采用三个图形表达了泵盖的结构形状，并标注了完整的结构尺寸和技术要求。

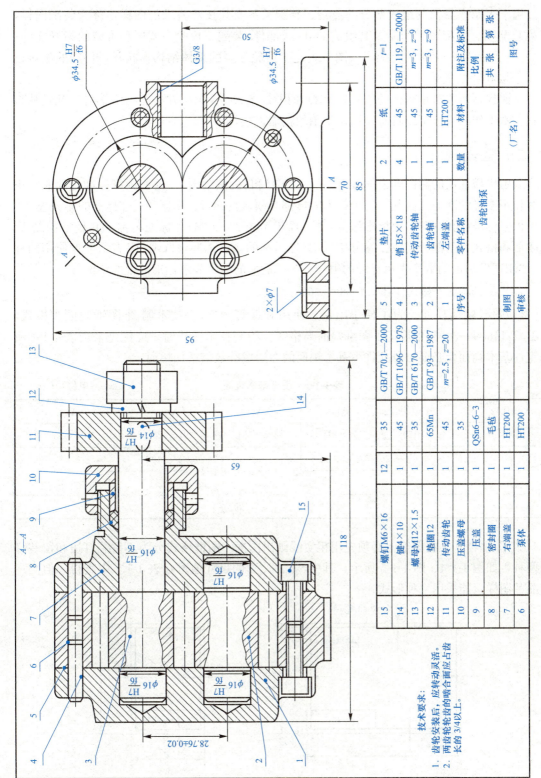

图1-1-3 齿轮油泵装配图

齿轮油泵

序号	零件名称	数量	材料	附注及标准
15	螺钉M6×16	12	35	GB/T 70.1—2000
14	键4×10	1	45	GB/T 1096—1979
13	螺母M12×1.5	1	35	GB/T 6170—2000
12	垫圈12	1	65Mn	GB/T 93—1987
11	传动齿轮	1	45	$m=2.5$, $z=20$
10	压盖螺母	1	35	
9	压盖	1	QSn6-6-3	
8	密封圈	1	毛毡	
7	右端盖	1	HT200	
6	泵体	1	HT200	
5	垫片	2	纸	
4	销 B5×18	4	45	GB/T 119.1—2000
3	传动齿轮轴	1	45	$m=3$, $z=9$
2	齿轮轴	1	45	$m=3$, $z=9$
1	左端盖	1	HT200	

比例 $r=1$　共 张　第 张　图号

制图　审核　（厂名）

技术要求：
1. 齿轮安装后，应转动灵活。
2. 两齿轮齿的啮合齿面应占齿长的3/4以上。

2. 装配图

用于表示产品及其组成部分的连接、装配关系及其技术要求的图样，称为装配图样，简称装配图。装配图是产品及其组成部分（或部件）装配、检验、调试和维修的指导文件。图 1-1-3 所示为齿轮油泵装配图，图中表达了齿轮油泵的整体结构形状及零件间的相对位置、连接和装配关系。

本课程是研究机械图样的绘制（画图）和识读（看图）规律与方法的一门学科，凡是从事工程技术工作的人员都应具有绘图及识图的技能。

二、国家标准

我国机械通用的制图国家标准是《技术制图》和《机械制图》。这些国家标准是绘制、识读和使用图样的准绳。因此，每个技术人员都必须认真学习、掌握和遵守标准的相关规定。

国家标准（简称国标）由标准编号（如 GB/T 14692—2008）和标准名称（如《技术制图 图纸幅面和格式》）两部分构成。编号中"GB"是国标的拼音缩写，"GB/T"表示推荐使用的标准，"GB/T"后面的数字表示标准的编号，"—"后面的数字表示标准的批准年份。

1. 图纸的幅面与格式（GB/T 14689—2008）

（1）图纸幅面尺寸。为了便于绘制、使用和保管图样，《技术制图 图纸幅面和格式》（GB/T 14689—2008）中规定了图纸幅面与格式。绘制技术图样时，应优先采用表 1-1-1 所规定的基本幅面，必要时也允许由基本幅面的短边成整数倍增加幅面。

表 1-1-1　图纸基本幅面　　　　　　　　　　　　　　单位：mm

幅面代号	A0	A1	A2	A3	A4
$B \times L$	841×1 189	594×841	420×594	297×420	210×297
e	20			10	
c	10			5	
a	25				

（2）图框格式。在图纸上必须先用粗实线画出图框。图框格式分为不留装订边和留装订边两种，如图 1-1-4、图 1-1-5 所示，其中，a、c、e 的尺寸值可在表 1-1-1 中查得，但同一产品的图样只能采用一种形式。

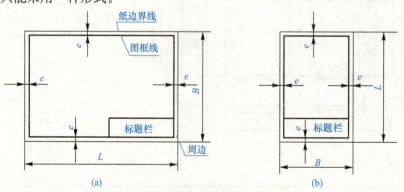

图 1-1-4　不留装订边图纸的图框格式
（a）图纸横放；（b）图纸竖放

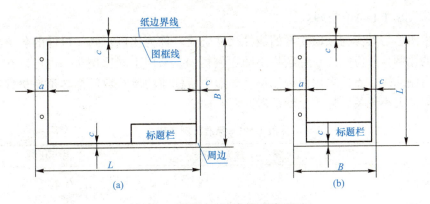

图 1-1-5　留装订边图纸的图框格式

(a)图纸横放；(b)图纸竖放

(3)标题栏。为了便于管理和查阅，每张图纸必须画出标题栏。标题栏的位置一般应在图纸的右下角，标题栏的格式和尺寸应按《技术制图 标题栏》(GB/T 10609.1—2008)的规定绘制，如图 1-1-6 所示。教学及制图作业中建议采用简化的标题栏，如图 1-1-7 所示。标题栏外框线及竖线为粗实线，横线为细实线。标题栏的文字方向应为看图方向。

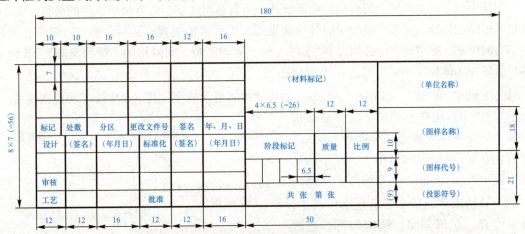

图 1-1-6　标题栏的格式

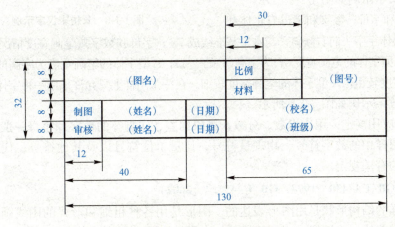

图 1-1-7　简化的标题栏格式

2. 比例（GB/T 14690—1993）

图样中图形与其实物相应要素的线性尺寸之比，称为比例。同一机件的各个视图一般采用相同的比例，并应标注在标题栏中的比例栏内；采用不同比例时，也可以在视图名称的下面或右侧标注。不论采用何种比例，图形中所标注的尺寸数值都必须是机件的实际尺寸，与图形的大小无关。标准比例系列见表 1-1-2。

表 1-1-2　标准比例系列

种类	原值比例	放大比例	缩小比例
优先选用比例	$1:1$	$2:1$　$5:1$　$1\times10^n:1$ $2\times10^n:1$　$5\times10^n:1$	$1:2$　$1:5$　$1:10$　$1:1\times10^n$ $1:2\times10^n$　$1:5\times10^n$
允许选用比例	—	$2.5:1$　$4:1$ $2.5\times10^n:1$　$4\times10^n:1$	$1:1.5$　$1:2.5$　$1:3$　$1:4$　$1:6$ $1:1.5\times10^n$　$1:2.5\times10^n$ $1:3\times10^n$　$1:4\times10^n$　$1:6\times10^n$

注：表中 n 为正整数。

3. 字体（GB/T 14691—1993）

图样中除了用图形表达机件的结构形状外，还需要用文字、数字说明机件的名称、大小、材料及机件在设计、制造、装配时的各项要求等。为使字体美观、易写、整齐，要求在图样中书写的汉字、数字、字母必须做到"字体工整、笔画清楚、间隔均匀、排列整齐"。各种字体号数即为字体高度，标注时大小要选择适当。字体大小分为 1.8 mm、2.5 mm、3.5 mm、5 mm、7 mm、10 mm、14 mm、20 mm。如需要书写更大的字，其字高应按 $\sqrt{2}$ 的比例递增。

（1）汉字。图样上的汉字应写成长仿宋体，并应采用国家正式公布推行的《汉字简化方案》中规定的简化字。汉字的高度不应小于 3.5 mm，字宽约等于字高的 $1/\sqrt{2}$。长仿宋字的基本要求是字体端正、横平竖直、起落分明、结构匀称、笔画挺拔、粗细一致、填满方格。

长仿宋汉字示例如图 1-1-8 所示。

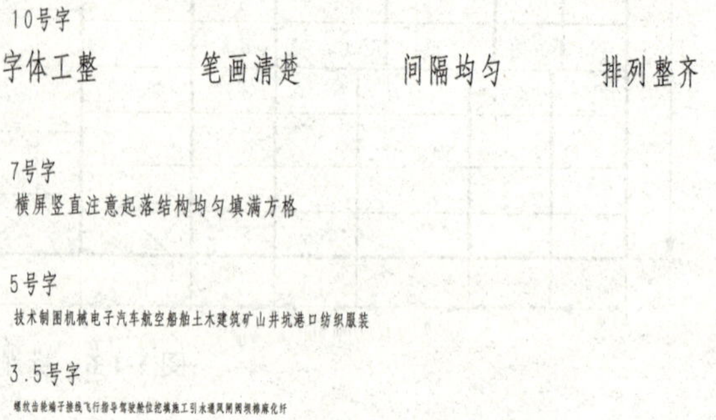

（2）数字和字母。数字和字母有正体和

10号字

字体工整　　笔画清楚　　间隔均匀　　排列整齐

7号字

横屏竖直注意起落结构均匀填满方格

5号字

技术制图机械电子汽车航空船舶土木建筑矿山井坑港口纺织服装

3.5号字

螺钉齿轮端子插孔飞行指导驾驶散热器减震工石水通风间阀挡棒氧化纤

图 1-1-8　长仿宋汉字示例

斜体之分。斜体字字头向右倾斜，与水平基准线成 75°。字母和数字按笔画宽度情况分为 A 型和 B 型两类，A 型字体的笔画宽度（d）为字高（h）的 1/14，B 型字体的笔画宽度为字高的 1/10，即 B 型字体笔画宽度较粗，A 型字体的笔画宽度较细。在一张图样上只允许采用一种字体。

字母和数字示例如图 1-1-9 所示。

（3）综合应用规定。用作指数、分数、极限偏差、注脚等的数字和字母一般应采用小一号的字体。图样中的数字符号、物理量符号、计量单位符号以及其他符号、代号应分别符合国家标准的有关规定。

4. 图线（GB/T 17450—1998、GB/T 4457.4—2002）

机械图样的结构形状是用图形表达的。图形是用各种粗细和形式的图线画成的。图线可以是直线或曲线、连续线或不连续线，如实线的线段、点画线的线段等。

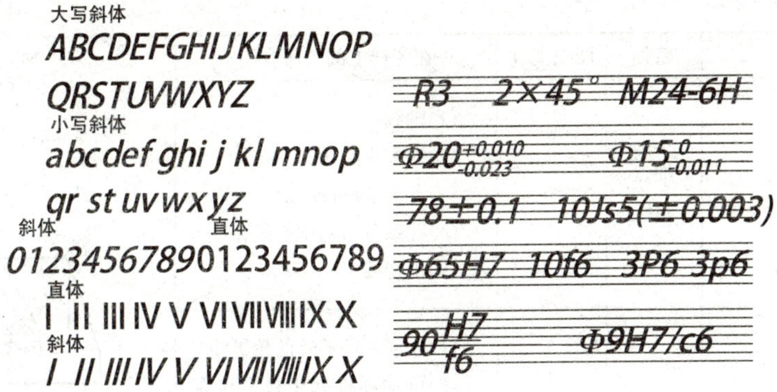

大写斜体
ABCDEFGHIJKLMNOP
QRSTUVWXYZ
小写斜体
abcdefghij kl mnop
qr st uvwxyz
斜体　　　　　直体
0123456789 0123456789
直体
I II III IV V VI VII VIII IX X
斜体
I II III IV V VI VII VIII IX X

R3　2×45°　M24-6H
$\Phi 20^{+0.010}_{-0.023}$　$\Phi 15^{0}_{-0.011}$
78±0.1　10Js5(±0.003)
$\Phi 65H7$　10f6　3P6 3p6
$90\dfrac{H7}{f6}$　$\Phi 9H7/c6$

图 1-1-9　字母和数字示例

(1)图线种类。《机械制图 图样画法 图线》(GB/T 4457.4—2002)中规定了在机械制图中使用的九种图线，其线型、名称、宽度等见表 1-1-3。

表 1-1-3　机械制图中的图线

	线型	名称	图线宽度	在图样上的一般应用	应用举例
实线	——	粗实线	b	(1)可见轮廓线； (2)螺纹牙顶圆（牙顶线），螺纹长度终止线； (3)齿顶圆（齿顶线）	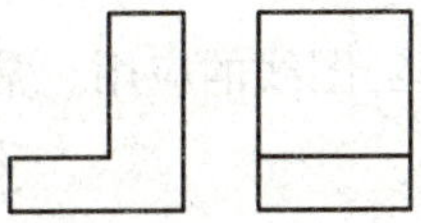
	——	细实线	约 $b/2$	(1)尺寸线及尺寸界线； (2)剖面线； (3)重合断面图的轮廓线； (4)螺纹的牙底线及齿轮的齿根线； (5)指引线和基准线； (6)分界线及范围线； (7)过渡线； (8)辅助线及投影线	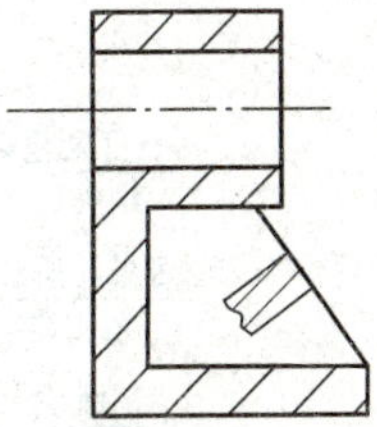
	 ～～	波浪线	约 $b/2$	(1)断裂处的边界线； (2)视图与剖视图的分界线	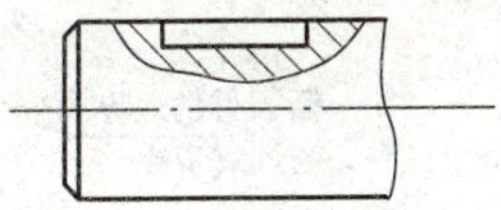
	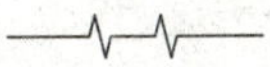 —✕—	双折线	约 $b/2$	(1)断裂处的边界线； (2)视图与剖视图的分界线	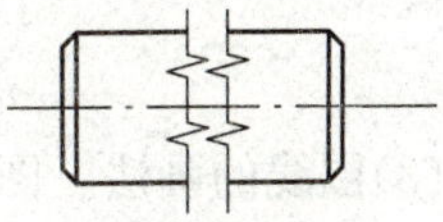
虚线	- - - -	细虚线	约 $b/2$	不可见轮廓线	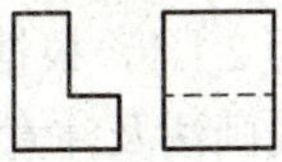
	▬ ▬ ▬	粗虚线	b	允许表面处理的表示线	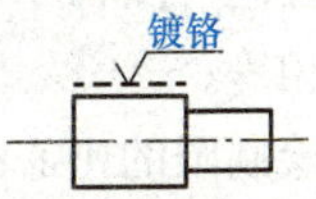 镀铬

线型	名称	图线宽度	在图样上的一般应用	应用举例
─ · ─ · ─ · ─	细点画线	约 $b/2$	(1)轴线； (2)对称中心线； (3)分度圆(分度线)； (4)孔系分布的中心线； (5)剖切线	
─ ·· ─ ·· ─	细双点画线	约 $b/2$	(1)相邻辅助零件的轮廓线； (2)可动零件处于极限位置时的轮廓线； (3)轨迹线； (4)成形前廓线	
━ · ━ · ━ · ━	粗点画线	b	限定范围表示线	35～40 HRC

注：点画线列在"线型"栏左侧，为"点画线"。

(2)图线的应用。常用图线应用示例如图 1-1-10 所示。

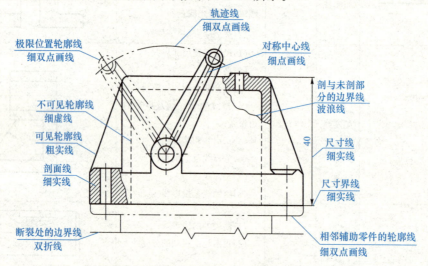

图 1-1-10　常用图线应用示例

(3)图线的画法。图线宽度 d 应从下列数系中选择：0.13 mm、0.18 mm、0.25 mm、0.35 mm、0.5 mm、0.7 mm、1 mm、1.4 mm、2 mm。在机械图样中采用粗细两种线宽，其比例为 2∶1，根据图形的大小和复杂程度确定粗线宽度。

图线画法及注意事项如图 1-1-11 所示。

1)在同一图样中，同类图线宽度应一致。虚线、点画线及双点画线的线段长度和间隔应大致相等。

2)绘制圆的中心线时，圆心应为线段的交点，点画线和双点画线的首尾应是线段。在较小的图形上绘制点画线或双点画线有困难时，可用细实线代替。

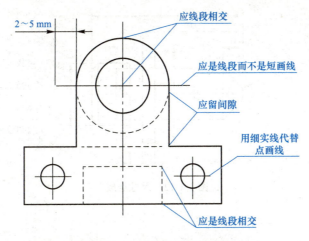

图 1-1-11　图线画法及注意事项

3)点画线、虚线、双点画线自身相交或与其他图线相交时，都应以线段相交，不应在空隙或点处相交。点画线应超出轮廓线 2～5 mm。

4)当虚线在粗实线的延长线上时，或虚线圆弧与虚线直线相切时，虚线与粗实线需相交画出。

三、尺寸注法

图样中的图形可表达机件的结构形状，而机件大小及相对位置是由图样上所标的尺寸确定的，所以尺寸是图样中的重要内容之一，是制造、检验机件的直接依据。《机械制图 尺寸注法》(GB/T 4458.4—2003)和《技术制图 简化表示法 第 2 部分：尺寸注法》(GB/T 16675.2—2012)中对尺寸注法作了专门规定。

1. 尺寸标注的基本规则

(1)机件的真实大小应以图样上所注的尺寸数值为依据，与图形的大小及绘图的准确度无关。

(2)图样中(包括技术要求和其他说明)的尺寸以 mm 为单位时，不需标注计量单位的符号或名称，如采用其他单位，则必须注明相应的计量单位符号或名称。

(3)对机件的每一种结构尺寸，一般只标注一次，并应标注在反映该结构最清晰的图形上。

(4)图样中所标注的尺寸为该图样所示机件的最后完工尺寸，否则应另加说明。

2. 尺寸组成和标注时的注意事项

(1)尺寸组成。一个完整尺寸包括尺寸数字、尺寸界线、尺寸线及尺寸线的终端符号四部分。标注示例如图 1-1-12 所示。

尺寸线的终端有箭头和斜线两种形式，在同一张图中箭头和斜线只能采用一种，机械图样中一般采用箭头作为尺寸线的终端符号。箭头的形式如图 1-1-13 所示，适用于各种类型的图样，箭头尖端应与尺寸界线接触。斜线用细实线绘制，当尺寸线的终端采用斜线形式时，尺寸线与尺寸界线应相互垂直，其方向和画法如图 1-1-13 所示。

(2)尺寸界线、尺寸线、尺寸数字、标注方法和注意事项见表 1-1-4。

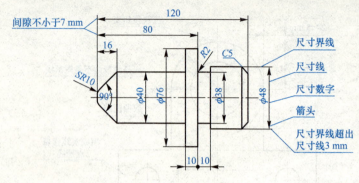

图 1-1-12　尺寸组成

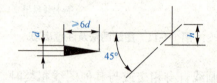

图 1-1-13　箭头和斜线的画法

d—粗实线的宽度；*h*—字体高度

表 1-1-4　尺寸界线、尺寸线、尺寸数字和标注方法

项目	图例	说明
尺寸界线	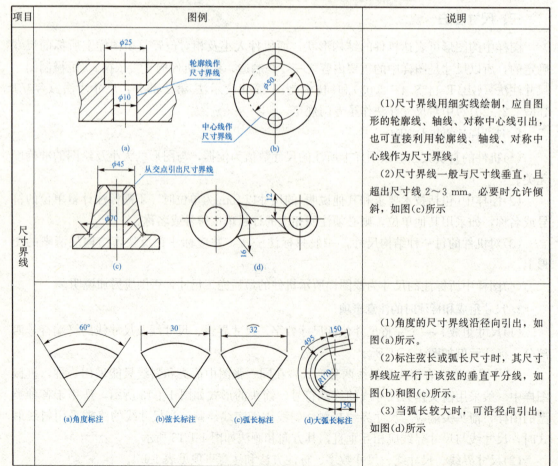	(1)尺寸界线用细实线绘制，应自图形的轮廓线、轴线、对称中心线引出，也可直接利用轮廓线、轴线、对称中心线作为尺寸界线。 (2)尺寸界线一般与尺寸线垂直，且超出尺寸线 2～3 mm。必要时允许倾斜，如图(c)所示 (1)角度的尺寸界线沿径向引出，如图(a)所示。 (2)标注弦长或弧长尺寸时，其尺寸界线应平行于该弦的垂直平分线，如图(b)和图(c)所示。 (3)当弧长较大时，可沿径向引出，如图(d)所示

项目	图例	说明
尺寸线	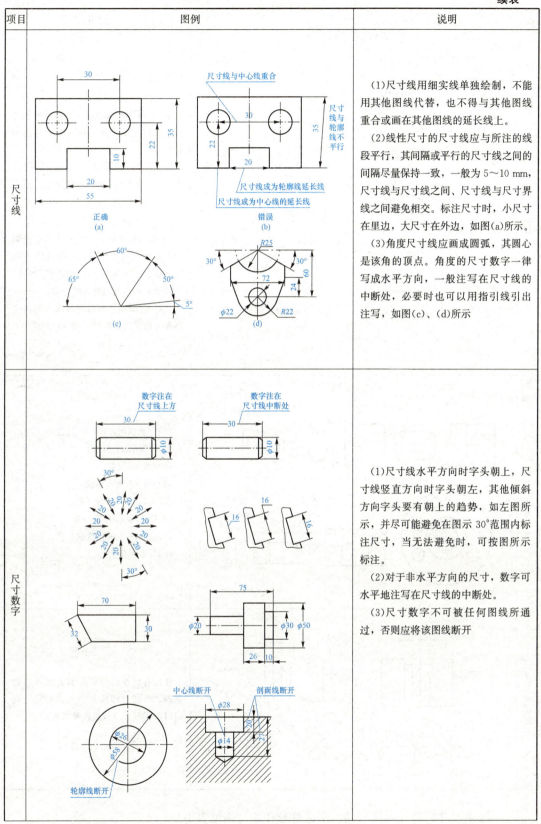	（1）尺寸线用细实线单独绘制，不能用其他图线代替，也不得与其他图线重合或画在其他图线的延长线上。 （2）线性尺寸的尺寸线应与所注的线段平行，其间隔或平行的尺寸线之间的间隔尽量保持一致，一般为5～10 mm，尺寸线与尺寸线之间、尺寸线与尺寸界线之间避免相交。标注尺寸时，小尺寸在里边，大尺寸在外边，如图（a）所示。 （3）角度尺寸线应画成圆弧，其圆心是该角的顶点。角度的尺寸数字一律写成水平方向，一般注写在尺寸线的中断处，必要时也可以用指引线引出注写，如图（c）、（d）所示
尺寸数字		（1）尺寸线水平方向时字头朝上，尺寸线竖直方向时字头朝左，其他倾斜方向字头要有朝上的趋势，如左图所示，并尽可能避免在图示30°范围内标注尺寸，当无法避免时，可按图所示标注。 （2）对于非水平方向的尺寸，数字可水平地注写在尺寸线的中断处。 （3）尺寸数字不可被任何图线所通过，否则应将该图线断开

项目	图例	说明
圆和圆弧标注	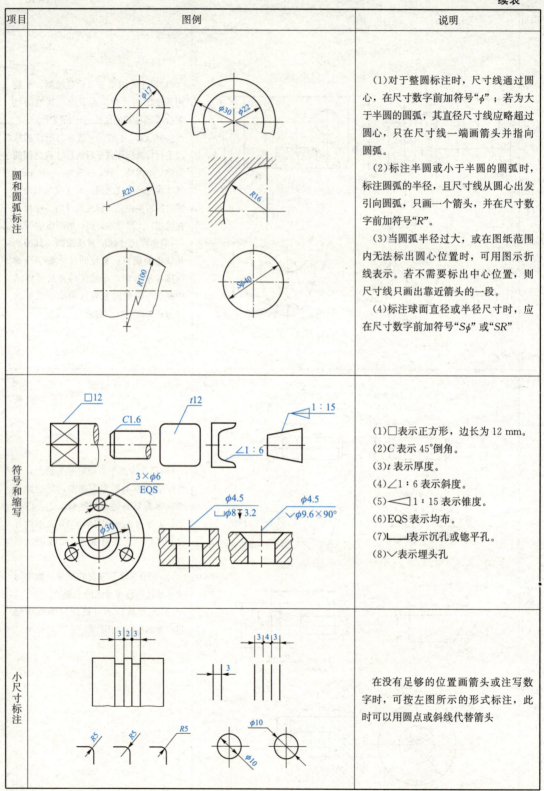	(1)对于整圆标注时，尺寸线通过圆心，在尺寸数字前加符号"ϕ"；若为大于半圆的圆弧，其直径尺寸线应略超过圆心，只在尺寸线一端画箭头并指向圆弧。 (2)标注半圆或小于半圆的圆弧时，标注圆弧的半径，且尺寸线从圆心出发引向圆弧，只画一个箭头，并在尺寸数字前加符号"R"。 (3)当圆弧半径过大，或在图纸范围内无法标出圆心位置时，可用图示折线表示。若不需要标出中心位置，则尺寸线只画出靠近箭头的一段。 (4)标注球面直径或半径尺寸时，应在尺寸数字前加符号"$S\phi$"或"SR"
符号和缩写		(1)□表示正方形，边长为 12 mm。 (2)C 表示 45°倒角。 (3)t 表示厚度。 (4)∠1∶6 表示斜度。 (5)◁ 1∶15 表示锥度。 (6)EQS 表示均布。 (7)⊔表示沉孔或锪平孔。 (8)∨表示埋头孔
小尺寸标注		在没有足够的位置画箭头或注写数字时，可按左图所示的形式标注，此时可以用圆点或斜线代替箭头

（3）标注尺寸的符号和缩写词。常见符号和缩写词见表 1-1-5。

表 1-1-5　常见符号和缩写词

名称	符号	名称	符号	名称	符号	名称	符号
直径	ϕ	球半径	SR	45°倒角	C	沉孔或平孔	⊔
半径	R	厚度	t	弧度	⌒	斜度	∠
球直径	$S\phi$	正方形	□	均布	EQS	锥度	◁

（4）尺寸标注的各种注意事项如图 1-1-14 所示。

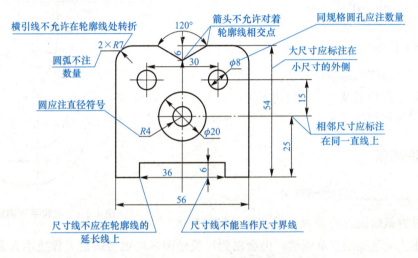

图 1-1-14　尺寸标注注意事项

学习笔记：

任务 1.2　绘制吊钩平面图形

🖩 任务描述

图 1-2-1 所示为吊钩平面图形。在平面图形尺寸分析和线段分析的基础上，学习平面图形绘制的全过程，并标注吊钩的尺寸。

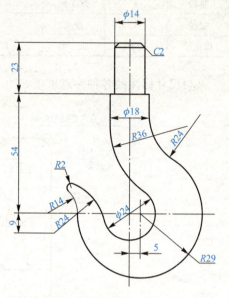

🧰 任务目标

1. 掌握平面图形的绘制方法。
2. 掌握绘图仪器及工具的使用方法。
3. 正确标注图样尺寸。

📚 知识准备

一、绘图工具及其使用方法

图 1-2-1　吊钩平面图形

虽然计算机绘图已经普及，但在学习机械制图课程及技术人员现场绘制草图时，仍会用到尺规绘图。尺规绘图是工程技术人员必备的绘图基本技能，也是学习和掌握制图基本知识与绘图技能的必要措施。因此，正确、熟练地使用绘图工具，既能保证绘图的质量，又能提高绘图速度和延长绘图工具使用寿命，只有这样，才能保证所绘图形的准确性。绘图工具及其使用方法见表 1-2-1。

表 1-2-1　绘图工具及其使用方法

绘图工具	操作示意
图板、图纸	工作表面　工作边　导边　尺头　尺身
丁字尺	贴紧图板从上而下　从左向右画　从下往上画

绘图工具	操作示意
三角板	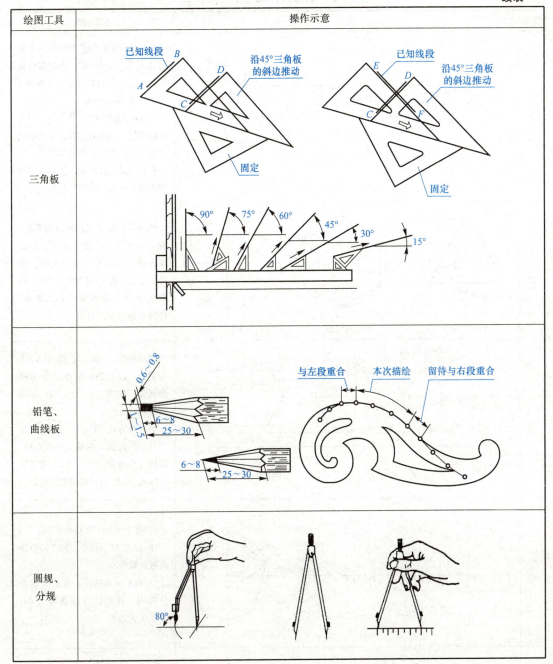
铅笔、曲线板	
圆规、分规	

二、几何作图

机器零件的轮廓形状是多种多样的，但表示形状的几何图形基本上都是由直线、圆弧和其他一些曲线组成的。因此，绘图时必须熟练地掌握几何图形的作图方法和技巧——其是绘制机械制图的基础。

1. 常见几何作图的方法和步骤

常见几何作图的方法和步骤见表 1-2-2。

表 1-2-2　常用几何作图的方法和步骤

要求	图例	步骤说明
等分直线段	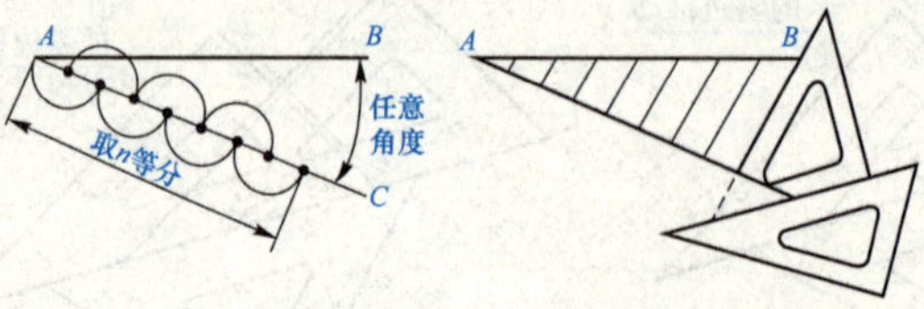 (a)　　　　　　(b)	1. 过已知直线段 AB 的一个端点 A 任作一射线 AC，由此端点起在射线上用分规以任意长度截取 n 等分，如图(a)所示。 2. 将射线上的等分终点与已知直线段的另一端点 B 连线，并过射线上各等分点作此连线的平行线，与已知直线段 AB 相交，各交点即为所求的等分点，如图(b)所示
等分圆周	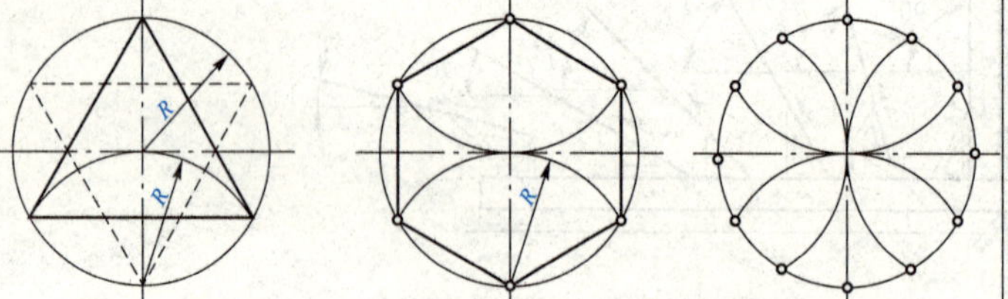 (a)三等分　　(b)六等分　　(c)十二等分	圆周等分是作正多边形的基础，将等分点依次连接即得到对应的圆内接正多边形。用三角板、圆规、丁字尺配合可以在圆周上截取三等分、六等分、十二等分。作图步骤如左图所示
正六边形	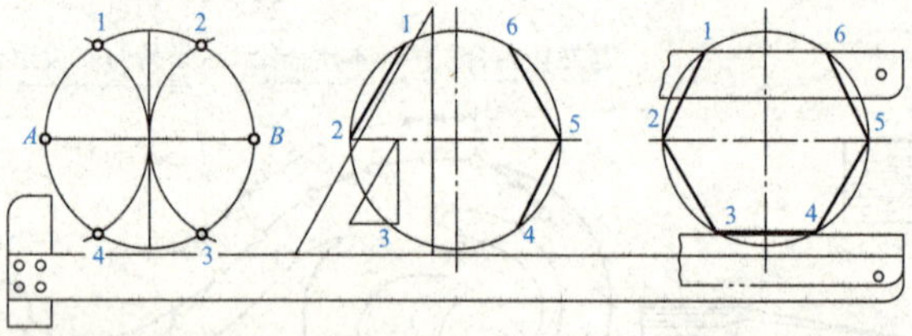 (a)第一种方法　　(b)第二种方法	第一种方法(图 a)：以点 A、B 为圆心，以原来圆的半径为半径画圆弧，截圆于 1、2、3、4，即得圆周六等分点。 第二种方法(图 b)：用 $60°$ 三角板自 2 作弦 21，右移至 5 作弦 45，旋转三角板作弦 23、65。用丁字尺连接 16 和 34，即得正六边形
正五边形	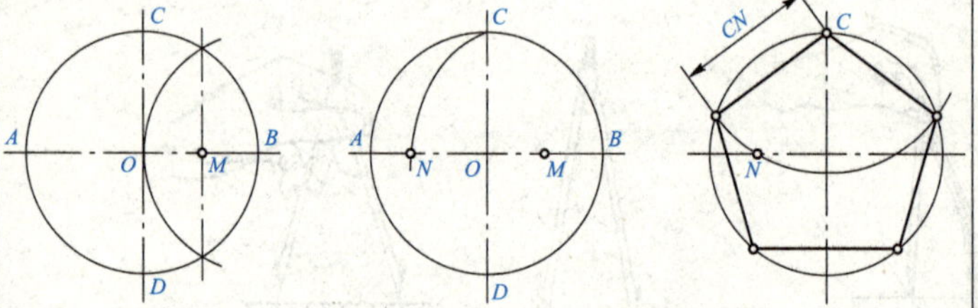	(1)等分半径 OB 得中点 M； (2)以点 M 为圆心，MC 为半径画弧，得交点 N； (3)以 CN 为边长，自 C 点起等分圆周，并顺次连接各等分点，即得正五边形
斜度	$\angle 1:5$	斜度是一直线对另一直线或一平面对另一平面的倾斜程度。斜度大小是以两直线(或两平面)之间夹角的正切表示，即 $S=\tan\alpha=H:L=1:(L/H)=1:n$。在图样中，斜度常以 $1:n$ 的形式表示，并在其前面加上斜度符号"$\angle$"，如图所示。左图为斜度的作法及标注方法

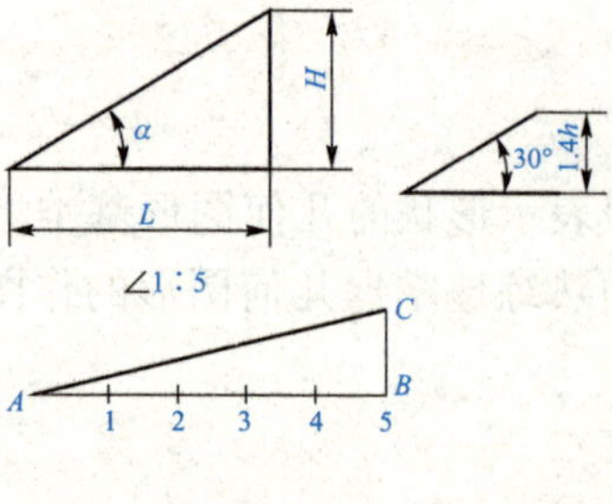

要求	图例	步骤说明
锥度		锥度是指正圆锥的底圆直径与圆锥高度之比，而圆台锥度就是两个底圆直径之差与圆台高度之比，即锥度 $C=D:L=(D-d)/l=2\tan\alpha/2$，在图样中，锥度也以 $1:n$ 的形式表示，并在其前面加上锥度符号，锥度符号的画法如图所示。左图为锥度的作法及标注方法
过定点作切线		(1)过 A 初定切线； (2)定切点 K； (3)连接 A、K 作切线 AK

2. 圆弧连接

用一圆弧光滑地连接相邻两线段的作图方法称为圆弧连接。如图 1-2-2 所示，如用直线连接两圆弧，则该直线称为公切线，如用圆弧连接圆弧或直线，则该圆弧称为连接圆弧；两连接线段中光滑过渡的分解点称为切点。

(1)圆弧连接基本原理和作图步骤见表 1-2-3。

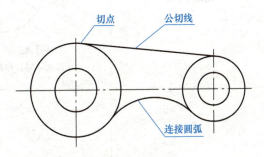

图 1-2-2　圆弧连接

表 1-2-3　圆弧连接基本原理和作图步骤

类别	圆弧与直线连接(相切)	圆弧与圆弧连接(外切)	圆弧与圆弧连接(内切)
图例			
连接圆弧的圆心及切点	连接圆弧的圆心轨迹是平行于已知直线且相距为 R 的直线，切点为连接圆弧圆心向已知直线作垂线的垂足 T	连接圆弧的圆心轨迹是已知圆弧的同心圆弧，其半径为 $R+R_1$，切点为两圆连心线与已知圆弧的交点 T	连接圆弧的圆心轨迹是已知圆弧的同心圆弧，其半径为 R_1-R，切点为两圆连心线的延长线与已知圆弧的交点 T
作图步骤	①根据圆弧连接的作图原理，求出连接弧的圆心。 ②求出切点(即连接点)。 ③用连接弧半径画弧。 ④描深。为保证连接光滑，一般应先描圆弧，后描直线		

（2）圆弧连接应用实例见表1-2-4。

表 1-2-4　圆弧连接应用实例

连接形式	几何条件	作图步骤和实例
用圆弧连接两已知直线	已知：直线 AB、CD。求作：半径为 R 的圆弧与 AB、CD 相切	①求圆心：以半径 R 为距离分别作 AB、CD 的平行线，交于点 O，点 O 即为圆心　②求切点：过点 O 分别向 AB、CD 作垂线，垂足 K、K_1 即为切点　③画圆弧：以点 O 为圆心，以 R 为半径，在两切点之间画圆弧　④实例：支架
用圆弧连接已知直线和已知圆弧	已知：直线 AB 和半径为 R_1、圆心为 O_1 的圆弧。求作：半径为 R 的圆弧与直线 AB 和圆心为 O_1 的圆弧相切	①求圆心：以半径 R 为距离作 AB 的平行线 L，以 O_1 为圆心、$R+R_1$ 为半径作圆弧交直线 L 于点 O，即为所求圆心　②求切点：过点 O 向 AB 作垂线，垂足 K 为切点；OO_1 连线与已知圆弧的交点 K_1 为另一切点　③画圆弧：以点 O 为圆心，以 R 为半径，在两切点之间画圆弧　④实例：托架

连接形式	几何条件	作图步骤和实例
用圆弧内切连接两已知圆弧	已知：半径为 R_1、R_2，圆心为 O_1、O_2 的两个圆弧，求作：半径为 R 的圆弧，使其与 O_1、O_2 圆弧相内切	①求圆心：以 O_1 为圆心、$R-R_1$ 为半径，O_2 为圆心、$R-R_2$ 为半径分别画圆弧，两圆弧交点 O 即为所求圆心　②求切点：将 OO_1 和 OO_2 连接延长，与已知圆弧相交，交点 K_1、K_2 即为所求切点　③画圆弧：以点 O 为圆心，以 R 为半径，在两切点之间画圆弧　④实例：连接板
用圆弧外切连接两已知圆弧	已知：半径为 R_1、R_2，圆心为 O_1、O_2 的两个圆弧。求作：半径为 R 的圆弧，使其与 O_1、O_2 两圆弧相外切	①求圆心：以 O_1 为圆心、$R+R_1$ 为半径，O_2 为圆心、$R+R_2$ 为半径分别画圆弧，两圆弧交点 O 即为所求圆心　②求切点：连接 OO_1 和 OO_2，与已知圆弧相交，交点 K_1、K_2 即为所求切点　③画圆弧：以点 O 为圆心、以 R 为半径，在两切点之间画圆弧　④实例：连接板

🖥 任务实施

一、尺寸分析

1. 尺寸基准

尺寸基准为标注尺寸的起点，画图时从尺寸基准开始画图。通常以图形的对称轴、较大圆的中心线、图形的轮廓线作为尺寸基准。一个平面图形具有两个方向尺寸，每个方向至少要有一个尺寸基准。

2. 尺寸的类别

根据在平面图形中所起的作用，尺寸可分为定形尺寸与定位尺寸两大类。

(1)定形尺寸。确定图形中形状的尺寸，如线段的长度、圆弧的半径、圆的直径和角度等大小的尺寸称为定形尺寸，如图 1-2-3 中的 $\phi14$、$\phi18$、$\phi24$ 等。

(2)定位尺寸。确定图形中各组成部分与尺寸基准之间相对位置的尺寸，称为定位尺寸，如图 1-2-3 中的尺寸 54、5、9 等。定位尺寸应从尺寸基准出发标注，有时一个尺寸既可以是定形尺寸又可以是定位尺寸。

二、平面图形的线段分析

平面图形中的线段有直线和圆弧。画圆和圆弧时，需要知道半径和圆心的位置，根据所给尺寸完整与否，可分为三类。

(1)已知圆弧：半径和圆心位置都已知的圆弧，如图 1-2-3 中的尺寸 $R29$。

(2)中间圆弧：已知半径和圆心一个定位尺寸的圆弧，如图 1-2-3 中的尺寸 $R24$。

(3)连接圆弧：只有半径而无圆心的两个定位尺寸的圆弧，如图 1-2-3 中的尺寸 $R36$。

画图时从尺寸基准画起，应先画已知线段，再画中间线段，最后画连接线段。可根据已知圆弧的定形和两个定位尺寸直接画出已知圆弧；中间圆弧缺少一个定位尺寸，但它总是与一个已知线段连接，利用相切条件即可画出；连接圆弧缺少两个定位尺寸，需等与该圆弧两端相连接的线段画出后，利用相切条件通过作图才能确定其圆心位置。

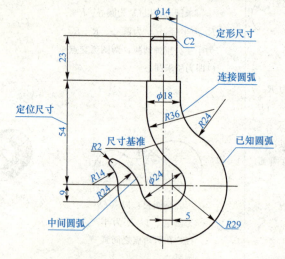

图 1-2-3　吊钩平面图形分析

三、绘制吊钩平面图形

1. 确定比例、选择图幅、固定图纸

选择比例为 1∶1，图纸幅面为 A4。

2. 绘图方法与步骤

绘制吊钩平面图形的步骤如图 1-2-4 所示。

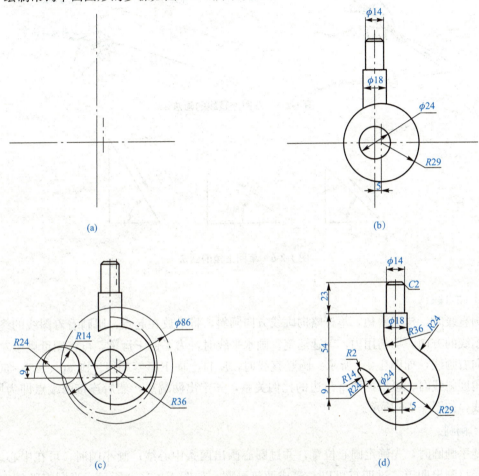

图 1-2-4　绘制吊钩平面图形的步骤

(a)画基准线；(b)画已知线段；(c)画中间线段；(d)画连接线段并标注尺寸

🔖 关联知识

徒手绘图

徒手绘图也称草图，就是不用或只是用简单的绘图工具，用目测来估计物体的大小，以较快的速度徒手绘制的图样。在实际工作中，工程技术人员时常需要徒手迅速准确地表达自己的设计思想，或把所需的技术资料徒手画图迅速记录下来，故徒手绘图是技术工人必备的基本技能。

绘制草图时应做到图形清晰、线型分明、比例匀称，并应尽可能使图线光滑、整齐，绘图速度要快，标注尺寸要准确、齐全，字体工整。初学者徒手画图，最好在方格纸上进行，以便控制图线的平直和图形大小。经过一定的训练后，最后达到在白纸上画出匀称、工整的草图的目的。具体画线方法如图1-2-5、图1-2-6所示。

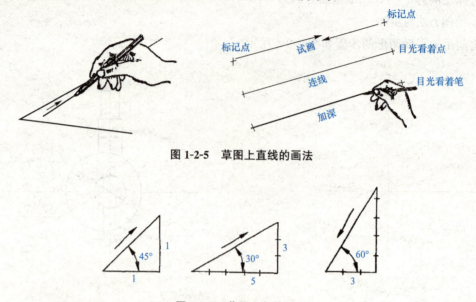

图 1-2-5　草图上直线的画法

图 1-2-6　草图上角的画法

1. 画直线

画直线时，执笔要稳，笔杆略向画线方向倾斜，将笔放在起点，眼睛看着图线的终点，控制图线的方向，均匀用力，匀速运笔。画水平线时，为了便于运笔，可将图纸微微左倾，自左向右画线，如图1-2-5所示。画竖直线时，应自上而下运笔画线。画30°、45°、60°等常见角度斜线时，可根据两直角边的比例关系，先定出两端点，然后连接两端点即为所画角度线，如图1-2-6所示。

2. 画圆

徒手画圆时，先确定圆心位置，并过圆心画出两条中心线；画小圆时，可在中心线上按半径目测出四点，过四点可以一笔或两笔画圆，如图1-2-7（a）所示；当圆直径较大时，可过圆心画左右倾斜的两条直线（一般45°），也可以过圆心多画几条不同方向的直线，按半径目测出一些直径端点，再徒手连点画圆，如图1-2-7（b）所示；也可以转动图纸画圆，如图1-2-7（c）所示。

3. 圆角、曲线连接、椭圆的画法

对于圆角、曲线连接、椭圆的画法，先根据椭圆的长短和共轭直径，作出椭圆的外接矩形、棱形或平行四边形，然后在此矩形、棱形或平行四边形中作内切椭圆，注意椭圆一定要通过矩形、棱形或平行四边形各边的中点，如图1-2-8所示。

4. 利用方格纸画草图

完成的草图必须基本保持各部分的比例关系。绘制草图前，应先目测机件的长、宽、高的尺寸比例，然后确定各细部比例关系。为了便于用目测比例来控制图形各部分的比例

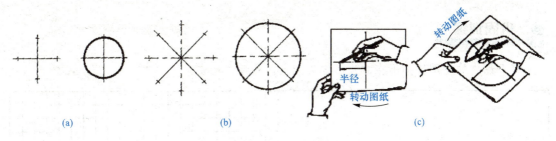

图 1-2-7　圆的徒手画法

(a)小圆画法；(b)大圆画法；(c)转动图纸画圆

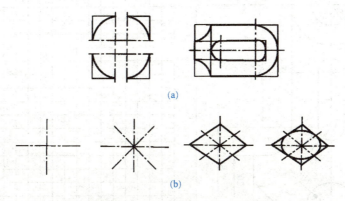

图 1-2-8　圆角、曲线连接、椭圆徒手画法

(a)圆角、曲线连接画法；(b)椭圆画法

及投影关系，应充分利用格线来画中心线、轴线、水平线和垂线，使画图更方便、更准确。画图过程中要随时注意将测定线段与参照线段进行比较、修改，避免图形与实物失真太大，如图 1-2-9 所示。

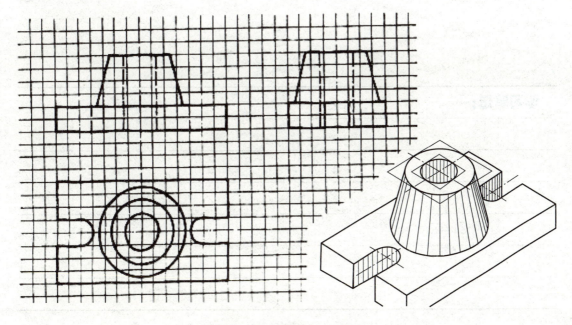

图 1-2-9　在方格里徒手作图

将下图中的左图徒手画在右边的方格纸上，并标注尺寸。

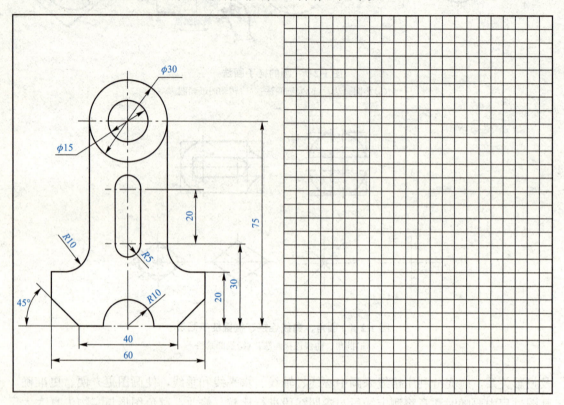

学习笔记：

模块 2 绘制与识读组合体三视图

 模块概述

本模块通过绘制和识读轴承座、压块、顶尖等实例的三视图，由浅入深地学习机械制图的两个主要任务：绘制和识读图样。绘制是运用正投影法把空间物体投影到平面图形上，即由物体到图形；识读是根据平面图形想象出空间组合体的结构和形状，即由图形到物体。通过本模块的学习，可培养工程技术人员基本的识图和绘图能力。

模块目标

一、知识目标

1. 掌握投影法的概念。
2. 掌握三视图的形成及投影规律。
3. 掌握基本体的投影特征。
4. 了解组合体的形体分析法和组合体的组合形式。
5. 掌握尺寸基准和尺寸种类的概念。

二、能力目标

1. 能够绘制基本体的三视图。
2. 能够运用形体分析法绘制组合体的三视图。
3. 能够正确、完整、清晰地标注组合体尺寸。
4. 能够运用形体分析法和线面分析法识读组合体三视图。

三、素质目标

1. 提高学习能力、沟通能力、团队协作精神。
2. 培养勤于思考、耐心细致、做事认真的职业素养。

任务 2.1 绘制轴承座三视图

任务描述

图 2-1-1 所示为轴承座的立体图。它是一个组合体(任何机器零件一般都可以看成由若干基本体构成。由两个或两个以上的基本体构成的较复杂的物体称为组合体)。根据所学的知识，正确绘制轴承座的三视图，并标注完整、清晰的尺寸。

任务目标

1. 掌握投影法和三视图的形成及其投影规律。

图 2-1-1 轴承座的立体图

2. 画出基本几何体的三视图。

3. 掌握组合体的形体分析法和组合形式。

4. 能够绘制组合体的三视图及标注尺寸。

知识准备

一、投影法

1. 投影法概念

物体在太阳光照射下，会在地面上产生影子，影子在某些方面反映出物体的形状特征，这就是常见的投影现象。人们对这种现象加以科学抽象地研究，总结其规律，逐步形成了投影法。

光线通过物体，向选定的面投影，并在该面上得到图形的方法，称为投影法。投影法反映三维形状与二维图形之间的一一映射规律。

2. 投影法分类

根据物体、投射线、投影面的相对位置关系，工程上常见的投影法有中心投影法和平行投影法。平行投影法按投射线与投影面是否垂直，又可以分为斜投影和正投影，如图2-1-2所示。

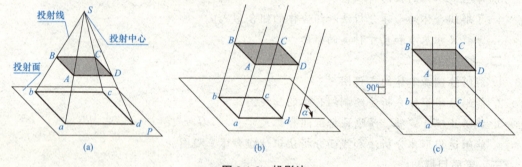

图 2-1-2　投影法

(a)中心投影；(b)斜投影；(c)正投影

3. 正投影特性

投射线相互平行且与投影面垂直，这种投影方法称为正投影法。采用正投影法所得到的图形称为正投影或正投影图。正投影的投影特性是显实性、积聚性、类似性，见表2-1-1。

表 2-1-1　正投影的性质

显实性	积聚性	类似性
直线或平面平行于投影面	直线或平面垂直于投影面	直线或平面倾斜于投影面
直线平行于投影面，该面投影反映实长	直线垂直于投影面，该面投影积聚成点	直线倾斜于投影面，该面投影小于实长

显实性	积聚性	类似性
直线或平面平行于投影面	直线或平面垂直于投影面	直线或平面倾斜于投影面
平面平行于投影面，该面投影反映实形	平面垂直于投影面，该面投影积聚成线	平面倾斜于投影面，投影小于实形的类似形

二、三视图的形成及其投影规律

工程上常用三视图来表示机械零件的结构形状。什么是三视图？三视图的形成和投影规律是什么？

1. 视图的概念

用正投影法所绘制出的物体图形称为视图，一般情况下，一个视图不能唯一、准确、完整地表达物体的结构形状。如图 2-1-3 所示，要表示清楚一个物体，就必须从不同的方向看物体得到几个视图，

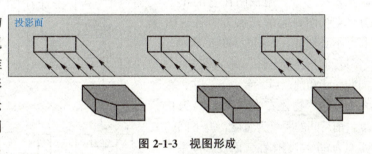

图 2-1-3　视图形成

工程上常用三视图，根据物体的复杂程度，可采用多于或小于三视图来表示物体形状。

2. 三视图的形成

（1）三面投影体系的建立。三面投影体系由三个互相垂直的投影面组成，如图 2-1-4 所示。三个投影面分别为正立投影面（简称正立面或 V 面）、水平投影面（简称水平面或 H 面）、侧立投影面（简称侧立面或 W 面），投影面之间的交线称为投影轴，分别为 X 轴、Y 轴、Z 轴。三个投影轴相互垂直，其交点 O 称为原点。OX 轴表示长度方向，OY 轴表示宽度方向，OZ 轴表示高度方向。若将 V、H、W 面看成无限大的平面，它们把空间分为八个分角，我国采用第一角为基本视图（图 2-1-5），美国、日本等国采用第三角画法。

（2）三视图的形成及投影规律。将物体放置在三面投影体系中，注意物体上的表面要尽可能地平行于投影面，由前向后投射所得到的视图称为主视图（即正面投影），由上向下投射所得到的视图称为俯视图（即水平投影），由左向右投射所得到的视图称为左视图（即侧面投影），如图 2-1-6(a)所示。

为了将三视图画在一张图纸上，需将相互垂直的三个投影面展开在同一个平面上。展开方法：正立投影面（V 面）不动，OY 轴分为两处，分别用 OY_H（在 H 面上）和 OY_W（在 W 面上）表示，将水平投影面（H 面）绕 OX 轴向下旋转 $90°$，将侧立投影面（W 面）绕 OZ 轴向右旋转 $90°$，这样三视图就在一个平面上了，展开后得到三视图，如图 2-1-6(b)所示，三个视图分别反映物体在三个不同方向上的形状和大小。在画三视图时，不必画出投影面的范围，因为它的大小与视图无关。

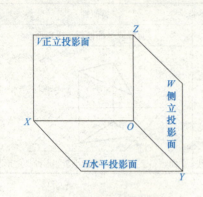

图 2-1-4　三面投影体系

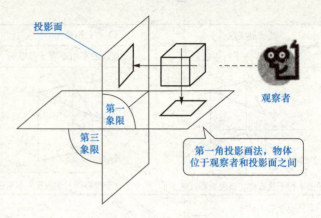

图 2-1-5　第一角投影

（3）三视图之间的对应关系。三视图展开后，三视图位置就确定了，以主视图为准，俯视图在它的正下方，左视图在它的正右方，各视图名称不必标注，如图 2-1-6(b)所示。

任何物体都有长、宽、高三个方向的尺寸和前、后、上、下、左、右六个方位。物体左右间的距离为长度，前后间的距离为宽度，上下间的距离为高度。物体在三面投影体系中的位置确定后，它的左右、前后和上下的位置关系也就在三视图上明确地反映出来了。每个视图仅能反映物体的四个方位关系，如图 2-1-6(c)所示。

主视图——反映物体的上、下和左、右方位关系，即反映物体的长度和高度；

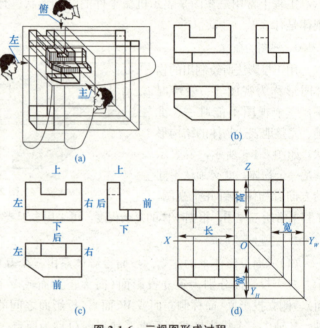

图 2-1-6　三视图形成过程

俯视图——反映物体的左、右和前、后方位关系，即反映物体的长度和宽度；

左视图——反映物体的上、下和前、后方位关系，即反映物体的宽度和高度。

【注意】

在俯、左视图靠近主视图的一边为物体的后面，远离主视图的一边为物体的前面。

物体的长、宽、高在三视图上的对应关系从三视图的形成过程中可以看出，每个视图能反映物体两个方向的尺寸。一般将三视图中任意两视图组合起来看，才能完全看清物体的上、下、左、右、前、后六个方位的相对位置。

由此可归纳出三视图间的"三等"关系，如图 2-1-6(d)所示：

主、俯视图共同反映物体长度方向尺寸——长对正；

主、左视图共同反映物体高度方向尺寸——高平齐；

俯、左视图共同反映物体宽度方向尺寸——宽相等。

应当指出，无论整个物体或物体的局部，其三视图都必须符合"长对正，高平齐，宽相等"的"三等"关系。

3. 三视图形成及投影规律知识点梳理

三视图的形成及投影规律如图 2-1-7 所示。

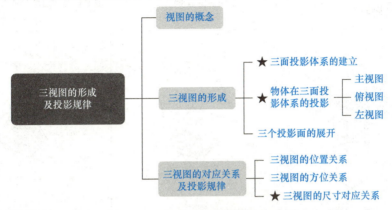

图 2-1-7　三视图的形成及投影规律

三、基本体的三视图

由若干个平面或曲面围成的形体称为立体。按表面形状的不同，立体可以分为平面立体和曲面立体两大类。这些常见的立体叫作基本几何体，简称基本体，如图 2-1-8 所示。

图 2-1-8　基本几何体

实际生产中，零件的形状各不相同，种类繁多、形状各异，但都是由一些基本几何体切割、叠加组合而成的。因此，熟练掌握基本几何体的作图方法、图形特征及表面交线的形成和作图方法，是绘制和识读各种零件图的基础。

1. 平面立体投影

平面立体是由若干个多边形平面围成的，各相邻表面的交线称为棱线，棱线的交点称为顶点。平面立体分为棱柱、棱锥、棱台。绘制平面立体的投影就是绘制它的各棱面、棱线和棱点的投影。要将可见轮廓线画成粗实线，将不可见轮廓线画成细虚线。

（1）平面立体的结构特征、画图步骤及三视图见表 2-1-2。

表 2-1-2　平面立体的结构特征、画图步骤及三视图

名称	棱柱	棱锥	棱台
平面立体形成	棱柱是由相互平行且全等的多边形上下底面和若干作为侧棱面的矩形围成的立体	棱锥是由一个底面为多边形、其余各面有一个公共顶点的三角形围成的立体	棱台为两个平行且相似的底面多边形和若干梯形侧面围成的立体

名称	棱柱	棱锥	棱台
结构特征	棱线互相平行且垂直于上下底平面，棱面为矩形，底平面为多边形	侧棱相交于一点，棱面为三角形，底平面为多边形	侧棱延长线交于一点，棱面为梯形，底平面为多边形
立体图			
三视图			
投影特点	一个投影视图是反映底面实形的多边形，另外两面投影为若干矩形连接的矩形框	一个投影视图为多边形，另两个投影均为三角形框	一个投影视图为多边形，另两个投影为梯形框

（2）如图 2-1-9 所示，试绘制棱柱、棱锥、棱台的三视图。

2. 回转体的投影

回转体也叫曲面立体，是由曲面和平面或单一曲面围成的实体。其上的曲面是由一根动线（曲线或直线）围绕固定的轴线旋转而成的表面，该动线叫作母线，母线在回转面上的任意位置叫作素线。常见的回转体有圆柱、圆锥、圆球等。

画回转体的投影通常要画出轴线的投影和回转面转向线的投影。回转面转向线是投影线与回转面切点的集合，即可见与不可见表面分界线，见表 2-1-3。

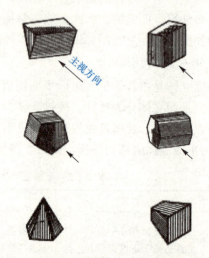

图 2-1-9 常见棱柱、棱锥、棱台的投影

表 2-1-3　基本回转体三视图的画法步骤及其投影特性

名称	圆柱	圆锥	圆球
回转体			
回转体的形成	圆柱面是由一条与轴线平行的直母线绕轴线回转一周而形成的曲面	圆锥面是由一条与轴线斜交的直母线绕轴线回转一周而形成的曲面	圆球面是由一个圆作母线绕其直径旋转而成的曲面
结构特征	圆柱体由圆柱面和上下底面围成。圆柱面上任意一条平行于轴线的直线，称为圆柱表面的素线	圆锥体由圆锥面和底平面围成。锥面上过锥顶点的任意一条直线，称为圆锥表面的素线	圆球是球面组成的回转体。任意一个圆，称为球表面的素线
立体图			
画图步骤	(1)用点画线画出圆柱体的轴线、圆的中心线的三面投影，以确定圆柱体各投影的位置。 (2)画出底面及柱顶面的三面投影。 (3)画出圆柱面最左、最右、最前、最后素线的 V 面投影和 W 面投影	(1)用点画线画出圆锥体的轴线、圆的中心线的三面投影，以确定圆锥体各投影的位置。 (2)画出底面及锥顶点的三面投影。 (3)画出圆锥面最左、最右、最前、最后素线的 V 面投影和 W 面投影	(1)用点画线画出三个圆的中心线，以确定投影的位置。 (2)画出球的平行于投影面的 A、B、C 三个圆的投影，即各分界圆的投影。 (3)明确各分界圆在其他两投影面的投影，均与圆的相应的中心线重合，不必画出
画回转轴线、圆中心线的投影、边界线的投影			

名称	圆柱	圆锥	圆球
投影特性	一个面投影为上下底面大小一样的圆，圆柱面的点积聚在圆周上，另两个面投影为大小完全相同的矩形	一个面投影为圆，另两个面投影为大小完全相同的两个等腰三角形	在三面投影都是直径相等的圆

四、组合体的形体分析

绘制轴承座的三视图，首先要用形体分析法分析其是由几个基本几何体构成，这几个基本几何体的几何形状及组合方式，并判断基本几何体之间的表面连接关系。然后，依次根据不同的连接关系绘制其三视图。那么，什么是形体分析法？

1. 组合体的形体分析法

任何复杂的组合体都可以看成是由若干个基本几何体组合而成的，如图 2-1-10 所示。画组合体的三视图时，采用"先分后合"的方法，假想把组合体分解成若干个基本几何体，弄清楚各基本几何体的形状，然后按其相对位置逐个画出各基本几何体的投影，综合起来即得到整个组合体的视图，这种

图 2-1-10　组合体的形体分析法

(a)叠加式；(b)切割式

方法叫形体分析法。这样，就可以把一个复杂的问题分解成几个简单的问题。形体分析法是画图、看图和尺寸标注的基本方法。

如图 2-1-10(a)所示，组合体由底板、支承板、肋板、圆柱筒四部分组成；如图 2-1-10(b)所示，组合体可切割出五个形体。

2. 组合体的组合形式

组合体的组合方式基本上可分为叠加、切割和综合三种形式。

(1)叠加。叠加类组合体由基本几何体叠加而成，按照形体表面接触方式的不同，又可分为堆积、相切、相交、相贯四种情况。画这类组合体的视图，实际是按各基本几何体的相对位置逐一投影组合而成，如图 2-1-11 所示。

图 2-1-11　叠加

(2)切割。切割类组合体可以看成在基本几何体上进行切割、钻孔、挖槽等所形成的形体。画图时，先画完整的基本几何体的三视图，然后逐一画出被切割部分的投影，如图 2-1-12 所示。

图 2-1-12　切割

（3）综合。常见的组合体大多是综合式组合体，既有叠加又有切割，如图 2-1-13 所示。

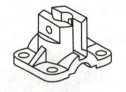

图 2-1-13　综合

3. 组合体表面间的相对位置关系

基本几何体组合在一起之后，必须正确表示组合体的基本几何体之间的表面关系。其表面之间的连接关系可分为表面平齐、表面不平齐、表面相切、表面相交和相贯。画图时注意这些关系，不要多画线也不要漏画线。看图时注意这些关系，能帮助想清楚物体整体结构形状。

（1）堆积。两形体之间以平面相接触，称为堆积。画这种组合形式的组合体视图时，实际上是画两个基本体的投影，但需要注意区分分界线的情况：两个形体的表面不平齐时，相接处画分界线；两个形体的表面平齐时，两表面为共面，相接处不画分界线，如图 2-1-14 所示。

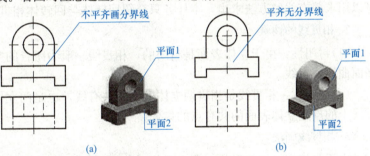

图 2-1-14　不平齐与平齐

(a)不平齐；(b)平齐

（2）相交和相切。当两形体表面相交时，表面之间有明显的分界线，所以相接处画出交线。如图 2-1-15 所示，底板前面与右端大圆柱相交，在相交处应画出交线。

当组合体上两基本几何体表面相切时，其相切处是圆滑过渡，无分界线，所以不应画线。如图 2-1-15 所示，底板前面与左端小圆柱面相切，其平面上的棱线末端应画至切点为止，切点位置由投影关系确定，相切处没有交线。

（3）相贯。两形体相交时，表面相贯，相贯处应画出相贯线，如图 2-1-16 所示。

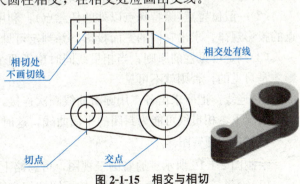

图 2-1-15　相交与相切

五、绘制三通管

图 2-1-16 所示是生产中经常使用的三通管立体图,如何绘制其图形?

由图 2-1-16 可以看出,带孔两圆柱垂直相交,其交线被称为相贯线,一般为曲线。机件上常见的相贯线多数是由两回转体相交而成的。掌握两回转体相贯线的性质及画法,才能绘制该三通管。

图 2-1-16　相贯

1. 相贯线的概念

由两个或两个以上的基本几何体相交而成的图形,称为相贯。在它们表面相交处会产生交线,称为相贯线。由于相交体的几何形状、大小、位置不同,相贯线的形状不同,分别有:平面立体与平面立体相贯,相贯线为空间折线;平面立

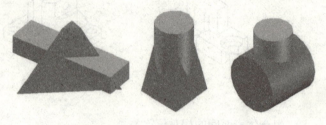

图 2-1-17　两立体相贯

体与回转体相贯,相贯线为若干平面曲线组合成的空间曲线;回转体与回转体相贯,相贯线为空间曲线,如图 2-1-17 所示。前两种情形,表面交线是由平面图形的截交线围成的,可以用求截交线的方法求出,本任务只介绍回转体与回转体相贯。

2. 相贯线的性质

(1)封闭性:由于立体表面是封闭的,相贯线一般为闭合的空间曲线,也可能是封闭的平面曲线或直线。

(2)共有性:相贯线是相贯两立体表面的共有线,也是两立体表面的分界线。因此,相贯线上的点是立体表面的共有点的集合。

3. 相贯线画法

由于两相交立体的形状、大小和相对位置不同,相贯线的形状不同,求其投影的作图方法也不相同,因此求相贯线常用的方法是积聚性法和辅助平面法。作图时,先根据两立体的相交情况分析相贯线的形状、相对位置和相对大小,弄清楚相贯线是空间曲线还是平面曲线或直线。当相贯线的投影是非圆曲线时,一般按以下步骤求相贯线。

(1)求出相贯线上的特殊位置点:求出确定相贯线的投影范围和变化趋势的点,如相贯体的曲面投影的转向轮廓线上的点,以及最高、最低、最左、最右、最前、最后的点。

(2)一般位置点(除特殊点以外的任意点):利用积聚法和辅助平面法求一般点,再利用点的投影规律,求出它们的三面投影,并判定可见性。

(3)判定可见性的原则:当相贯线同时位于两个立体的可见表面上时,这段相贯线的投影才是可见的,否则就不可见。

(4)连线:把所求出各点用圆滑曲线顺次连接,可见的用粗实线,不可见的用虚线。在特殊情况下,相贯线可能为封闭的平面曲线,这时求相贯线可由投影作图直接求出。

4. 绘制三通管图样

绘制图 2-1-16 所示三通管的三视图,可忽略上面及左右端法兰。

(1)绘制三通管外表面相贯线。按两圆柱相交绘制,作图过程如图 2-1-18 所示。

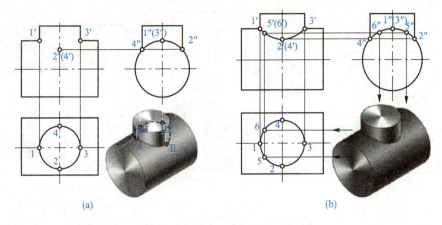

(a)   (b)

图 2-1-18　两圆柱相贯线的作图过程

分析：由图 2-1-18 可知，两个直径不等、轴线垂直相交的圆柱，其相贯线为一封闭空间曲线。大圆柱的轴线垂直于侧面，小圆柱的轴线垂直于水平面，根据圆柱投影的积聚性，相贯线的侧面投影与大圆柱的侧面投影重合，为一个圆弧；相贯线的水平投影与小圆柱的水平投影重合，为一个圆；两圆柱面的正面投影都没有积聚性，故只需求出相贯线的正面投影。

作图步骤：

1）求特殊点。相贯线上特殊点主要是转向轮廓线上的共有点和极限位置点，最左点Ⅰ、最右点Ⅲ、最前点Ⅱ、最后点Ⅳ四个点是极限位置点，均在特殊素线上，水平投影和侧面投影都是已知，可直接求出它们的水平投影 1、2、3、4 和侧面投影 1″、2″、(3″)、4″，利用面上取点的方法，求得正面投影 1′、2′、3′、(4′)，如图 2-1-18(a)所示。

2）求一般点。根据需要作出适当数量的一般点，如图 2-1-18(b)所示，在已知相贯线的侧面投影图上任意取两点 5″、6″，根据宽相等作出水平投影 5、6，然后利用点的投影规律求得正面投影 5′、6′，因为前后面重合，所以 5′、6′是重影点，6′不可见，如图 2-1-18(b)所示。按这样的方法可以求出各点的投影。

3）连线。将所求各点按分析出的对称性、可见性，依次光滑连线，即得相贯线的正面投影，完成作图。由于相贯线的前后对称，其正面投影虚实线重合，以粗实线为主画出，如图 2-1-18 所示。

（2）绘制三通管图形。同理，可绘制三通管内孔相贯线。最后绘制的三通管的三视图如图 2-1-19 所示。

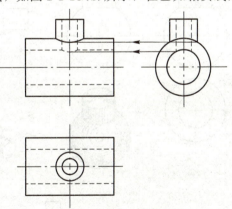

图 2-1-19　三通管的三视图

5. 相贯拓展知识

（1）常见的两圆柱内外相贯的虚实相贯线。图 2-1-20 所示是常见两圆柱内外相贯的虚实相贯线。

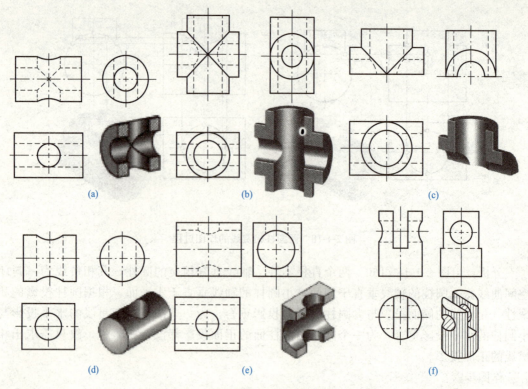

图 2-1-20　常见两圆柱内外相贯的虚实相贯线

（2）两曲面立体同轴或轴线平行时，相贯线为垂直于轴线的平面圆或直线，如图 2-1-21 所示。

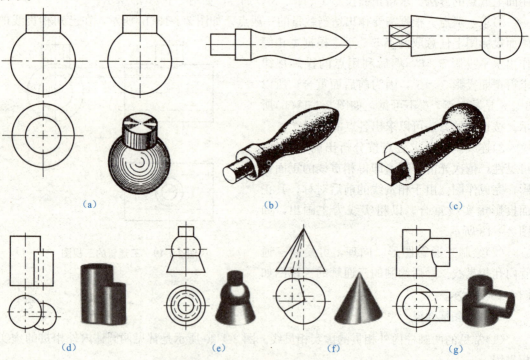

图 2-1-21　两曲面立体同轴相贯

(3)两圆柱正交，直径变化对相贯线的影响。轴线正交的两圆柱直径大小变动时，在两圆柱轴线共同平行的投影面上，其相贯线的投影形状和弯曲趋向有所不同，如图 2-1-22 所示。

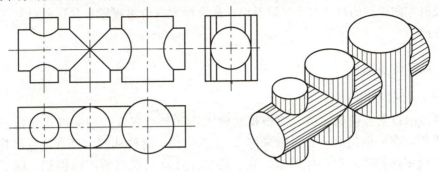

图 2-1-22　直径变化相贯线的趋势

任务实施

依据上述学习的知识点，绘制图 2-1-1 所示轴承座的三视图。

一、形体分析

画图前，首先对轴承座进行形体分析，分析轴承座由哪些基本几何体构成，各基本几何体结构形状、相对位置、表面连接关系如何，为选择主视图的投射方向和画图创造条件。图 2-1-23（a）所示为轴承座形体分析及主视图的选择。

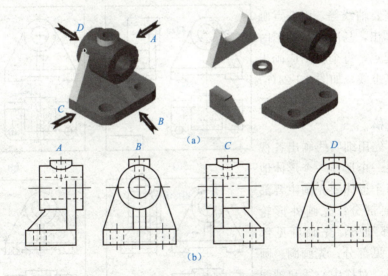

图 2-1-23　轴承座形体分析及主视图的选择
(a)轴承座形体分析；(b)各投射方向所得到的视图

二、选择主视图

在画轴承座的三视图时，需先选择主视图。主视图是三视图中最重要的视图，直接影响表达的清晰性。如图 2-1-23 所示，将轴承座摆正放平后，一般要选择反映轴承座各组成部分结构形状和相对位置较为明显的方向作为主视图的投射方向，并应使形体上的主要面与投影面平行，同时还要考虑其他视图的表达要清楚，在三视图中尽量减少虚线，通过各投射方向得到的视图对比可以看出，B 投射方向所得视图最佳，所以可选择 B 向为主视方向。

三、绘制轴承座

1. 确定比例和图幅

主视图的投射方向确定后，应根据实物大小和复杂程度，按标准规定选择画图的比例和图幅，在一般情况下，尽量采用 1∶1 的比例，这样从图上可直接看出物体的真实大小。选定比例后，由物体的长、宽、高尺寸计算三视图所占的面积。除了考虑图形尺寸大小外，还应留足标注尺寸和画标题栏等的空间，根据估算结果，选用合适的标准图幅。

2. 布置视图，画基准线

根据组合体的总体尺寸，通过简单计算，将各视图均匀布置在图框内。应根据各个视图每个方向的最大尺寸，在视图之间留足标注尺寸的空间，使视图布局合理、排列均匀。画出各视图的作图基准线。作图基准线一般为底面、对称面、重要端面、重要轴线等，用细点画线或细实线画出，基准线是画图时测量尺寸的起点，每个视图应画出两个方向的基准线，如图 2-1-24(a) 所示。

3. 绘制底稿

画图时，先用细实线画出各视图的底稿。要一个形体一个形体地画三视图，每个形体要先画主要部分，后画次要部分；先画外形轮廓，后画内部细节；先画可见部分，后画不可见部分；先画圆、圆弧，后画直线；对称中心线和轴线要用点画线直接画出，不可见部分的虚线也可直接画出，要注意组合体的组合形式和连接方式，边画边修改，以提高画图的速度，这样还能避免漏线或多线，如图 2-1-24 (b)、(c)、(d)、(e)所示。

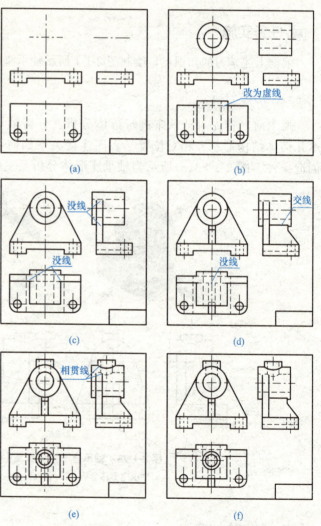

图 2-1-24　轴承座三视图的画图过程

(a)布置视图，画底稿；(b)画圆柱；(c)画支撑板；
(d)画肋板；(e)画凸台；(f)检查加深

4. 检查描深完成全图

画完底稿后，要按形体逐个检查，改正错误，补充遗漏，检查无误后，擦去多余的图线，然后用标准图线描重加粗，填写标题栏，完成全图，如图 2-1-24(f)所示。

任 务 拓 展 》》》

绘制的轴承座三视图，只表达了轴承座的结构形状，要表达该形体的大小，还需标注尺寸。如何标注轴承座的尺寸？

知识准备

一、基本几何体的尺寸标注

1. 平面立体尺寸标注

平面立体一般要标注长、宽、高三个方向的尺寸。棱柱、棱锥和棱台的尺寸，应标注底面（或顶面）的形状尺寸和高度尺寸，如图 2-1-25 所示。

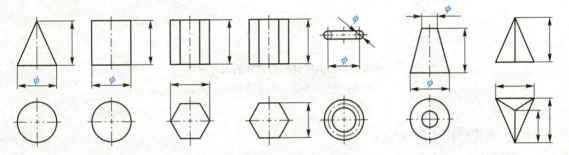

图 2-1-25　平面立体的尺寸标注

2. 切割体（平面、曲面）尺寸标注

基本几何体被截切后的尺寸标注：先标注基本几何体的尺寸，再标注切口大小和位置尺寸，如图 2-1-26 所示。

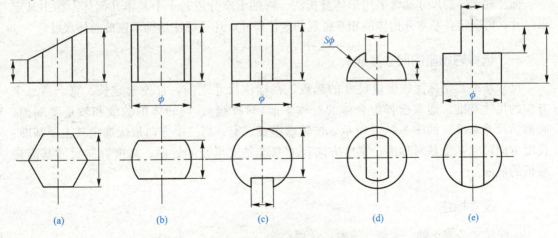

图 2-1-26　切割体的尺寸标注

【注意】

(1)截交线上不应直接标注尺寸，因为它们的形状和大小取决于形成交线的平面与立体或立体的形状、大小及其相互位置，交线是在加工时自然产生的，画图时是按一定的作图方法求得的，如图 2-1-27(a)所示。

(2)两基本体相贯时，应标注基本几何体的定形尺寸和表示基本几何体相对位置的定位尺寸，而不应标注相贯线的尺寸，如图 2-1-27(b)所示。

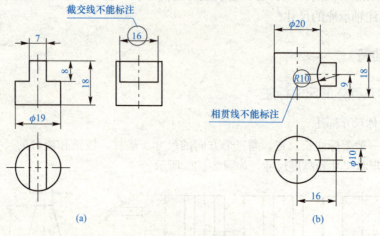

图 2-1-27 截断体和相贯体的尺寸标注

(a)截断体尺寸标注；(b)相贯体尺寸标注

二、常见结构的尺寸标注

当组合体的端部不是平面而是回转面时，该方向一般不直接标注总体尺寸，而是由确定回转面轴线的定位尺寸和回转面的定形尺寸(半径或直径)来间接确定。如图 2-1-28 所示的一些总体尺寸没有直接标出。

📖 任务实施

标注轴承座的尺寸通常采用形体分析法。将轴承座分成若干个基本几何体，标出其定形尺寸，再确定各基本几何体的相互位置的定位尺寸，还要标注出轴承座的总体尺寸。

一、选择轴承座的尺寸基准

尺寸基准就是标注或度量尺寸的起点，在标注尺寸之前，首先选定长、宽、高三个方向的尺寸基准。通常选择组合体的对称平面(对称线)、回转体的轴线和较重要端面、底面为尺寸基准。如图 2-1-29 所示，按轴承座长、宽、高三个方向依次选定其主要基准：长度方向尺寸基准是对称面；宽度方向尺寸基准是支承板的后面；高度方向尺寸基准是底板的底面。

二、尺寸标注

标注尺寸必须正确、完整、清晰、合理。

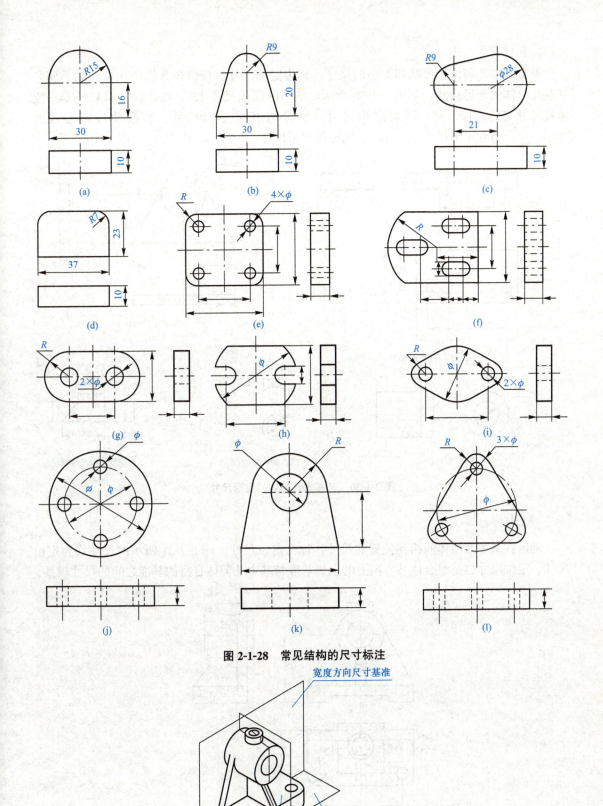

图 2-1-28　常见结构的尺寸标注

图 2-1-29　轴承座的尺寸基准

1. 标注定形尺寸

确定基本几何体的形状和大小的尺寸，称为定形尺寸。按形体分析依次标注轴承座各基本几何体的定形尺寸，如图 2-1-30 所示，图中的底板尺寸 130、65、20、$\phi14$、$R14$；支承板尺寸 130、12、$\phi54$ 均为定形尺寸。请分析其他定形尺寸：加强肋板定形尺寸_____；凸台定形尺寸_____；圆柱筒定形尺寸_____。

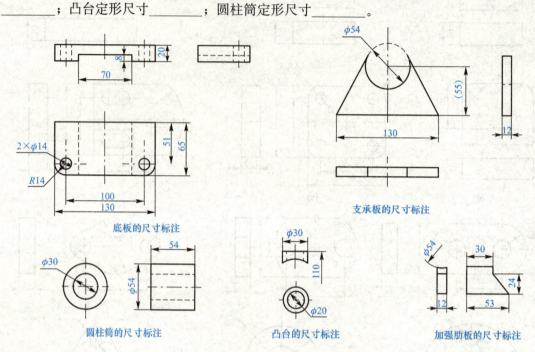

图 2-1-30　各基本几何体的定形尺寸

2. 标注定位尺寸

确定各基本几何体间相互位置的尺寸，称为定位尺寸。图 2-1-31 所示的尺寸均为定位尺寸。定位尺寸也是组合体某方向上的主要基准与基本几何体自身的基准之间的尺寸联系。

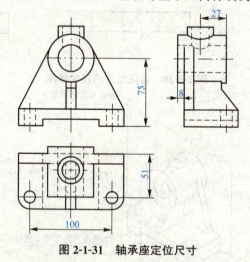

图 2-1-31　轴承座定位尺寸

(1)在对称方向上处于居中位置的基本几何体(如底板、支承板、圆筒轴承、加强肋板等基本几何体都处于轴承座宽度方向的居中位置)在该方向上的定位为零,即不注出。

（2）在不对称方向上的基本几何体的面、线与该方向上的主要基准面、线重合(如圆筒轴承的右端面与长度方向上的主要基准面重合,又如底板的底面与高度方向上的主要基准面重合),在该方向上的定位尺寸为零,也不必注出。

3. 进行尺寸调整,并标注总体尺寸

确定组合体外形所占空间大小的总长、总宽、总高的尺寸,称为总体尺寸。如图 2-1-32 所示,标注轴承座的总长 130、总宽 73、总高 110。

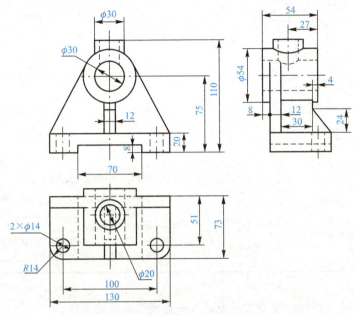

图 2-1-32　轴承座的尺寸标注

由于定形尺寸、定位尺寸和总体尺寸有兼作情况,或具有规律分部的多个相同的基本几何体时,都应避免重复标注尺寸,因此,要进行检查、调整,并标注总体尺寸。

4. 标注尺寸布局要求

标注尺寸要清晰,即尺寸要恰当布局,便于查找和看图,不致发生误解和混淆。标注尺寸应注意以下几点:

（1）尺寸应尽可能标注在反映基本几何体形状特征较明显、位置特征较清楚的视图上,尽量避免在虚线上标注尺寸,如图 2-1-32 所示,圆柱筒孔径 $\phi30$ 在左视图上标注是虚线,所以在主视图上标注。组合体上有关联的同一基本几何体的定形尺寸与其定位尺寸尽可能集中标注在反映形状和位置特征明显的同一视图上,以便查找和看图,如图 2-1-32 所示。

（2）为保持图形清晰,尺寸应尽量注在视图外面,尺寸排列要整齐,且应使小尺寸在里(靠近图形)、大尺寸在外,当图上有足够地方能清晰地注写尺寸数字,又不影响图形的清晰时,也可注在视图内。

（3）圆柱、圆锥的直径尺寸应尽量注在非圆的视图(其轴线平行于投影面的视图)上,半圆及小于半圆的圆弧的半径尺寸一定要注在反映为圆弧的视图上。

（4）同一基本几何体的定形尺寸以及相关联的定位尺寸要尽量集中标注。例如,图 2-1-32 中底板上的小圆柱孔,其定形尺寸 $\phi14$,定位尺寸 100、51 全集中在一起,比较清晰,便于寻找。

一、三视图形成训练

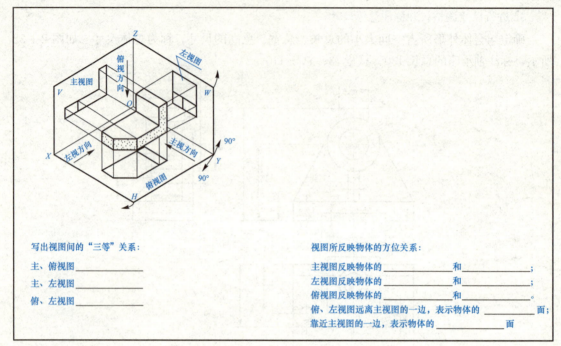

写出视图间的"三等"关系：

主、俯视图_____

主、左视图_____

俯、左视图_____

视图所反映物体的方位关系：

主视图反映物体的_____和_____；

左视图反映物体的_____和_____；

俯视图反映物体的_____和_____。

俯、左视图远离主视图的一边，表示物体的_____面；

靠近主视图的一边，表示物体的_____面

二、绘图训练

1. 相贯线。根据已知的两面视图补画另一面视图所缺的图线。

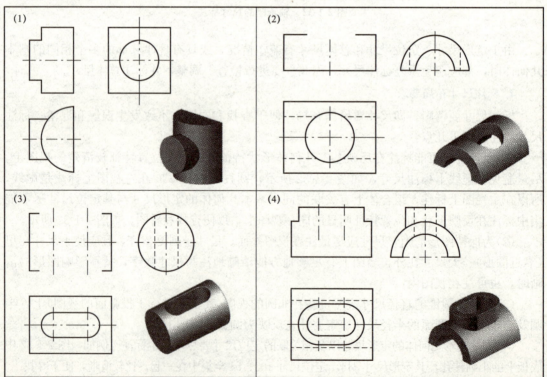

(1)　　　　　　　　　　　　　(2)

(3)　　　　　　　　　　　　　(4)

2. 组合体组合形式(补画视图所缺的图线)。

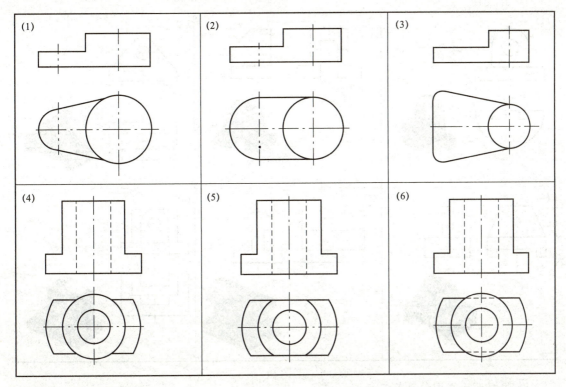

3. 根据已知形体的立体图和主视图，按形体分析法补画其他两面视图(尺寸直接从图中量取)。

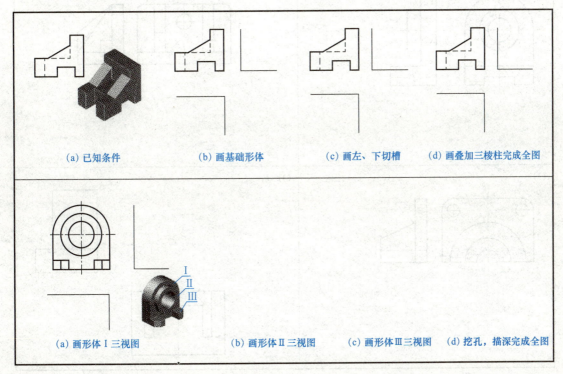

(a) 已知条件　　　(b) 画基础形体　　　(c) 画左、下切槽　　　(d) 画叠加三棱柱完成全图

(a) 画形体Ⅰ三视图　　　(b) 画形体Ⅱ三视图　　　(c) 画形体Ⅲ三视图　　　(d) 挖孔，描深完成全图

4. 用形体分析法，根据组合体的两面视图补画第三视图。

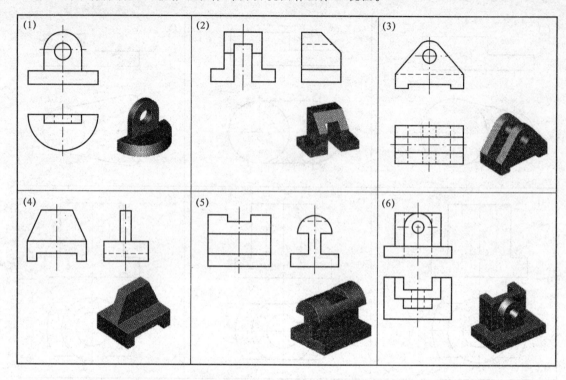

5. 根据两面视图补画第三视图。

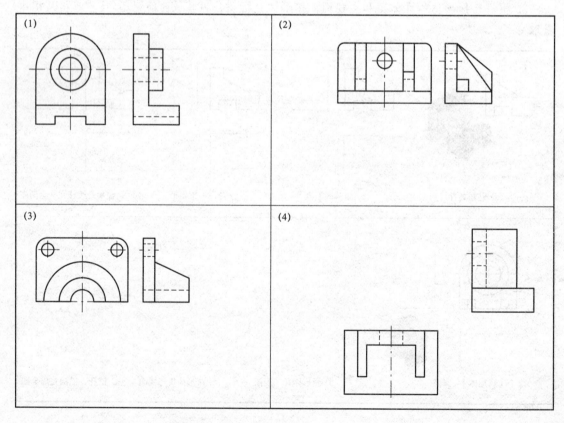

6. 指出视图中尺寸标注上的错误(在错误的尺寸处打叉),并补全正确的尺寸标注。

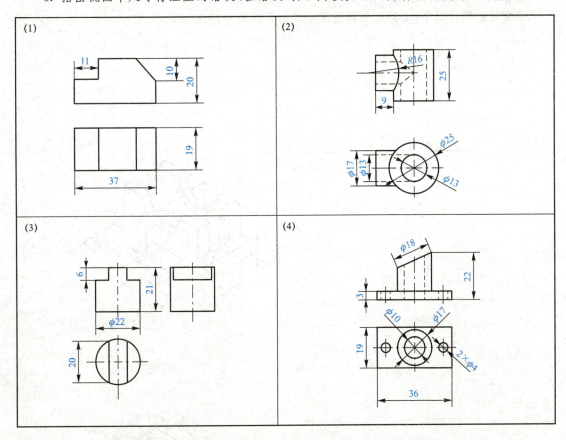

7. 分析尺寸并填空。

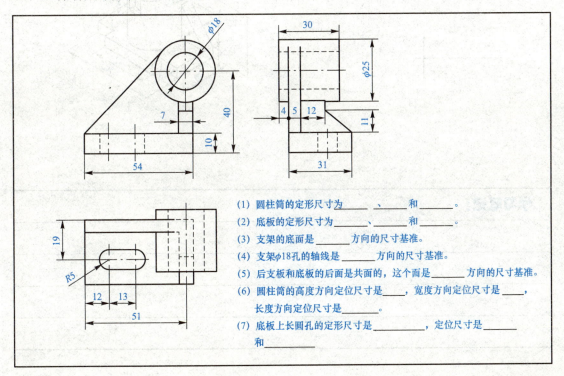

(1) 圆柱筒的定形尺寸为_____、_____和_____。
(2) 底板的定形尺寸为_____、_____和_____。
(3) 支架的底面是_____方向的尺寸基准。
(4) 支架φ18孔的轴线是_____方向的尺寸基准。
(5) 后支板和底板的后面是共用的,这个面是_____方向的尺寸基准。
(6) 圆柱筒的高度方向定位尺寸是____,宽度方向定位尺寸是____,
长度方向定位尺寸是_____。
(7) 底板上长圆孔的定形尺寸是_____,定位尺寸是_____
和_____

三、绘制组合体并标注尺寸

根据轴测图，以 1∶1 的比例画出组合体的三视图并标注尺寸。

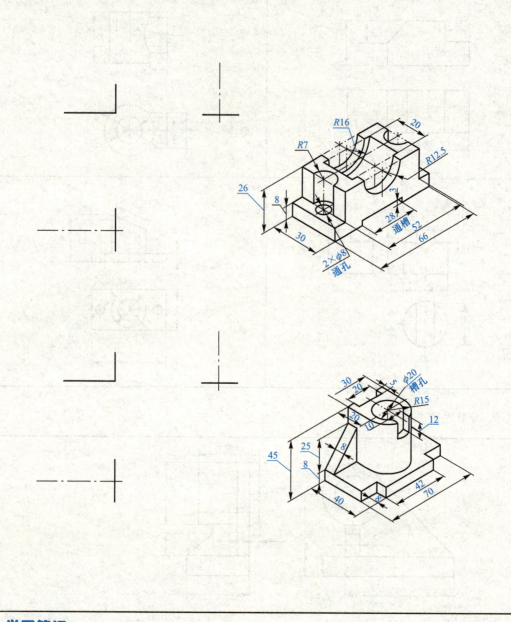

学习笔记：

任务2.2　识读压块三视图

📋 任务描述

图 2-2-1 所示为压块三视图，如何识读其各个部分的结构形状？综合分析后，想象压块立体结构。

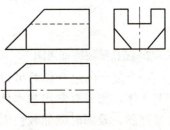

图 2-2-1　压块三视图

🧰 任务目标

1. 熟练掌握读图的基本要领和方法。

2. 掌握特殊平面、截切平面立体和曲面立体的截交线画法。

3. 提高空间想象能力。

📚 知识准备

本次任务学习的读图是画图的逆过程。画图是由物到图，读图是由图想象物，二者是相互联系的两个过程。读图能力可通过多画图来提高，同时也应当总结读图的基本规律，培养空间想象能力和提高绘图技能是一个循序渐进的过程。读图采用的基本方法是形体分析法和线面分析法。提高读图能力、迅速读懂视图，需学习看图的基本知识，了解看图的步骤和方法，通过反复的看图实践才能达到。

一、读图的基本要领

1. 以主视图为中心，几个视图联系起来看

一般情况下，一个视图不能确定组合体的形状，根据一个视图[图 2-2-2(a)]，可以想象多个组合形状，如图 2-2-2(b)~(g)所示。

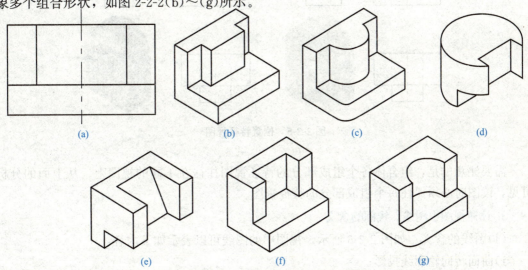

图 2-2-2　一个视图相同的不同形体

有时两个视图也不能完全确定组合体的形状，如图 2-2-3 所示。

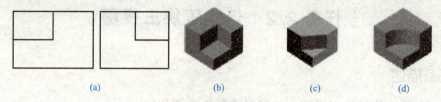

图 2-2-3　两个相同视图的不同形体

2. 注意抓住特征视图

一个复杂的组合体总可以分解为若干个基本体，如果对常用基本体的投影特征非常熟悉，看图时就能较快看懂视图。读图时，要善于抓住形状特征和位置特征视图，综合整体想象形状和组合造型。

(1)形状特征视图。如图 2-2-4 所示，组成物体的各个形体的形状特征并非总在一个视图上，而是可能每个视图都有一些，看图时要抓住反映形状特征较多的视图。

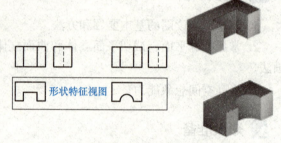

图 2-2-4　形状特征明显的视图

(2)位置特征视图。如图 2-2-5 所示，如果只有主视图和俯视图，则无法辨别其形体各个组成部分的相对位置。而当与左视图结合起来时，就很容易想清楚各个形体的相对位置关系。此时，左视图就是位置特征视图。

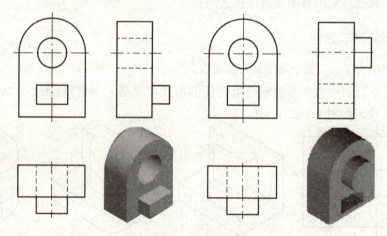

图 2-2-5　位置特征视图

需要注意的是，组合体各个组成部分的特征视图往往在不同的视图上。从上面的分析可见，读图时必须抓住每个组成部分的特征视图。

3. 读懂视图中图线、线框的含义

(1)图线的含义。如图 2-2-6 所示，视图中的图线可以表示如下内容：

1)曲面转向轮廓线投影；

2)两面交线的投影；

3)积聚面的投影。

(2)线框的含义。如图 2-2-7 所示，视图中的线框有以下三种情况：

1)1 个封闭的线框，表示物体的一个面。这个面可能是平面、曲面、平面与曲面的组合面或孔。

2)两个相邻的封闭线框，表示物体上位置不同的两个面（相交或不相交）。两个面的相对位置要通过其他视图中的对应投影加以判断。

3)大的线框内套小的封闭线框，要么凸出，要么凹进。

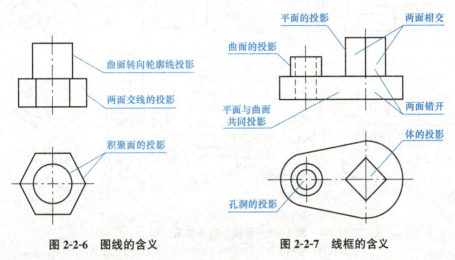

图 2-2-6 图线的含义   图 2-2-7 线框的含义

二、读图的基本方法

组合体的读图方法有两种：形体分析法和线面分析法。形体分析法用于叠加式组合体，线面分析法用于切割式组合体。

1. 形体分析法

形体分析法是读图的基本方法，读图时从反映形体形状特征明显的视图入手，几个视图对照，按能反映形体特征的封闭线框划块，把视图分解为若干部分，找出每一部分的有关投影，然后根据各种基本形体的投影特性，想象出每一部分的形状和它们之间的相对位置，弄清楚组合体的组合形式，最后综合起来想象出物体的整体形状。看图时，先看主要部分，再看次要部分；先看容易确定部分，再看难以确定的部分；先看整体形状，再看细节形状。形体分析法的实质是：分部分想形状，合起来想整体，由整体到局部，由局部到整体。

如图 2-2-8 所示，形体分析法的看图方法和步骤如下：

(1)抓住特征部分。以主视图为主，弄清各视图的名称、投射方向，了解物体的组合形式，对物体进行形体分析。如图 2-2-8(a)所示，可将主视图分为Ⅰ、Ⅱ、Ⅲ三部分。

(2)对照投影想象形状。将每一个部分"分离"出来后，从反映每部分的形状特征的视图出发，划分线框，根据投影的对应关系，找出物体的三面投影，想象各组成部分的形状。所谓特征，是指物体的形状特征和组成物体的各基本体间的位置特征，如图 2-2-8 (b)、(c)、(d)所示，Ⅰ是半圆筒基本体切割去圆弧状形体；Ⅱ基本体是四棱柱，中间钻孔；Ⅲ的形体是 U 形凸台。

(3)综合归纳想整体。想出各部分形状之后，再根据整体三视图，分析它们之间的相对位置、组合形式和表面连接方式，综合起来想出物体的整体。如图 2-2-8(d)所示，凸台Ⅲ叠加在Ⅰ上，前后不平齐，Ⅰ与Ⅱ为相交组合，通过分析想象整体形状，如图 2-2-8(e)所示。

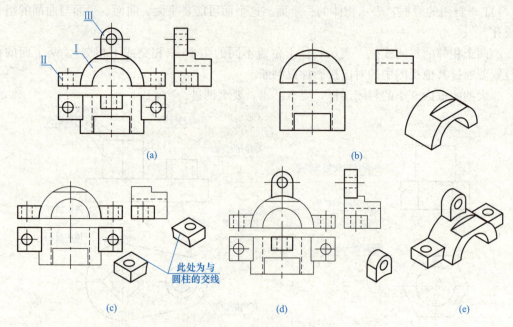

图 2-2-8　形体分析法读图过程
(a)划分线框，分析形体；(b)形体Ⅰ的形状；(c)形体Ⅱ的形状；
(d)形体Ⅲ的形状；(e)综合归纳想整体

2. 线面分析法

一般情况下，运用形体分析法读图可以解决叠加型组合体的问题，但是有些物体的局部结构比较复杂，只用形体分析法还不够，需要采用线面分析法。用线面分析法读图，就是运用各种位置直线、平面的投影特性(实形性、积聚性、类似性)，以及曲面、截交线、相贯线的投影特点，对组合体投影图中的已知线条、线框(由线段围成的闭合图形)的含义进行深入细致的分析，确定物体的表面形状、面与面之间位置及表面交线，从而想象出物体的整体形状。此法用于切割型组合体较为有效。

利用线面分析法读图时，要熟练运用各种位置平面的投影特性来分析问题，凡是"一框对两线"则表示为投影面的平行面；凡是"一线对两框"则表示为投影面的垂直面；凡是"三线框对应"则表示为一般位置平面。熟记这些特征，可以很快想象出面的空间形状和位置。

🖮 任务实施

一、分析

图 2-2-9 所示为压块三视图，从图中可以看出该压块是由长方体经过三次切割完成的，图上的线框和图线的含义，需要运用线面分析法去解决。如图 2-2-9 所示，从左视图中可明显看出该物体有一个缺口，缺口是由两个正平面 V 和一个水平面 U 切割而成的，还可以看出主视图中斜线 s'、俯视图中线框 s 和左视图中线框 s'' 有投影对应关系，据此可分析出 S 是

一个正垂面；主视图中线段 t'、俯视图中线框 t 和左视图中线段 t'' 有投影对应关系，T 是一个铅垂面。

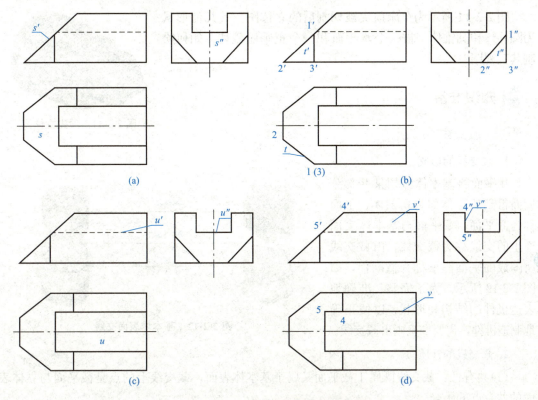

图 2-2-9　压块三视图及其读图方法

二、初步判断主体形状

物体被多个面切割，但从三视图的最大线框来看，基本都是矩形，据此可判断该物体的主体应是长方体。

三、确定切割面的形状和位置

划分线框分部分，按线框对投影，想象面的形状。找视图中边数最多的线框，如图 2-2-9（a）所示，俯视图线框 s，主视图对应投影积聚为一条斜线 s'，左视图对应线框 s''，由此可以想象 S 为一个正垂面，其位置在长方体的左边。按同样的方法，分析线框 t''、线段 u''、线段 v''，如图 2-2-9（b）、（c）、（d）所示。

四、综合起来想整体

通过以上逐个表面分析，可以清楚地想象出压块的形状。如图 2-2-10所示，该组合体为一个长方体被多个平面切割而成。

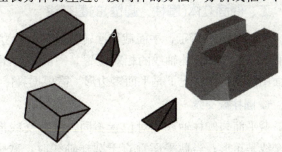

图 2-2-10　压块的立体形状

任务拓展

图 2-2-11 所示为车床顶尖被切割后的立体图，其几何形状为圆柱体和圆锥体，被一个水平面和一个正垂面截切。如何绘制其三视图？

图 2-2-11 顶尖立体图

知识准备

一、截交线

1. 截交线的形成

用平面将基本体截切某些部分后而得到的形体称为切割体，平面称为截平面，截平面与基本体表面产生的交线称为截交线，由截交线所围成的平面图形称为截断面，如图 2-2-12 所示。为了完整、准确地表达机件的结构和形状，以便正确地制造机件，需要准确画出截交线。

图 2-2-12 基本体表面交线

2. 截交线的性质

（1）共有性：截交线既属于截平面又属于基本体表面，截交线上的点是截平面与立体表面的共有点的集合。

（2）封闭性：任何立体都是封闭的，截交线是立体表面的点，截交线也是封闭的。截交线的形状是由被截切立体和截平面与被截立体的相对位置决定的。

3. 求截交线的方法和步骤

利用截交线的性质，可求截交线的投影，然后依次连线，即为封闭截交线的投影。截交线的作图步骤如下：

（1）画基本体的三视图，根据立体与截平面的位置，分析截交线的形状。

（2）求截交线的投影，用表面取点的方法求出截平面与立体表面的全部共有点。

（3）判断点的可见性，按顺序连接所求各点的投影，擦去被截掉部分的投影，可见的用粗实线，不可见的用细虚线，完成图形。

二、曲面立体（圆柱、圆锥）的截交线

如图 2-2-13 所示，平面截切回转体时，曲面立体的截交线形状取决于回转体表面的形状和截平面与回转体轴线的相对位置。一般是封闭的平面曲线，或是由曲线和直线相连的平面图形，特殊情况下是平面多边形。需根据具体情况确定作图方法。

1. 圆柱截交线

截平面与圆柱轴线相对位置不同，其截交线形状不同：当截平面平行于圆柱轴线时，截交线是矩形；当截平面垂直于圆柱轴线时，截交线是圆；当截平面倾斜于圆柱轴线时，截交线是椭圆，见表 2-2-1。

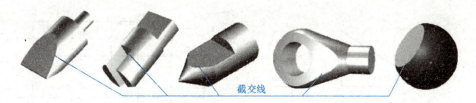

图 2-2-13　曲面立体截交线

表 2-2-1　圆柱截交线的三种情况

截平面的位置	截平面与轴线平行	截平面与轴线垂直	截平面与轴线倾斜
轴测图			
投影图			
截交线形状	矩形	圆	椭圆

求圆柱被正垂面截切后的三面投影：由图 2-2-14(a)～(c)可以看出，截平面与圆柱轴线倾斜，截交线为一椭圆，该椭圆的正面投影积聚为与 X 轴倾斜的斜线，水平投影积聚为圆，先需作出其侧面投影。作图方法与步骤如下：

(1)求作截交线上特殊点的投影。画出圆柱的原始投影，如图 2-2-14(b)所示。截交线的特殊点，是立体的最高点、最低点、最前点、最后点，也是椭圆的长、短轴上的四个端点。这四点的正面投影为 1′、2′、3′、4′，水平投影为 1、2、3、4。根据投影对应关系求其侧面投影 1″、2″、3″、4″。

(2)求作截交线上一般位置点的投影。为了准确地画出椭圆，还必须适当作出一些一般点的投影。过圆周取对称点 5、6、7、8 作出其正面投影和侧面投影，如图 2-2-14(c)所示。一般位置点选择的数量应根据作图需要确定。

(3)连线。依次光滑地连接各点，即得所求截交线的投影。擦去多余的图线，完成截断体的投影，如图 2-2-14(d)所示。

几种常见的圆柱体被截切后的三视图及立体图如图 2-2-15 所示。

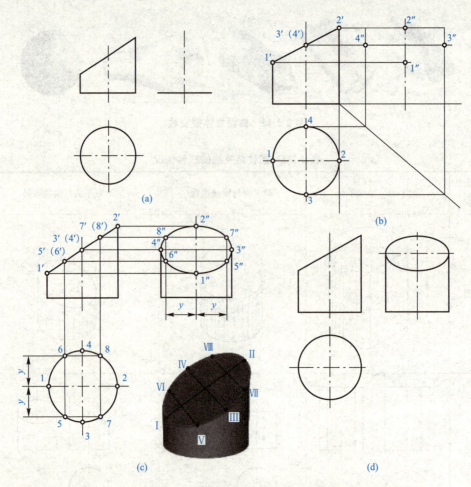

图 2-2-14　圆柱体被正垂面截切的三视图

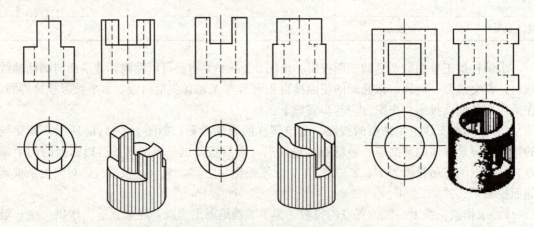

图 2-2-15　几种常见的圆柱体被截切后的三视图及立体图

【做一做】　如图 2-2-16 所示，画出圆柱被截切后的三面投影。

提示：该圆柱的切口是用左右两个平行于轴线对称的侧平面及一个垂直于轴线的水平面截切而成的。由于截切面均为投影面平行面，其截交线分别垂直于相应的投影面，因此，

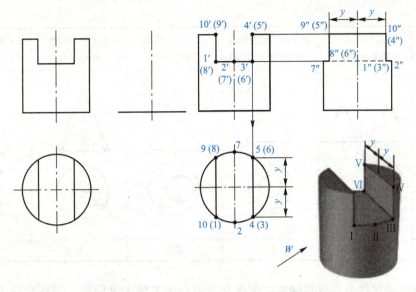

图 2-2-16　多个平面截切圆柱的三面投影的画法

圆柱切口的投影均可用积聚性法求出。

按照图示步骤，在空白处绘制其投影图。

2. 圆锥的截交线

当截平面与圆锥轴线位置不同时，截交线有五种不同的形状，分别是圆、过锥顶的三角形、椭圆、抛物线和双曲线，见表 2-2-2。

表 2-2-2　圆锥表面截交线

截平面的位置	截平面过圆锥的锥顶	截平面与圆锥轴线垂直且不平行于素线	截平面与圆锥轴线倾斜	截平面与圆锥轴线平行	截平面与圆锥轴线倾斜且平行于素线
立体图					

截平面的位置	截平面过圆锥的锥顶	截平面与圆锥轴线垂直且不平行于素线	截平面与圆锥轴线倾斜	截平面与圆锥轴线平行	截平面与圆锥轴线倾斜且平行于素线
三面投影图					
截交线形状	等腰三角形	圆	椭圆	双曲线	抛物线

当圆锥的截交线为直线和圆时，求截交线的作图方法十分简单。当截交线为椭圆、抛物线、双曲线时，由于圆锥面的三个投影都没有积聚性，求出属于截交线的多个点的投影时，则需要用辅助素线法或者辅助平面法，如图 2-2-17 所示。

(1)辅助素线法：属于截交线的任意点 M，如图 2-2-17(b)所示，可以看成圆锥表面某一素线 SA 与截平面 P 的交点，故点 M 的三面投影分别在该素线的同面投影上。

(2)辅助平面法：作垂直于圆锥轴线的辅助平面 R，如图 2-2-17(c)所示，辅助平面 R 与圆锥面的交线是圆，此圆与截平面交得的两点 C、D 就是截交线上的点，这两个点具有三面共点的特征，所以辅助平面法也叫三面共点法。

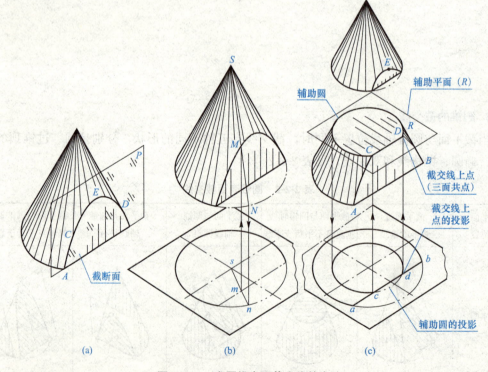

图 2-2-17　求圆锥表面截交线的方法

【做一做】 求图 2-2-18 所示圆锥被平行轴线的截平面所截的截交线的投影。

分析：由图 2-2-18 可知，圆锥被平行于轴线的截平面截切，截交线为双曲线。由于截平面为水平面，其水平投影为显示实形的双曲线，正面投影和侧面投影为积聚的线。

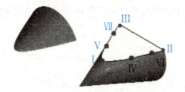

图 2-2-18 圆锥被截切的立体图

作图步骤如下：

(1)画出圆锥的完整三视图，根据截平面的位置，判定截交线的形式为双曲线，如图 2-2-19(a)所示。

(2)求截交线上特殊点的投影。确定截平面投影的位置后，找出截交线的最上点Ⅰ、最前点Ⅱ、最后点Ⅲ，以及它们的侧面投影1″、2″、3″，利用圆锥表面点的求法，求出它们的正面投影1′、2′、3′和水平投影1、2、3，如图 2-2-19(b)所示。

(3)求截交线上一般点的投影。在截交线上任意找出对称两点Ⅳ、Ⅴ，它们的侧面投影为4″、5″，用辅助圆法求出它们的正面投影4′、5′，利用点的投影规律，求出水平投影4、5，如图 2-2-19(c)所示。为使曲线连接光滑，可利用同样的方法，再继续求出一些一般点Ⅵ、Ⅶ的投影。

(4)连线。将水平投影1、2、3、4、5 依次连接成光滑曲线，即为所求截交线水平投影。

(5)检查无误，擦去多余图线，描深整理，完成作图，如图 2-2-19(d)所示。

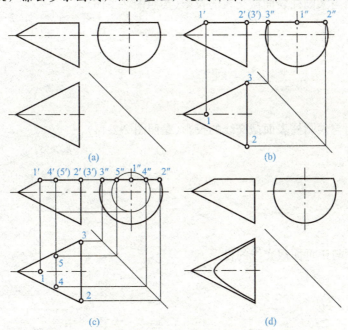

图 2-2-19 圆锥截交线的作图步骤

(a)画出圆锥三视图判定截交线；(b)求特殊点投影；(c)求一般点投影；(d)连线、描深

依据上述所学知识，按步骤在空白处绘制图 2-2-11 所示车床顶尖被切割后的三视图。

(1)绘制截切前各基本几何体的投影及两截平面的正面投影和侧面投影。

(2)作水平面与圆锥表面截交线的投影(参照图 2-2-19)。

(3)作水平面与小圆柱表面截交线的投影(参照图 2-2-16)。

(4)作水平面与大圆柱表面截交线的投影(参照图 2-2-16)。

(5)作正垂面与大圆柱表面截交线的投影(参照图 2-2-14)。

(6)作水平面与正垂面截交线的投影。

关联知识

一、平面立体的截交线

图 2-2-20 所示为平面立体被截交后的立体图。平面立体的截交线是一个封闭的平面多边形，此多边形的各边是截平面与平面立体各表面的交线，多边形的顶点是截平面与平面立体的棱线的交点，所以求平面立体截断体的投影，关键就是求截平面与平面立体棱线交点的投影。

图 2-2-20　平面立体被截切的立体图

1. 棱柱表面的截交线

求作图 2-2-21(a)所示的五棱柱被正垂面截切后的投影。

分析： 在图 2-2-21(a)中，截平面 T 为正垂面，R 为侧平面，它们的正面投影有积聚性。因此，只需要作出截交线的水平投影和侧面投影。

作图步骤如下：

(1)画出正五棱柱的投影图，如图 2-2-21(a)所示。利用截平面的积聚性投影，找出 T、R 截平面与各棱线交点的正面投影 f'、g'、(e')、c'、(d')、b'、(a')。

(2)根据属于直线的点的投影特性，求出 T 截切面各交点的水平投影 f、g、e 以及侧面投影 f''、g''、e''，如图 2-2-21(b)所示。

(3)根据属于直线的点的投影特性，求出 R 截切面各交点的水平投影 a、b、c、d 以及侧面投影 a''、b''、c''、d''，如图 2-2-21(c)所示。

(4)依次连接各交点的同面投影，即为截交线的投影。判断可见性，整理、描深，如图 2-2-21(d)所示。

2. 棱锥表面的截交线

求作图 2-2-22(a)所示的正四棱锥被两个面截切后的投影。

分析： 在图 2-2-22(a)中，截切四棱锥的截平面一个为正垂面、一个为侧平面，因此它们的正面投影有积聚性，可以直接求出截交线上的点。它们的水平投影和侧面投影为边数相等且不反映实形的多边形，利用截交线的性质求出即可。

作图步骤如下：

(1)画出正四棱锥的完整三视图，如图 2-2-22(b)所示。

(2)利用截平面的积聚性投影，找出截平面与各棱线交点的正面投影 $1'$、$(2')$、$3'$和 $4'$、$(5')$、$6'$，如图 2-2-22(c)所示。

(3)根据截交线的性质和点的投影规律，求出各交点的水平投影 1、2、3、4、5、6，以及侧面投影 $1''$、$2''$、$3''$、$4''$、$5''$、$6''$，如图 2-2-22(c)所示。

(4)依次连接各交点的同面投影，即为截交线的投影，判断可见性。H 面上连接

1—3—2 和 4—6—5，W 面上连接 1″—3″—2″和 1″—2″—5″—6″—4″—1″，检查整理、描深，完成作图，如图 2-2-22(d)所示。

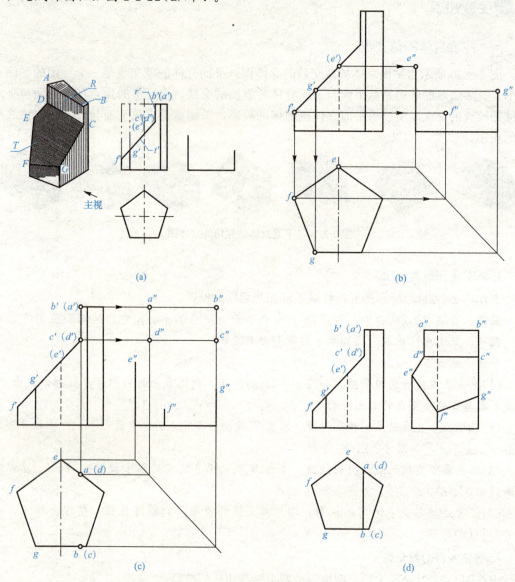

(a)

(b)

(c)

(d)

图 2-2-21 五棱柱被截切的作图步骤

(a)已知；(b)求 T 截切面与棱线交点的水平投影 e、f、g；

(c)求 R 截切面与棱柱交点的水平投影 a、b、c、d；(d)检查，各点连线，加深，擦去多余的线

二、曲面立体(球)的截交线

当圆球被平面截切时，无论截平面处于何种位置，其截交线都是一个圆。当截平面为投影面平行面时，其截交线圆在该投影面的投影反映实形，其余的两面投影都有积聚性，见表 2-2-3；当截平面为垂直面时，则截交线的该面投影积聚成直线，其他两面投影为椭圆。绘制圆球切割体投影时，先分析截平面与投影面的位置关系，确定截交线的形状，画出截交线积聚成直线的投影，然后根据投影规律画出反映圆的投影。

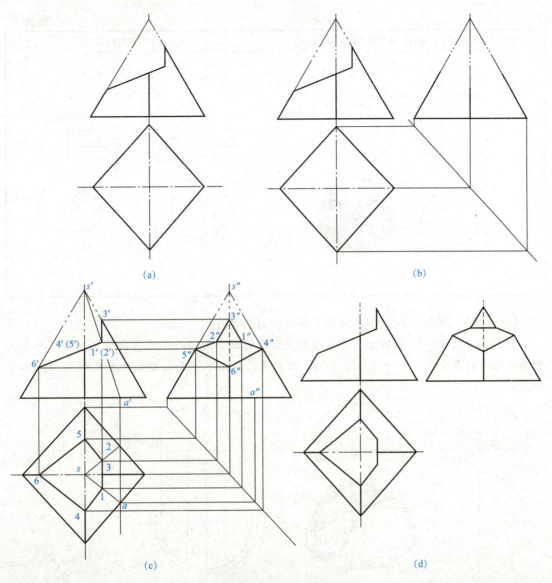

(a)

(b)

(c)

(d)

图 2-2-22 棱锥被平面切割

(a)四棱锥被截；(b)画出四棱锥完整的三视图；(c)求截交线上点的投影；(d)检查、连线、加深

表 2-2-3 圆球表面截交线

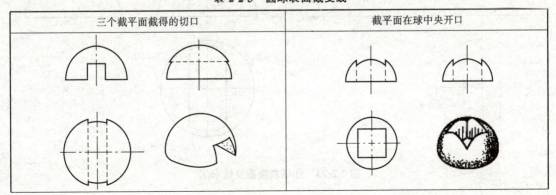

三个截平面截得的切口		截平面在球中央开口	

截平面为投影面平行面时，截交线为圆，如水平圆	两个截平面截得的切口

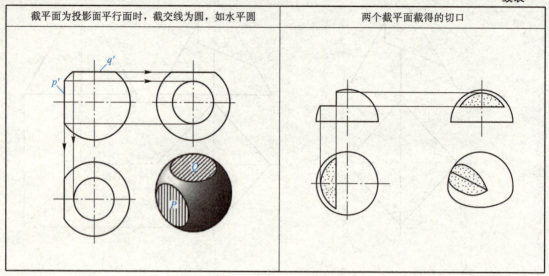

【做一做】 画出图 2-2-23(a)所示开槽半球的三视图。

分析： 由图 2-2-23(a)可知，半球被两个对称的侧平面和一个水平面截切，所以两个侧平面与球面的截交线各为一段平行于侧平面的圆弧，而水平面与圆球的截交线为两段水平的圆弧。

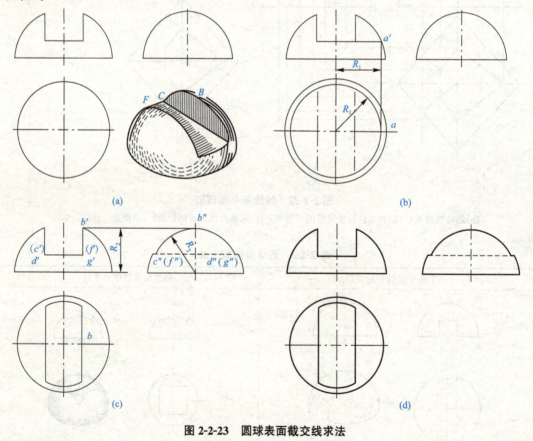

图 2-2-23 圆球表面截交线求法

作图步骤如下：

（1）画出半球的三视图，如图 2-2-23(a)所示。

（2）根据截平面位置的投影特征，截切面都垂直 V 面，正面投影为积聚三段线。$CDFG$ 面是水平面，水平投影为半径 R_1 的两个圆弧，两侧截平面垂直水平面，积聚成两段线，如图 2-2-23(b)所示。

（3）作截平面侧面投影，两侧截平面是重合的侧平面，在侧面投影为半径 R_2 的显示实形圆弧上，$CDFG$ 水平面积聚成线，如图 2-2-23(c)所示。

（4）判定可见性，擦去多余的图线，整理描深，完成作图，如图 2-2-23(d)所示。

🧰 模块梳理

一、绘制组合体三视图知识点梳理

绘制组合体三视图步骤，如图 2-2-24 所示。

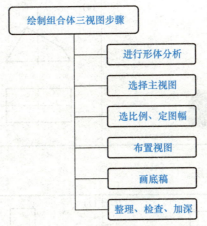

图 2-2-24　绘制组合体三视图步骤

二、识读组合体三视图知识点梳理

识读组合体三视图如图 2-2-25 所示。

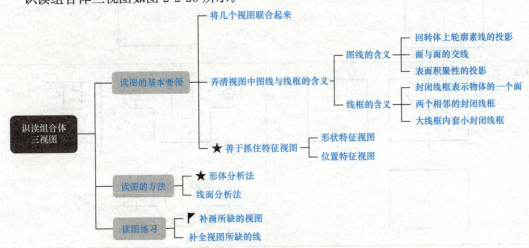

图 2-2-25　识读组合体三视图

1. 观察下列平面立体被切割后截交线的形状及截交线所在的平面属于何种位置平面，并完成其第三面投影。

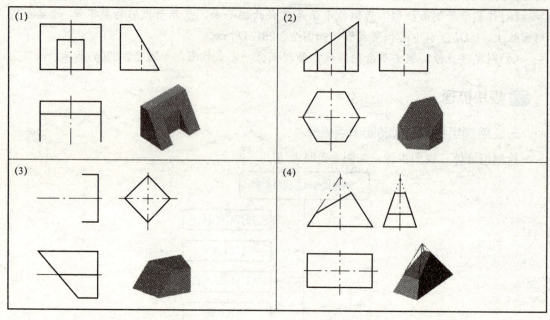

2. 补画三视图所缺的图线。

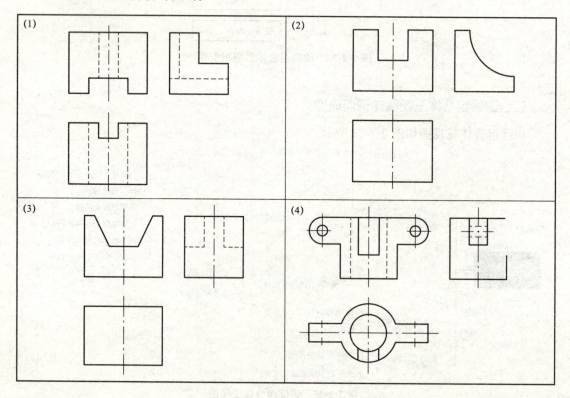

3. 补画回转体被截切后的第三视图。

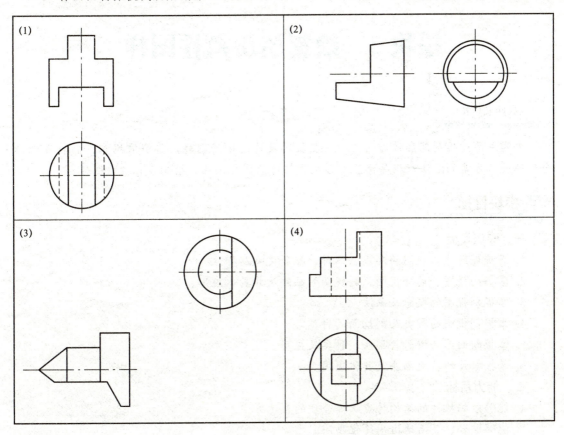

模块 3　绘制船用机件图样

 模块概述

本模块通过绘制船舶常用的弯管、联轴器及传动轴的图样，讲解依据零件的特点选择合理的表达方案的方法，指导学生综合运用机件的图样画法，绘制各种机械图样。

模块目标

一、知识目标

1. 正确理解基本视图的形成、名称、配置关系及标注。
2. 掌握向视图、局部视图、斜视图的画法及其具体应用。
3. 掌握剖视图的概念及画法。
4. 掌握剖视图的种类及剖切面的种类。
5. 掌握断面图的概念、画法、种类及应用。
6. 掌握机件的其他画法及具体应用。

二、能力目标

1. 能够依据机件的结构特点选择合理的表达方法。
2. 能够综合、灵活地运用简化画法。
3. 能够绘制简单的机械图样。

三、素质目标

1. 培养分析问题、解决问题的能力。
2. 培养团队协作的意识和吃苦耐劳的精神。

任务 3.1　绘制船舶弯管图样

任务描述

在实际工作中，当机件的形状和结构比较复杂时，如果仍用三视图表达，则难以把机件的内、外形状准确、完整、清晰地表达出来，应按照实际要求进一步增加视图的数量（六个基本视图和三种辅助视图）并要扩充表达手段，从而能够正确识读和绘制机械图样。

图 3-1-1 所示为船舶行业常见的弯管立体图。请分析弯管的结构形状，然后选择适当的视图，确定该弯管合理的表达方案。

任务目标

1. 正确理解视图的概念、画法及规范标注。

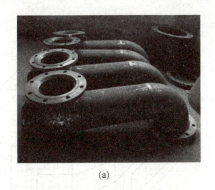
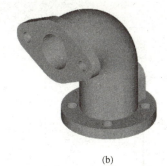

(a)   (b)

图 3-1-1　船舶行业常见的弯管立体图

2. 掌握以主视图、俯视图、左视图为主的基本视图与局部视图、斜视图的画法及规范标注。

3. 确定船舶弯管的表达方案。

4. 绘制船舶弯管图样。

📘 知识准备

绘制弯管需要运用视图，而视图是机件在多面投影体系中向投影面进行正投影所得到的图形，主要用来表达机件的外部形状。在实际绘制视图的过程中，一般包括基本视图、向视图、局部视图和斜视图四种图样，并且在绘制过程中，用粗实线画出机件的可见部分，必要时用虚线表达其不可见的部分。以下是需要学习的四种视图的表达方法。

一、基本视图

物体向基本投影面投射所得的视图称为基本视图。

如图 3-1-2(a)所示，国家标准规定在原有的三个投影面的基础上，再增加三个投影面，组成一个正六面体，它的六个面作为基本投影面。将表达的机件置于正六面体中，分别向六个基本投影面投射所得的视图，称为基本视图。除了前面介绍的三视图(主视图、左视图、俯视图)外，又增加了三个视图，即右视图——由右向左投射所得的视图、仰视图——由下向上投射所得的视图、后视图——由后向前投射所得的视图，如图 3-1-2(b)所示。六个基本视图的展开方法如图 3-1-2(c)所示。

六个基本视图若画在一张图样中，则按图 3-1-3 所示配置。不用标注各个视图名称。各个视图间仍保持"长对正、高平齐、宽相等"的投影关系，即主视图、俯视图、仰视图、后视图等长，主视图、左视图、右视图、后视图等高，左视图、右视图、俯视图、仰视图等宽。

需要注意的是，基本视图选用的数量与机件的复杂程度和结构有关，不必六个视图都画，在表达完整、清楚的前提下，视图的数量越少越好。实际画图时，优先选用主视图，其次选用俯视图或左视图、右视图。

二、向视图

在实际设计绘图中，有时为了合理利用图纸，国家标准规定了一种可以不按规定位置配置的基本视图，称为向视图，即可自由配置的视图，如图 3-1-4 所示。

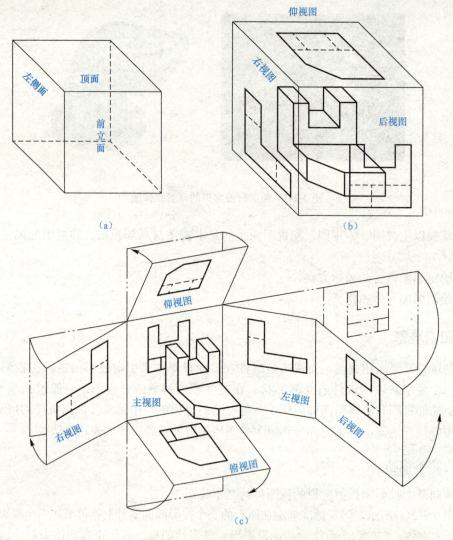

图 3-1-2　六个基本投影面的展开

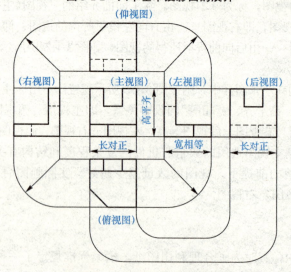

图 3-1-3　六个基本视图配置

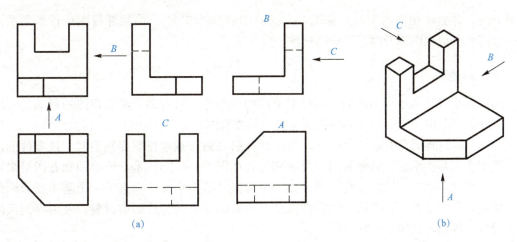

(a)   (b)

图 3-1-4　向视图及其标注

　　向视图需在图形的上方标注"×"(×为大写的拉丁字母)，在相应的视图附近用箭头指明投射方向，并标注相同的字母。标注时表示投射方向的箭头尽量配置在主视图上，表示后视图的箭头尽量配置在左视图或右视图上。

　　同时应注意，自由配置的向视图并非完全自由，只是基本视图的平移，投射方向与基本视图投射方向一一对应，不能旋转、倾斜。

三、局部视图

　　局部视图是将物体的某一部分向基本投影面投射所得的视图，用于表达机件的局部形状。如图 3-1-5 所示，选用主视图和俯视图后，只有 A、B 两个方向凸起部分的结构没有表达清楚。为此，应用 A、B 两个局部视图加以补充表达。

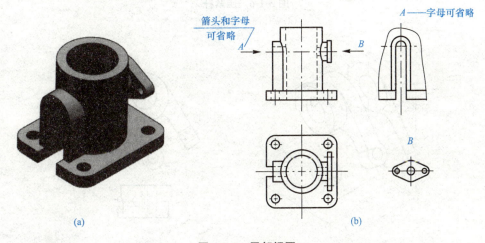

(a)   (b)

图 3-1-5　局部视图

　　(1)局部视图可以按基本视图位置配置，也可以按向视图位置配置。

　　(2)局部视图的断裂边界用波浪线或双折线表示，如图 3-1-5(b)所示的 A 向视图。当所表示的结构是完整的，且轮廓成封闭状时，波浪线可省略不画，如图 3-1-5(b)所示的 B 向视图。

　　(3)标注局部视图时，一般在局部视图正上方注出"×"，在相应的视图附近用箭头指明投射方向，并标注相同的字母，如图 3-1-5(b)中的"A"和"B"。当局部视图按投影关系配置，中间无其他视图隔开时，可省略标注。

四、斜视图

物体向平行于基本投影面的平面投射所得的视图称为斜视图。画斜视图的目的是表示机件上倾斜部分的实形，所以斜视图通常画成局部视图。

图 3-1-6(a)所示为压紧杆立体图，当压紧杆的表面与基本投影面倾斜时，该零件的左上、左下表面是正垂面，其俯视图不反映实形，如图 3-1-6(b)所示，给绘图和看图带来困难。为清晰地表达这一倾斜结构，可设置一个与倾斜结构平行且垂直于一个基本投影面的新投影面，如图 3-1-7(a)所示，然后将机件上的倾斜部分向新投影面投射，就可得到反映其实形的斜视图，如图 3-1-7(b)所示。

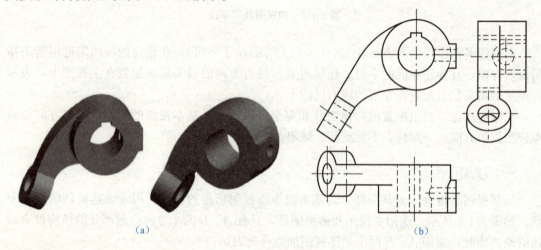

(a)   (b)

图 3-1-6 压紧杆

(a)立体图；(b)三视图

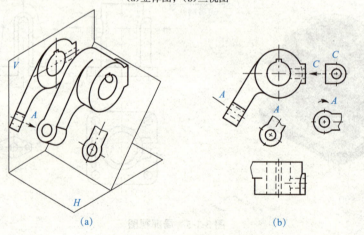

(a)   (b)

图 3-1-7 斜视图

画斜视图应注意以下几点：

(1)斜视图只是表达机件上与基本投影面倾斜部分的局部形状，其余部分省略不画，可用波浪线或双折线表示。

(2)斜视图的配置和标注方法，以及断裂边界的画法与局部视图基本相同，不同点是：有时为了合理利用图纸或画图方便，可将图形旋转，如图 3-1-7(b)所示。

● 知识点梳理 ▮▮▮

识读和绘制船舶弯管如图 3-1-8 所示。

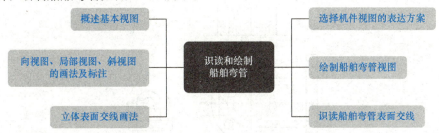

图 3-1-8　识读和绘制船舶弯管

📖 任务实施

一、弯管形体分析

如图 3-1-9 所示，应用形体分析法分析，弯管可分解为＿＿＿＿＿＿、＿＿＿＿＿＿、＿＿＿＿＿＿、＿＿＿＿＿＿，通过＿＿＿＿＿形式组合而成。

二、确定主视图

主视图是一组视图的核心，同时主视图的选择将直接影响其他视图的选择。图 3-1-9 所示为拟定的弯管主视图。请在立体图[图 3-1-9(a)]中用箭头标出该主视图的投射方向，并简要写出，该主视图的投射方向主要表达出＿＿＿＿＿。

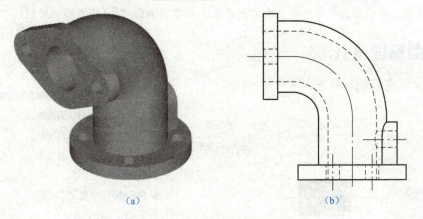

（a）　　　　　　　　　　（b）

图 3-1-9　弯管主视图投射方向确定

三、其他视图的确定

主视图确定后，分析其他需要表达的形状要素，并确定相应选用的视图。

由前面分析可知，弯管由四个简单形体叠加而成，主视图表达出整体结构形状，其他部分的结构形状可考虑选择_____个其他视图来表达，具体如图 3-1-10 所示。

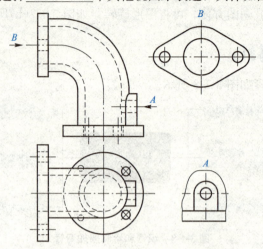

图 3-1-10　弯管的视图表达方案

(1)弯管的底板采用_____来表达，其目的是表达底板的形状、底板通孔的形状和位置以及管体在底板的方位。

(2)弯管法兰凸缘部分采用_____来表达，弯管右侧凸台部分采用_____来表达。

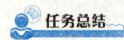

综合上述分析，需要采用四个视图来表达弯管的形状结构，主视图能够表达清楚弯管的整体结构形状以及中间弯曲管体的形状特征；法兰凸缘部分和右侧凸台部分采用两个局部视图表达；俯视图反映了底板的形状、底板上四个通孔的位置以及管体在底板的方位，由此最终确定弯管的表达方案。在绘制过程中，要注意右侧凸台和管体的表面交线(相贯线的绘制)。

● 知识点梳理 ◼️▮▮

视图知识点梳理如图 3-1-11 所示。

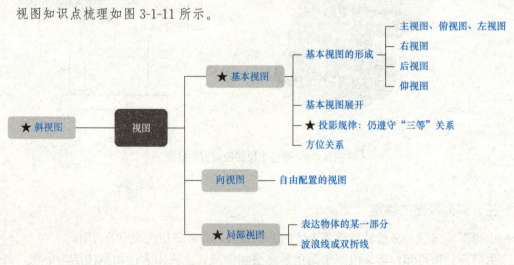

图 3-1-11　视图知识点梳理

根据形体的主、俯、左三视图补画其右、后、仰三视图。

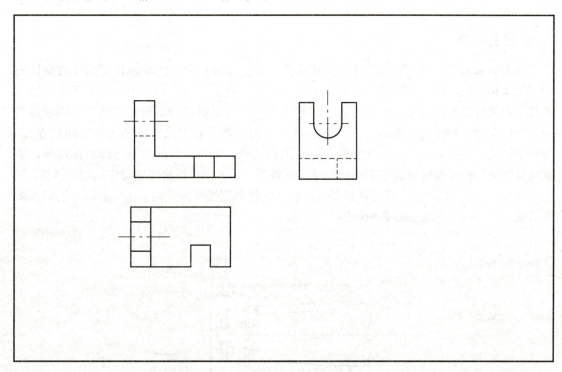

学习笔记:

任务 3.2 绘制船用联轴器图样

任务描述

船舶轴系是船舶动力装置的重要组成部分，在船舶轴系中将两段轴相互连接成整体的传动设备称为联轴器。船舶动力装置中的发动机、齿轮箱、推力轴、中间轴和螺旋桨轴之间必须用联轴器连接起来，以便传递扭矩和推力。按照联轴器的不同结构特点，联轴器可分为刚性联轴器和弹性联轴器。刚性联轴器主要用于要求对中严格的轴与轴之间的连接，例如船舶轴系的中间轴之间、中间轴与螺旋桨轴之间、中间轴与推力轴之间的连接等。本次任务学习的是刚性联轴器中的可拆法兰式联轴器，它常用于螺旋桨轴与中间轴的连接。

图 3-2-1 所示为可拆式法兰联轴器的结构。它是采用哪种图样画法将联轴器与轴的连接方式表达出来的？该联轴器如何绘制？

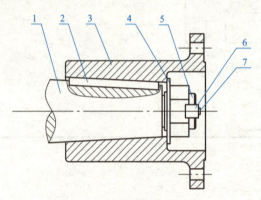

图 3-2-1 可拆式法兰联轴器

1—螺旋桨轴；2—键；3—联轴器；4—垫片；
5—锁紧螺母；6—止动块；7—止动螺钉

任务目标

1. 正确理解剖视图和其他表达方法的概念、画法及规范标注。
2. 掌握剖视图的种类及识别不同的剖视图。
3. 掌握剖视切面的种类及规范标注。
4. 学会选用不同的剖视图表达机件的结构。
5. 掌握螺纹紧固件、键、销等标准件的画法及应用。

知识准备

上述联轴器选择的图样画法就是运用剖视图的表达方法，将联轴器与轴的连接方式表达出来，也就是联轴器的内锥孔与轴锥体部分通过键连接，借助锁紧螺母锁紧于轴上。下面将学习如何识读与绘制联轴器的剖视图。

一、剖视图的基本知识

用视图表达机件时，不可见的结构形状用细虚线表示。当机件的内部结构形状复杂时，视图就会出现许多细虚线，使得图形不够清晰，既不便于绘图、读图，又不便于标注尺寸，如图 3-2-2(b)所示。为解决这些问题，国家标准规定可用剖视图来表达机件的内部结构。

1. 剖视图的概念

假想用一个剖切面把机件分开，移去观察者和剖切面之间的部分，将余下的部分向投影面投影，所得到的图形称为剖视图。

2. 剖视图的形成、画法和标注

(1)剖切：确定剖切平面位置，假想剖开机件，剖切面应通过剖切结构的对称面，如图 3-2-2(a)所示。

(2)移走：将处在观察者和剖切面之间的部分移去，将其余部分向投影面投射。因剖切是假想的，所以其他视图仍应完整地画出，如图 3-2-2(b)中俯视图仍完整画出。

(3)绘制：在投影面上画出机件剩余部分的投影，剖视图中的细虚线一般可省略不画。机件被剖切时，剖切面与机件的接触部分称为剖面区域，根据国家标准《机械制图图样画法 剖视图和断面图》(GB/T 4458.6—2002)的规定，在剖面区域上要画出剖面符号，如图 3-2-2(c)所示。

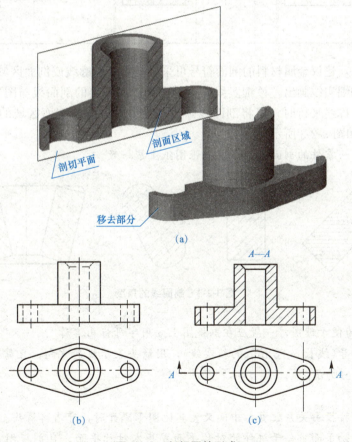

图 3-2-2 剖视图的形成

(a)立体图；(b)视图；(c)剖视图

(4)剖面符号。不同的材料采用不同的剖面符号，各种材料的剖面符号见表 3-2-1。

表 3-2-1   各种材料的剖面符号

金属材料（已规定的除外）		混凝土		格网（筛网、过滤网等）	
线圈绕组元件		钢筋混凝土		木质胶合板（不分层数）	
转子、电枢、变压器和电抗器等的叠钢片		砖		玻璃及供观察用的其他透明材料	
非金属材料（已规定除外）		木材	纵剖面	基础周围的泥土	
型砂、填砂、粉末冶金、砂轮、陶瓷刀片、硬质合金刀片等			横剖面	液体	

机械设计中，建议金属材料的剖面符号可采用与主要轮廓线或剖面区域的对称线呈 45°角且间隔均匀的细实线画出，该细实线称为剖面线。当画出的剖面线与图形的主要轮廓线或剖面区域的对称线平行时，可将剖面线画成与主要轮廓线或剖面区域的对称线呈 30°或60°的平行线，如图 3-2-3 所示。

【注意】   同一零件的剖面符号在同一张图纸上应一致。

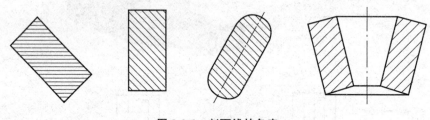

图 3-2-3   剖面线的角度

(5)标注：为便于读图，一般应在剖视图上方用字母标出名称"×—×"，并在相应的视图上画出剖切符号(线长 5~8 mm 的粗实线)，用箭头表示投射方向，且需要注上相同的字母，如图 3-2-2(c)所示。

【注意】

①当剖视图按投影关系配置，中间又无其他图形隔开时，可省略箭头。

②当单一剖切平面重合于机件的对称平面或基本对称平面，且剖视图是按投影关系配置，中间又无其他图形隔开时，可省略标注。

【做一做】 观察表3-2-2中的立体图，将剖视图中的错误改正。

表 3-2-2　剖视图错误画法

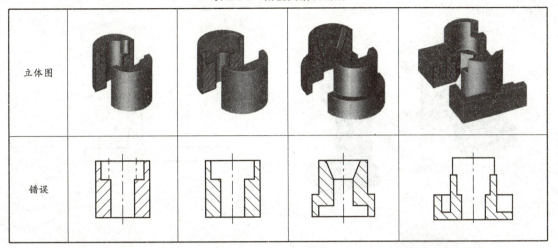

立体图				
错误				

二、剖视图的分类

按机件被剖切范围的大小，剖视图可分为全剖视图、半剖视图和局部剖视图三种。

1. 全剖视图

用剖切面完全地剖开机件所得的剖视图，称为全剖视图。此情况用于外形比较简单而内部形状比较复杂的机件，如图 3-2-4 所示，为组合体全剖的俯视图和左视图。

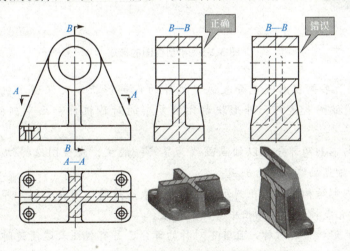

图 3-2-4　组合体全剖的俯视图和左视图

【提示】 图 3-2-4 中的 $B—B$ 剖视图中，剖切面沿肋板纵向剖切，为表示肋板在该投射方向为薄板，制图国家标准规定用细实线表示肋板的剖面范围，剖面区域不画剖面线。剖面区域由剖切平面与肋板的交线确定。在剖视图 $A—A$ 中，剖切面横向剖切肋板时，肋板的剖面区域仍要画出剖面线。

2. 半剖视图

当机件内外结构形状具有公共对称平面时，以对称面为界，用剖切平面剖开机件，如

图 3-2-5(a)、(c)所示，向垂直于对称平面的投影面上投射所得的图形，以对称中心线为界，一半画成剖视图以表达内部结构，一半画成基本视图以表达外部结构，这样的图形称为半剖视图，如图 3-2-5(b)、(d)所示。

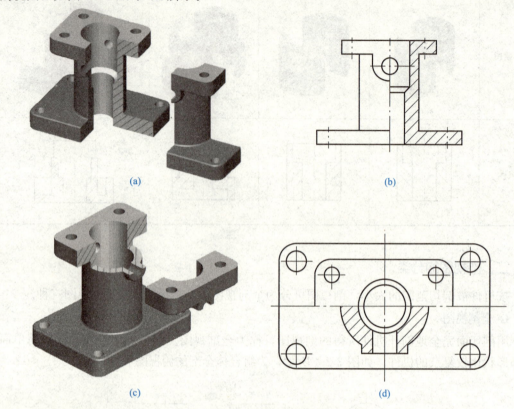

(a)   (b)

(c)   (d)

图 3-2-5　半剖视图的形成

【提示】　由于半剖视图既充分表达了机件的内部形状，又保留了机件的外部形状，因此，常用半剖视图表达内、外形状都比较复杂的对称机件。画半剖视图应注意以下几点：

（1）图中剖与不剖两部分应以细点画线为界，一般主、左视图选择细点画线右面为剖视，俯视图选择细点画线前方为剖视。

（2）机件的内部结构如果已在剖开部分的图中表达清楚，则在未剖开部分的图中不再画细虚线，但对于孔或槽等，应画出中心线的位置。

（3）当机件的形状接近对称，且其不对称的部分已另有视图表达清楚时，也允许画成半剖视图。

3. 局部剖视图

用剖切平面局部地剖开机件所得的剖视图称为局部剖视图，如图 3-2-6 所示。局部剖视图不受机件是否对称的限制，可以根据机件的结构形状特点，灵活选择剖切位置和范围，适用于内、外形状都需要表达的不对称机件。

【提示】　画局部剖视图应注意以下几点：

（1）局部剖视图中，剖开的部分与未剖开部分用波浪线分界，相当于剖切部分表面的断裂线的投影，如图 3-2-6 所示。

（2）波浪线不可与图形轮廓线重合，如图 3-2-7 所示。

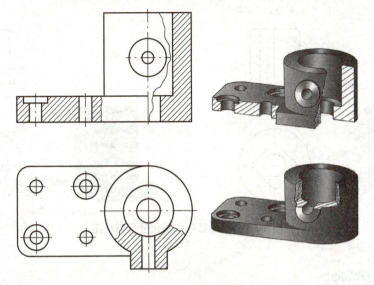

图 3-2-6　局部剖视图

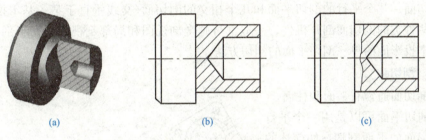

(a)　　　　　　　　　(b)　　　　　　　　　(c)

图 3-2-7　波浪线画法（一）

(a)立体图；(b)错误；(c)正确

（3）波浪线是断裂边界的投影，要画在机件有断裂的实体部分，如遇孔、槽等，则波浪线不能穿空而过，也不能超出视图的轮廓线，如图 3-2-8 所示。

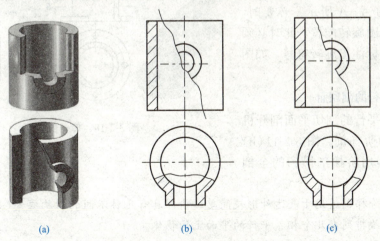

(a)　　　　　　　　　(b)　　　　　　　　　(c)

图 3-2-8　波浪线画法（二）

(a)立体图；(b)错误；(c)正确

（4）当对称机件的轮廓线与中心线重合时，不宜采用半剖视图，可画成局部剖视图，如图3-2-9所示。

图 3-2-9　用局部剖视图代替半剖视图

三、剖切面的种类

根据机件内部结构特点和表达需要，剖切机件的剖切面也不尽相同。常用的剖切平面有单一剖切面、几个平行的剖切平面和几个相交的剖切面（交线垂直于某一基本投影面）三种。用这些种类的剖切面剖开机件，一般都可画全剖视图和局部剖视图，而半剖视图常用平行于基本投影面的单一剖切平面的剖切方法。

1. 单一剖切面

单一剖切面通常有平面和柱面。

单一剖切平面可以是用一个平行于基本投影面的平面剖切，如前述的全剖视图、半剖视图和局部剖视图，都是用一个平行于基本投影面的平面剖切所获得的剖视图；也可用单一斜剖切面完全剖开物体所得的全剖视图，如图3-2-10的A—A所示。必要时，允许将斜剖视图旋转配置，此时必须在剖视图上方标注出旋转符号，如图3-2-10所示。

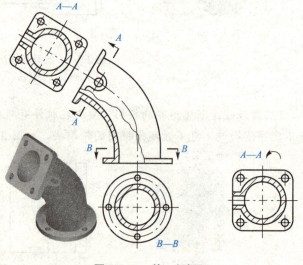

图 3-2-10　单一剖切面

2. 几个平行的剖切面

采用几个平行的剖切平面剖开机件的方法称为阶梯剖。图3-2-11（b）所示的剖视即用阶梯剖得到的全剖视图。

【提示】　阶梯剖适用于表达外形较简单，内部具有几种不同的结构要素（如孔、槽等），且它们的中心线排列在几个相互平行的平面上的物体。

画此剖视图时应注意以下几点：

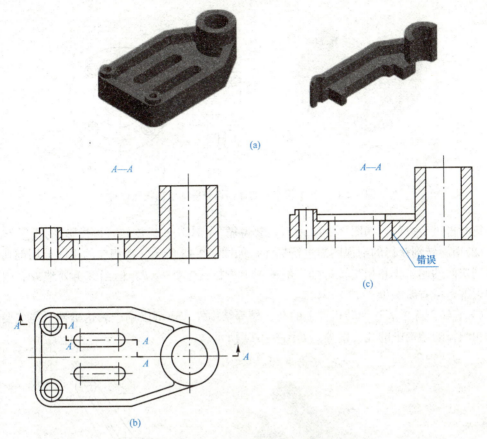

图 3-2-11　几个平行的剖切面

(a)立体图；(b)阶梯剖视图；(c)错误画法

(1)标注时，在剖切的起、迄、转折处注上相同的字母"×"，在剖视图上方标注"×—×"。

(2)对几个平行的剖切面需用连接符号(粗短画线)予以连接，为清晰起见，剖切平面转折处不应与轮廓线重合。

(3)因为剖切是假想的，所以设想几个平行的剖切平面平移到同一位置后，再进行投影。此时，不应画出剖切平面转折处的交线，如图 3-2-11(c)所示。

(4)剖视图中不应出现不完整的因素，只有当两个在图形上具有公共的对称中心线或轴线时，可以各画一半，此时应以对称中心线和轴线为界，如图 3-2-12 所示。

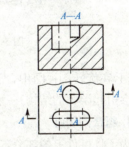

图 3-2-12　具有公共对称中心线

3. 几个相交的剖切面

适宜用两个或两个以上相交剖切面(交线垂直于某一投影面)剖开机件，所表达的机件应具有回转轴，机件的各个内部结构又处于几个相交面位置。通常使其中一个剖切面为投影面平行面，其他剖切面为投影面垂直面(以往称为旋转剖)。图 3-2-13 所示为用两个相交的平面剖切机件。

采用该方法画剖视图时，应注意以下几点：

(1)为反映被剖切结构的真实形状，剖视图应采用将剖面的倾斜结构旋转到与基本投影

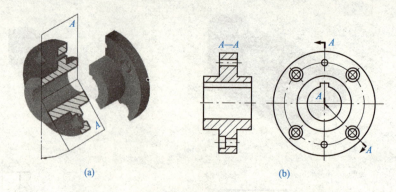

图 3-2-13　几个相交剖切面剖切获得的全剖视图(一)

面平行时再进行投射，如图 3-2-13 所示，要遵循"先剖切→ 后旋转→再投影"的投射方法。

（2）用旋转剖获得的剖视图需进行标注，如图 3-2-13 所示。在相应的视图上用剖切符号标明剖切面的起、止和相交转折处，剖视图上方标注"×—×"，但当转折处地方有限又不引起误解，可省略字母。

（3）旋转剖除了表达回转机件上的孔、槽等结构外，还可以用于表达机件上与主要内形结构相倾斜的结构中的孔、槽等，如图 3-2-14 所示。

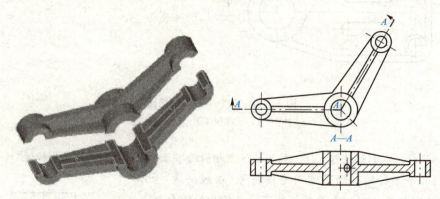

图 3-2-14　几个相交剖切面剖切获得的全剖视图(二)

（4）在旋转剖视图中，剖切平面后的其他结构(指与所表达的结构关系不太密切或一起旋转会引起误解的结构)一般仍按原来的位置投影，如图 3-2-14 所示的小孔。

4. 组合剖切面

为了将机件上各部分不同形状、大小和位置的孔或槽等结构表达清楚，可以利用组合的剖切面进行剖切，这些剖切面有的与投影面平行，有的与投影面倾斜，但它们都同时垂直于另一投影面。用这种方法画剖视图时，将倾斜剖切面剖切的部分旋转到与选定的投影面平行后再进行投射，并标注。图 3-2-15(b)所示就是用相交的剖切面和平行的剖切面组合将机件剖开，画出的全剖俯视图。

● 知识点梳理 ▮▮▮

剖视图绘制知识点梳理如图 3-2-16 所示。

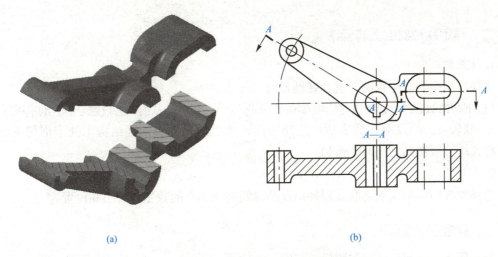

(a)   (b)

图 3-2-15 用组合的剖切面剖切

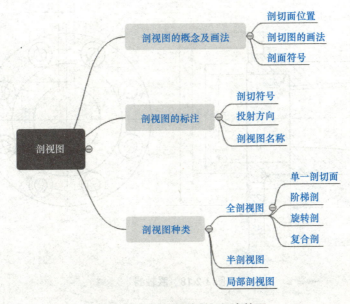

图 3-2-16 剖视图绘制知识点梳理

📘**任务实施**

图 3-2-17 所示为联轴器立体图。如何运用机件的图样画法绘制联轴器图样？

一、确定表达方案

分析如图 3-2-17 所示的联轴器结构特点，选择采用主视图、左视图两个图形表达联轴器的结构形状。

图 3-2-17 联轴器立体图

二、确定联轴器的图样画法

1. 主视图

选择绘制全剖的主视图，表达联轴器的内部结构。

（1）剖切面的选择：选择通过联轴器轴线平面完全剖开机件，从前向后投射绘制全剖主视图。

（2）联轴器凸缘盘上孔的表达：选择用回转体上均匀分布的孔结构不处于剖切平面上时，将孔结构旋转到剖切面上画出。

2. 左视图

选择左视图的画法表达联轴器外形及凸缘圆周分布孔的数量、大小和位置。

三、绘制联轴器图样

综上所述，绘制出联轴器图样，如图 3-2-18 所示。

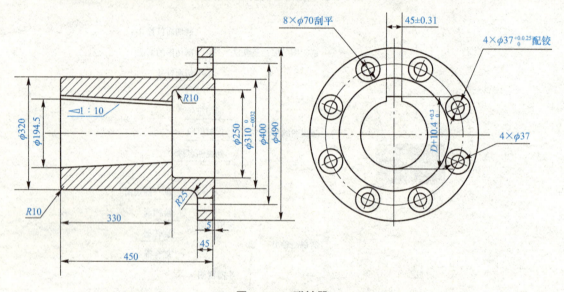

图 3-2-18　联轴器

关联知识

一、螺纹

在各种机械设备和仪表中，经常用到螺栓、螺母、垫圈、双头螺柱、螺钉、键、销、滚动轴承等零件，这些零件已全部实现了标准化，被称为标准件。下面主要介绍这些标准件的基本知识、规定画法、代号、标注和查表方法及几个零件连接后的装配画法。

1. 螺纹的形成及加工

（1）螺纹的形成。螺纹是回转体表面沿螺旋线形成的具有相同断面的连续凸起和沟槽，实际上可以认为它是由平面图形（三角形、梯形、矩形等）绕和它共面的回转轴线做螺旋运动而形成的轨迹。在零件外表面加工的螺纹是外螺纹，在零件内表面加工的螺纹是内螺纹。

（2）螺纹的加工。在生产中加工螺纹的方法很多，常见的加工方法是在车床上加工内、外螺纹，如图 3-2-19 所示，加工时，工件做匀速旋转运动，而车刀与工件接触并做匀速直线运动；用丝锥攻内螺纹，如图 3-2-20 所示，首先用钻头钻孔，然后用丝锥攻出内螺纹；用板牙套外螺纹，如图 3-2-21 所示。

(a) (b)

图 3-2-19　车床加工螺纹

(a)加工外螺纹；(b)加工内螺纹

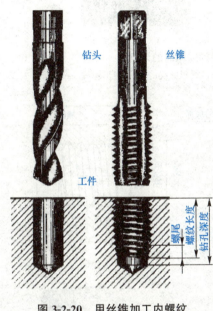

钻头　丝锥

工件

螺尾　螺纹长度　钻孔深度

板牙

图 3-2-20　用丝锥加工内螺纹　　　图 3-2-21　手工加工螺纹的工具

2. 螺纹的要素

单个螺纹无使用意义。只有内、外螺纹旋合到一起，才能起到应用的连接和紧固作用。

内、外螺纹旋合的条件是必须具有相同的几何参数。螺纹的几何参数如下：

(1)牙型。在通过螺纹轴线的剖面上，螺纹的轮廓形状称为螺纹牙型。常见的牙型有三角形、梯形、锯齿形、矩形等，如图 3-2-22 所示，不同的牙型的螺纹有不同的用途。螺纹凸起部分的顶端称为牙顶，螺纹沟槽的底部称为牙底。

(2)直径。螺纹直径有大径(d、D)、小径(d_1、D_1)和中径(d_2、D_2)，如图 3-2-23 所示。其中，外螺纹大径 d 和内螺纹小径 D_1 也称顶径，外螺纹小径 d_1 和内螺纹大径 D 也称底径。大径一般又称螺纹公称直径。螺纹大径、小径、中径的尺寸可在附表 1-1 中查得。当不便查表时，小径近似为大径的 0.85 倍，即 $d_1(D_1) \approx 0.85d(D)$。

(3)线数。线数指在同一圆柱面上螺纹的条数。只切削一条的螺纹称为单线螺纹，如图 3-2-24(a)所示；切削两条的螺纹称为双线螺纹，如图 3-2-24(b)所示。通常把切削两条以上的螺纹称为多线螺纹。

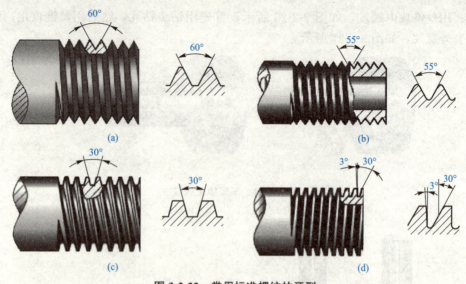

图 3-2-22　常用标准螺纹的牙型

(a)普通螺纹；(b)管螺纹；(c)梯形螺纹；(d)锯齿形螺纹

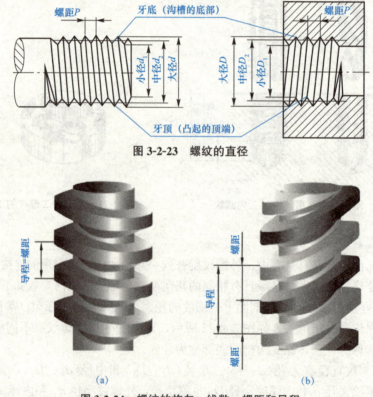

图 3-2-23　螺纹的直径

图 3-2-24　螺纹的旋向、线数、螺距和导程

(a)左旋、单线；(b)右旋、双线

(4)螺距和导程。螺距是螺纹上相邻两牙在中径线上对应两点的轴向距离，用 P 表示。导程是在同一螺旋线上相邻两牙在中径线上对应两点的轴向距离，用 P_h 表示，单线螺纹的导程等于螺距，即 $P=P_h$，如图 3-2-24(a)所示。多线螺纹的导程等于线数 n 乘以螺距 P，

即 $P_h = n \times P$。螺距可在附表 1-1 中查得。

(5)旋向。螺纹分为左旋和右旋两种。当内、外螺纹旋合时，顺时针方向旋入者为右旋，逆时针方向旋入者为左旋，如图 3-2-24 所示。常用的是右旋螺纹。

国家标准对牙型、大径和螺距作了一系列规定。凡牙型、大径和螺距等符合标准的称为标准螺纹。牙型符合标准而大径和螺距不符合标准的称为特殊螺纹。牙型不符合标准的称为非标准螺纹。

3. 内、外螺纹的规定画法

(1)外螺纹的规定画法如图 3-2-25 所示。

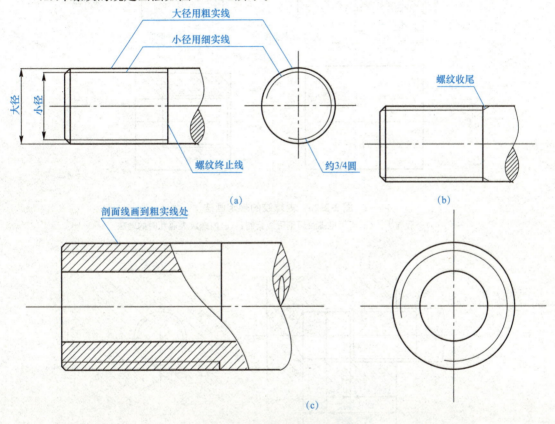

图 3-2-25　外螺纹的规定画法
(a)一般画法；(b)螺尾处用与轴线呈 30°角的细实线绘制；(c)在管道中常使用的管螺纹的画法

(2)内螺纹的规定画法如图 3-2-26 所示。

(3)内、外螺纹连接的规定画法。内、外螺纹连接采用全剖视图画出，其旋合部分按外螺纹绘制，其余部分按各自的规定画法绘制。国家标准规定，当沿外螺纹的轴线剖开时，螺杆作为实心零件按不剖绘制，表示螺纹大、小径的粗、细实线应分别对齐；当垂直于螺纹轴线剖开时，螺杆处应画剖面线，如图 3-2-27 所示。

(4)螺孔相贯的规定画法。国标规定只画螺孔小径的相贯线，如图 3-2-28 所示。

二、螺纹的种类及标准

螺纹按用途可分为连接螺纹和传动螺纹两大类。常用的连接螺纹有普通螺纹和管螺纹，传动螺纹有梯形螺纹、锯齿形螺纹等。

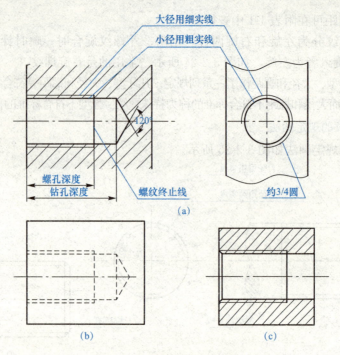

图 3-2-26 内螺纹的规定画法

(a)一般画法；(b)不可见螺纹用细虚线绘制；(c)内螺纹为通孔时的画法

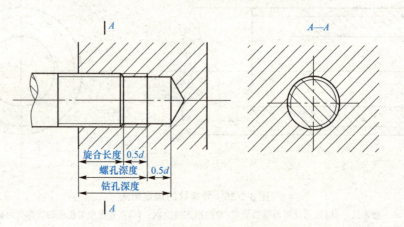

图 3-2-27 内、外螺纹连接的规定画法

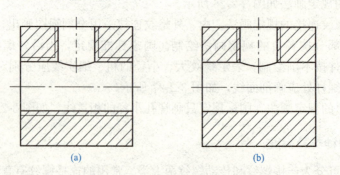

图 3-2-28 螺孔相贯的规定画法

(a)螺孔与螺孔相交；(b)螺孔与光孔相交

由于螺纹的规定画法中不能表示螺纹种类和螺纹要素，因此在绘制螺纹图样时，标准螺纹应注出相应标准规定的螺纹标记。

(1)普通螺纹标注。普通螺纹标记如下：螺纹特征代号　公称直径×螺距　旋向代号—中径公差带代号　顶径公差带代号—旋合长度代号。

1)普通螺纹特征代号为 M，粗牙螺纹不标注螺距。

2)旋向，左旋螺纹用"LH"表示，右旋螺纹不标注旋向。

3)公差带代号中，大写字母表示内螺纹，小写字母表示外螺纹，若两组公差带相同，则只写一组。

4)旋合长度分为短旋合长度(S)、中等旋合长度(N)和长旋合长度(L)，一般选用中等旋合长度，此时 N 省略不标。

普通螺纹标注见表 3-2-3。

表 3-2-3　普通螺纹标注示例

标注示例	说明
M20—6H	公称直径为 20 mm 的右旋粗牙普通螺纹(内螺纹)，中径和顶径公差带代号均为 6H，中等旋合长度
M20×2LH—5g6g—S	公称直径为 20 mm、螺距为 2 mm 的左旋细牙普通螺纹(外螺纹)，中径公差带代号为 5g，顶径公差带代号为 6g，短旋合长度
M20×2—6H/6g	公称直径为 20 mm、螺距 2 mm 的两右旋内、外螺纹旋合，内螺纹公差带代号为 6H，外螺纹公差带代号为 6g

(2)管螺纹的标注。常用的管螺纹有 55°非密封管螺纹和 55°密封管螺纹。

55°非密封管螺纹代号如下：

外管螺纹：螺纹特征代号　尺寸代号　公差等级代号　旋向代号。

内管螺纹：螺纹特征代号　尺寸代号　旋向代号。

55°非密封管螺纹用 G 表示。

55°密封管螺纹代号为：螺纹特征代号　尺寸代号　旋向代号。

1)螺纹特征代号：圆锥外螺纹用 R 表示，圆锥内螺纹用 Rc 表示，圆柱内螺纹用 Rp 表示。

2)尺寸代号不是螺纹大径，而是管子通径，尺寸单位为英寸，螺纹大径可从标准中查得。因此，标注管螺纹的尺寸指引线应自大径引出或由对称中心线引出。

3)公差等级代号分为 A、B 两个等级。

4)旋向代号：右旋不标，左旋标"LH"。

管螺纹标注示例见表 3-2-4。

表 3-2-4　管螺纹标注示例

螺纹类别	标注示例	说明
55°非密封管螺纹	G1/2B−LH	尺寸代号为 1/2，左旋的 55°非密封 B 级圆柱外螺纹
	G1/2A−LH	尺寸代号为 1/2，左旋，A 级的两个 55°非密封圆柱内外螺纹旋合
55°密封管螺纹	Rp1	尺寸代号为 1，右旋的 55°密封圆柱内螺纹
	Rc1/2	尺寸代号为 1/2，右旋的 55°密封圆锥内螺纹

(3)梯形螺纹、锯齿形螺纹的标注。梯形螺纹、锯齿形螺纹的标记如下：

单线：螺纹特征代号　公称直径×螺距　旋向代号　中径公差带代号　旋合长度代号。

多线：螺纹特征代号　公称直径×导程(螺距)　旋向代号　中径公差带代号　旋合长度代号。

1)螺纹特征代号：梯形螺纹用 Tr 表示，锯齿形螺纹用 B 表示。

2)旋合长度分为中等旋合长度(N)和长旋合长度(L)两种，常选中等旋合长度，此时 N 省略。梯形螺纹、锯齿形螺纹标注示例见表 3-2-5。

表 3-2-5　梯形螺纹、锯齿形螺纹标注示例

螺纹类型	标注示例	说明
梯形螺纹	Tr40×14 (P7) LH−8e−L	公称直径为 40 mm，导程为 14 mm，螺距为 7 mm 的双线左旋梯形外螺纹，中径公差带代号为 8e，长旋合长度
	Tr40×7−7H	公称直径为 40 mm，螺距为 7 mm 的单线右旋梯形内螺纹，中径公差带代号为 7H，中等旋合长度
	Tr52×8−7H/7e	公称直径为 52 mm，螺距为 8 mm 的两单线右旋梯形内外螺纹旋合，内外螺纹公差带代号分别为 7H 和 7e

螺纹类型	标注示例	说明
锯齿形螺纹	B40×7-7c	公称直径为 40 mm，螺距为 7 mm，中径公差带代号为 7e，中等旋合长度的右旋锯齿形外螺纹
	B40×7-7A	公称直径为 40 mm，螺距为 7 mm，中径公差带代号为 7A，中等旋合长度的右旋锯齿形内螺纹

（4）非标准螺纹的规定画法。画非标准螺纹时，应画出螺纹牙型，并标注出所需的尺寸及有关要求，如图 3-2-29 所示。

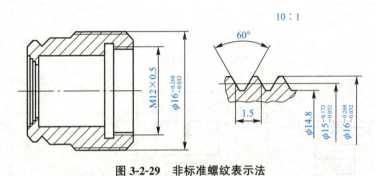

图 3-2-29　非标准螺纹表示法

三、螺纹紧固件及其连接

用螺纹起连接和紧固作用的零件称为螺纹紧固件。这些零件的结构及尺寸都已标准化，属标准件。常用的螺纹紧固件有螺栓、双头螺柱、螺钉、螺母、垫圈等，如图 3-2-30 所示。

图 3-2-30　常见的螺纹紧固件
(a)六角头螺栓；(b)双头螺柱；(c)螺母；(d)螺钉；(e)垫圈

1. 螺纹紧固件标记及画法

（1）常见螺纹紧固件的规定标记可在附表 2-1～附表 2-8 中查得。

（2）螺纹紧固件的画法。螺纹紧固件均为标准件，不需单独绘制其零件图，但在装配图中需画出。螺纹紧固件的画法有查表画法和比例画法。

1)查表画法。根据螺纹紧固件的标记，在相应的标准(见附录 2)中查得各部分尺寸后作图。

2)比例画法。根据公称直径，按与其近似的比例关系计算出各部分尺寸后作图。螺纹紧固件比例画法如图 3-2-31 所示。

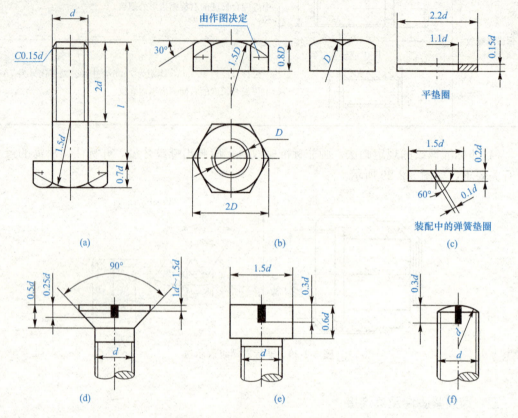

(a)   (b)   (c)

(d)   (e)   (f)

图 3-2-31　螺纹紧固件的比例画法

(a)螺栓；(b)螺母；(c)垫圈；(d)开槽沉头螺钉；(e)开槽圆柱头螺钉；(f)紧定螺钉

2. 螺纹紧固件连接的画法

常用螺纹紧固件的连接有螺栓连接、双头螺柱连接、螺钉连接三种形式。

(1)螺栓连接。螺栓连接用于两个不太厚并能钻成通孔的零件的连接，并需经常拆卸的场合，如图 3-2-32(a)所示。图 3-2-32(b)为螺栓连接的画法。

画螺栓连接时，应注意以下几点：

1)两零件的接触面只画一条线。

2)当剖切平面通过螺栓轴线时，螺栓、螺母、垫圈按不剖绘制。

3)相邻两零件的剖面线应加以区分(方向相反或间距不同)。

4)螺栓长度可按下式估算：$l \geqslant \delta_1 + \delta_2 + h + m + a$。

式中 $a \approx 0.2d \sim 0.3d$，根据计算出的 l 值，从附表 2-1 的螺栓公称长度系列中，选取与它相近的值。

5)被连接件上加工的光孔直径稍大于螺栓公称直径，一般取 $1.1d$。

(2)双头螺柱连接。双头螺柱连接用于被连接两个零件中有一个较厚，不宜或不能钻成

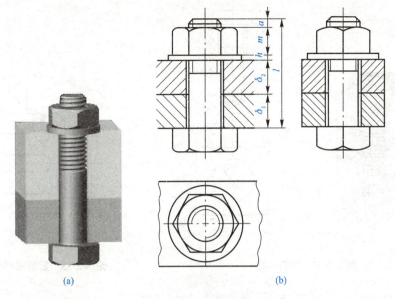

图 3-2-32　螺栓连接

通孔，且经常拆卸的场合，如图 3-2-33（a）所示。双头螺柱连接的画法如图 3-2-33（b）所示。

　　双头螺柱两端都有螺纹，一端旋入较厚零件的螺孔中，称旋入端，另一端与螺母旋合，称紧固端。画双头螺柱连接图时应注意旋入端的螺纹终止线与结合面平齐，其余部分的画法与螺栓连接画法相同。

　　（3）螺钉连接。螺钉按用途可分为连接螺钉和紧定螺钉两种。

　　1）连接螺钉。连接螺钉一般用于受力不大且不需经常拆卸的场合，如图 3-2-34（a）所示。图 3-2-34（b）所示为螺钉连接的画法。画图时应注意：螺纹终止线应超出结合面。

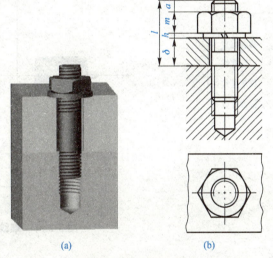

图 3-2-33　螺柱连接

采用带一字槽的螺钉连接时，在投影为非圆的视图中，其槽口面对观察者，在投影为圆的视图上，一字槽按 45° 画出。当一字槽宽度小于或等于 2 mm 时，可涂黑表示。其余部分的画法与螺栓连接画法相同。

　　2）紧定螺钉。紧定螺钉用来固定相配合零件间的相对位置，防止其产生相对运动。紧定螺钉的连接如图 3-2-35 所示。

3. 螺纹知识点梳理

螺纹知识点梳理如图 3-2-36 所示。

4. 螺纹紧固件知识点梳理

螺纹紧固件知识点梳理如图 3-2-37 所示。

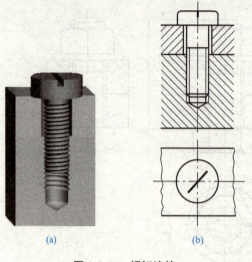

(a)

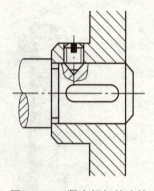

(b)

图 3-2-34 螺钉连接

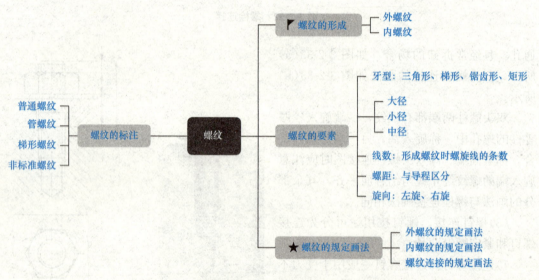

图 3-2-35 紧定螺钉的连接

图 3-2-36 螺纹知识点梳理

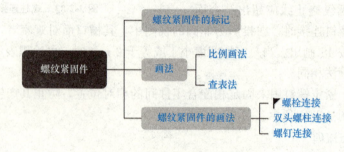

图 3-2-37 螺纹紧固件知识点梳理

四、键和销

机械设备中，键和销都是被广泛应用的标准件。

1. 键连接

键用来连接轴和装在轴上的传动零件（如齿轮、带轮和联轴器等），起到传递扭矩的作用，如图 3-2-38 所示。

图 3-2-38　键连接

为了把轮和轴装在一起，使其同时转动，通常将轮孔和轴的表面上分别加工出键槽，然后把键放入轴的键槽内，并将带键的轴装入具有贯通键槽的轮孔中，这种连接称为键连接。

常用的键有普通平键（A 型、B 型、C 型）、半圆键和钩头楔键，如图 3-2-39 所示。

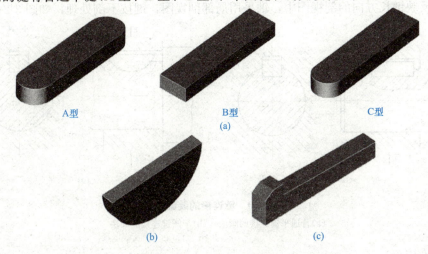

A型　　B型　　C型
(a)

(b)　　　　(c)

图 3-2-39　常用键
(a)普通平键；(b)半圆键；(c)钩头楔键

(1)键的形式及标记。常用键的形式及标记示例见表 3-2-6。

表 3-2-6　常用键的形式及标记示例

名称	图例	标记示例
普通平键 GB/T 1096—2003		$b=16$ mm，$h=10$ mm，$l=100$ mm 的 A 型普通平键的标记为： GB/T 1096　键　$16\times10\times100$
半圆键 GB/T 1099.1—2003		$b=6$ mm，$h=10$ mm，$d_1=25$ mm 的 半圆键的标记为： GB/T 1099.1　键　$16\times10\times25$

名称	图例	标记示例
钩头楔键 GB/T 1565—2003	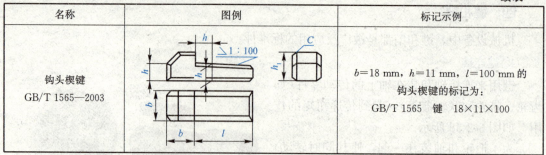	$b=18$ mm, $h=11$ mm, $l=100$ mm 的 钩头楔键的标记为： GB/T 1565　键　18×11×100

(2)键连接的画法。如图 3-2-40 所示，普通平键和半圆键连接的作用原理基本相同。连接时，普通平键和半圆键的两个侧面是工作面，与轴、轮毂的键槽两侧面相接触，分别只画一条线；键的上、下底面为非工作面，上底面与轮毂槽顶面之间留有一定的间隙，画两条线。在反映键长方向的剖视图中，轴采用局部剖视图，键按不剖处理，如图 3-2-40 所示。

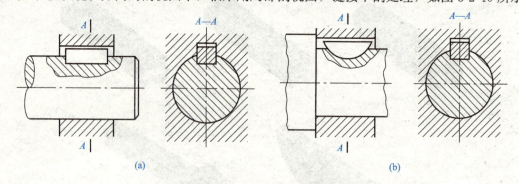

(a)　　　　　　　　　　　　　　　(b)

图 3-2-40　键连接的装配画法

(a)普通平键连接的画法；(b)半圆键连接的画法

2. 销连接

常用的销有圆柱销、圆锥销和开口销。

(1)常用销的形式和标记见表 3-2-7。

表 3-2-7　常用销的形式和标记

名称	图例	标记示例
圆柱销 GB/T 119.1—2000		销　GB/T 119.1　$d×l$
圆锥销 GB/T 117—2000		销　GB/T 117　$d×l$
开口销 GB/T 91—2000		销　GB/T 91　$d×l$

(2)销连接的画法。图 3-2-41 所示为销连接的图样画法。圆锥销的公称直径是小端直径。开口销要与带孔螺栓和开槽螺母一起配合使用，用于螺纹连接的锁紧装置中，以防止螺母松动，如图 3-2-41(c)所示。

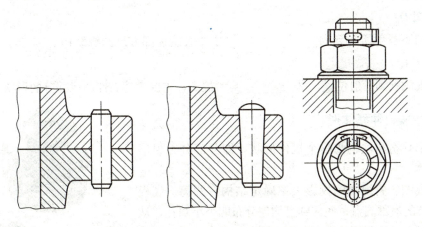

图 3-2-41 销连接的图样画法
(a)圆柱销连接；(b)圆锥销连接；(c)开口销连接

🧰 学习检验

识读图 3-2-42 所示的机械图样。

一、概括了解

纵览全图，分析投影图采取了哪些图样画法，如视图、剖视图的数量、投射方向及图形位置，对机件进行初步了解。

如图 3-2-42 所示，该图样选用了_____共 5 个图形。

二、分析各个视图

1. 主视图 A—A

从俯视图找到剖切面的位置，是用_____完全剖开机件，然后按照旋转剖的先剖切后旋转画法，由前向后投射得到全剖的主视图，表达机件内腔的结构形状。

图 3-2-42 机件的投影图

2. 俯视图 B—B

从主视图找到剖切位置，是用_____剖切，然后从上向下投射得到全剖的俯视图，主要表达左右侧凸缘部分的形状及安装孔的分布情况。

3. 视图 C

在主视图找到投射位置，由右向左投射得到的_____，主要表达左侧凸缘部分的结构形状。

4. 视图 D

自上向下投射所得到的_____，主要表达顶部方形凸缘结构。

5. 视图 E

在俯视图找到投射位置，是_____视图，主要表达右侧凸缘部分的形状及安装孔。

三、想象机件整体形状

运用形体分析法构想整个机件形状，即分部分、想形状、想整体。

从主视图、俯视图的投影关系确定结构有圆筒、底板和带有凹坑的底部圆盘，底部圆盘均匀分布四个小圆孔，从 D 局部视图可确定顶部是带有四个小圆孔的方形凸缘；从主视图可看出有不在同一高度的两个圆孔，俯视图反映了两孔的轴线倾斜；从视图 C 可进一步确定是带圆孔的圆盘凸缘；从 E 视图可确定是带两个小孔的菱形凸缘。通过上述分析，可综合想象出该机件的形状，如图 3-2-43 所示。

图 3-2-43　机件的立体图

1. 补画下列全剖视图中的缺线。

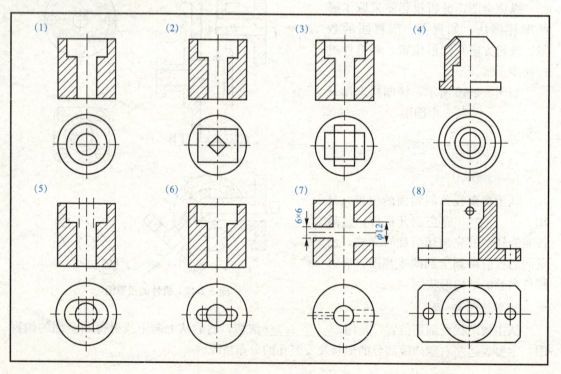

2. 将主视图改画成全剖视图。

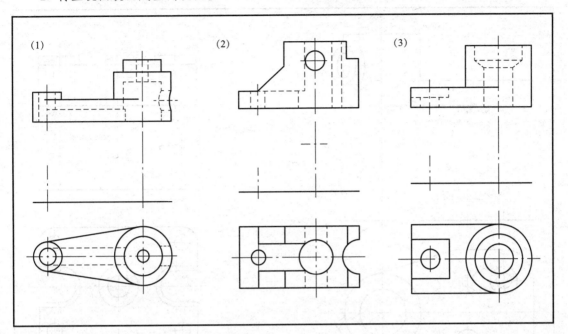

(1)　　　　　　　　(2)　　　　　　　　(3)

3. 用相交的剖切面剖切，将主视图改画成全剖视图，并加以标注。

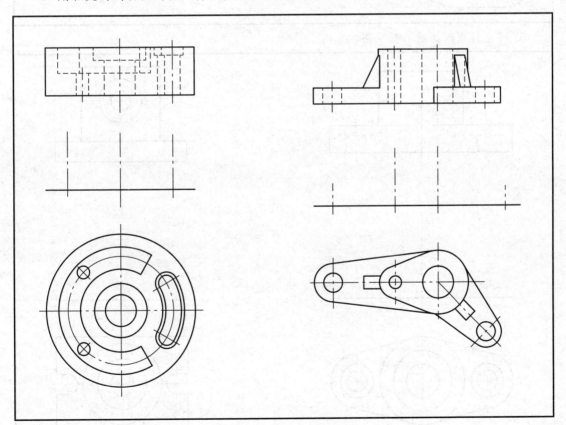

4. 用一组平行的剖切面剖切，将主视图改画成全剖视图，并加以标注。

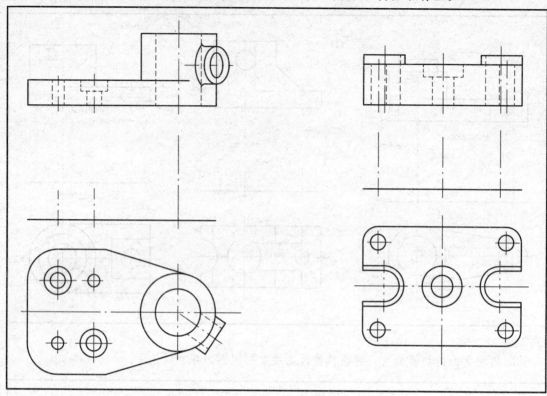

5. 将主视图改画成半剖视图。

(1)　　　　　　　　　　　　　　　(2)

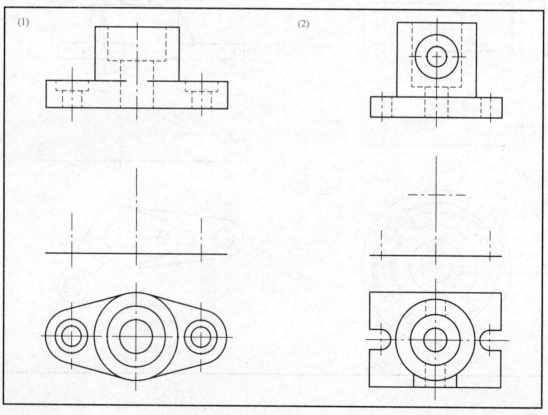

6. 局部剖视改错。

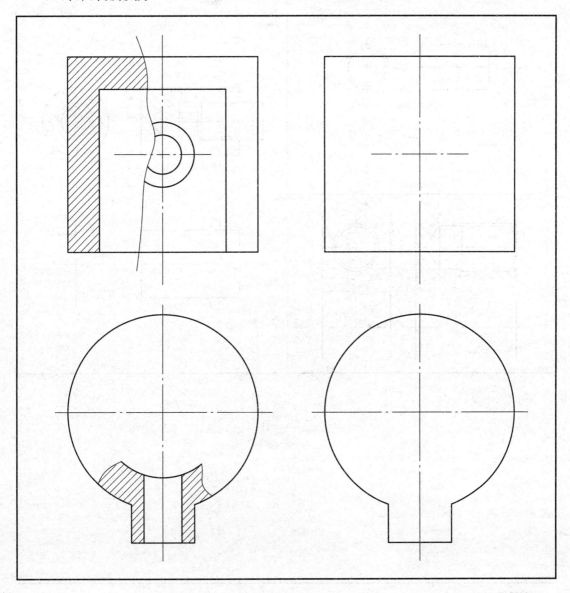

7. 分析螺纹画法上的错误，将正确的图形画在指定的位置。

任务 3.3　绘制传动轴图样

任务描述

图 3-3-1 所示为齿轮减速器中传动轴的立体图。利用前面所学的视图和剖视图来表达该轴的结构，显然不合理，那么，如何绘制其图样？

图 3-3-1　传动轴立体图

任务目标

1. 掌握断面图的规定画法及标注。
2. 能够绘制传动轴图样。

知识准备

一、断面图

1. 断面图的概念

假想用剖切面将机件的某处切断，如图 3-3-2(a)所示，仅画出该剖切面与机件接触部分的图形，这种图形称为断面图，简称断面，如图 3-3-2(b)所示。

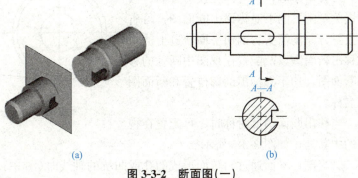

(a)　　　　　　　　　(b)

图 3-3-2　断面图(一)

2. 断面图与剖视图的区别

断面图和剖视图的区别是：断面图只是画出了机件的断面形状，而剖视图则将机件处在观察者和剖切面之间的部分移去了，机件留下部分全部向投影面投射画出，如图 3-3-3 所示。

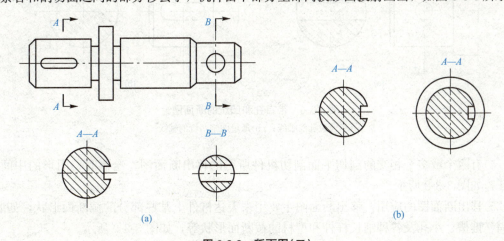

(a)　　　　　　　　　　　　　　　(b)

图 3-3-3　断面图(二)

(a)断面图；(b)断面图与剖视图的比较

3. 断面图的种类

断面图分为移出断面图和重合断面图。

(1)移出断面图。画在视图外面的断面图称为移出断面图，其轮廓线用粗实线绘制。移出断面图通常按下列原则绘制和配置：

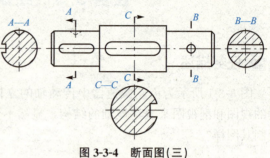

图 3-3-4　断面图(三)

1)移出断面图的轮廓线用粗实线绘制，并在剖面区域上画出剖面符号，应尽量配置在剖切线的延长线上或剖切符号的延长线上，也可以配置在其他适当位置，如图 3-3-4 所示。

2)移出断面图的标注如图 3-3-4 所示。一般应用粗短画线"一"表示剖切位置，用箭头表示投射方向，并注上字母，在断面图的上方应用同样的字母标出相应的名称"×一×"。配置在剖切线的延长线上的不对称移出断面图，可省略字母，但应标注投射方向。按投影关系配置的不对称移出断面图，可省略投射方向的箭头。剖切平面轨迹上的对称移出断面图以及配置在视图中断处的移出断面图，均不必标出剖切位置和断面图的名称。

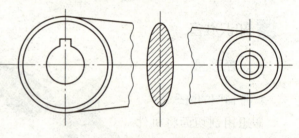

图 3-3-5　画在视图中断处的断面图

当移出断面图形对称时，可配置在视图的中断处，如图 3-3-5 所示。

3)当剖切平面通过回转面形成的孔或凹坑的轴线时(图 3-3-6)，以及剖切面通过非圆孔时(图 3-3-7)，会导致出现完全分离的断面图形，这些结构应按剖视图绘制。

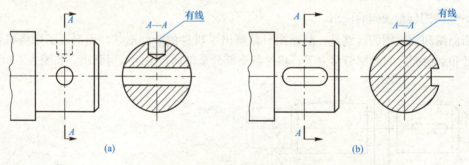

(a)　　　　　　　　　　　　　　　(b)

图 3-3-6　带有孔和凹坑的断面图

(a)通过孔的轴线；(b)通过圆锥凹坑的轴线

4)有两个或多个相交的剖切平面剖切机件所得的移出断面图，绘制时，图形的中间应断开，如图 3-3-8 所示。

5)移出断面图的应用。移出断面图主要用来表达机件上某些部分的截断面形状，如肋、轮辐、键槽、小孔及各种细长杆件和型材的截断面形状等，如图 3-3-9 所示。

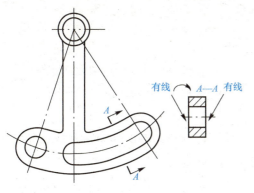

图 3-3-7　按剖视绘制的非圆孔的断面图

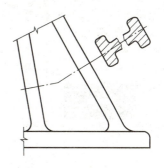

图 3-3-8　相交平面切得的断面图应断开

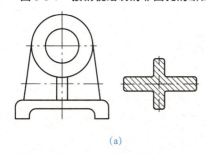

(a)

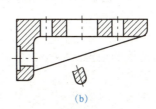

(b)

(c)

图 3-3-9　移出断面图的应用

（2）重合断面图。在不影响图形清晰的条件下，断面图也可以画在视图之内，称为重合断面图，如图 3-3-10、图 3-3-11 所示。重合断面图的轮廓线用细实线绘制，当视图中的轮廓线与重合断面图图形重叠时，视图中的轮廓线连续画出，不可间断。

重合断面图的标注相当于移出断面图配置在剖切面迹线的延长线上。因此，不对称重合断面图应注出剖切符号和投射方向，对称的重合断面图可省略标注。

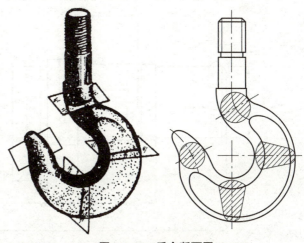

图 3-3-10　重合断面图

4. 断面图的知识点梳理

断面图知识点的梳理如图 3-3-12 所示。

🖮**任务实施**

一、确定表达方案

（1）主视图投射方向，选

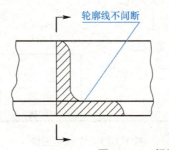

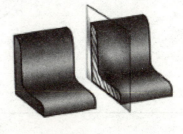

图 3-3-11　视图轮廓线连续画出

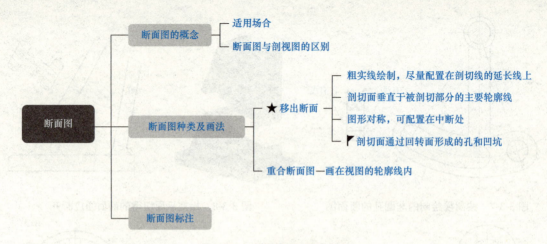

图 3-3-12　断面图知识点梳理

择轴水平放置且键槽向前。

（2）用移出断面图表达键槽的结构。

二、绘制传动轴图样

如图 3-3-13 所示，绘制传动轴图样。

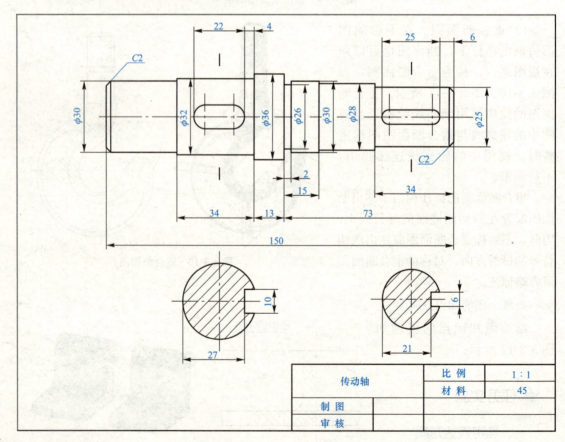

传动轴		比　例	1：1
		材　料	45
制　图			
审　核			

图 3-3-13　传动轴图样

关联知识

一、其他图样画法

1. 局部放大图

当机件上的某些细小结构在视图上表达不够清楚或不便标注尺寸时，可将该部分用大于原图的比例画出，这种图形称为局部放大图。局部放大图可画成视图，也可画成剖视图或移出断面图，与被放大的表达方式无关，如图 3-3-14 所示。

局部放大图应尽量配置在被放大的部位附近，应用细实线圈出被放大部分。机件上如有一处需放大，只需在局部放大图的上方注明所采用的比例。若同一机件上有多处被放大，应用罗马数字编号，并在局部放大图上方标出相应的罗马数字和采用的比例（放大比例与原图比例无关且各个局部放大图的比例不要求统一）。

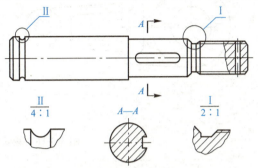

图 3-3-14　局部放大图

2. 简化画法

(1)对于机件的肋、轮辐及薄壁等结构，如按纵向剖切，这些结构都不画剖面符号，而是用粗实线将它与相邻结构分开。当机件回转体上均匀分布的肋、轮辐和孔等结构不处于剖切面上时，可将这些结构旋转到剖切面上画出，如图 3-3-15 所示。

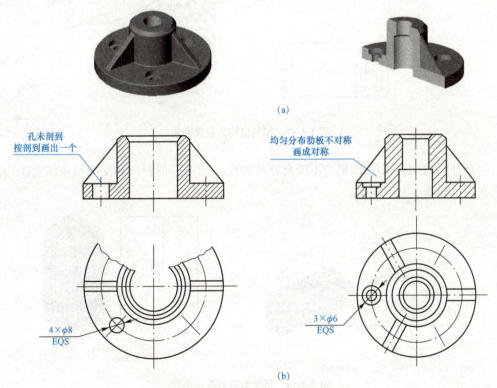

图 3-3-15　均匀分布的孔、肋的规定画法

【注意】 上述的规定画法中的纵向剖切和横向剖切容易混淆，可理解为纵向剖切得到形状，横向剖切得到厚度或断面。

（2）较长的机件(轴、杆、型材、连杆等)沿长度方向的形状一致或按一定规律变化时，可断开后缩短绘制。断裂线用波浪线或双折线绘制，如图 3-3-16 所示。标注尺寸时应标注实际尺寸。

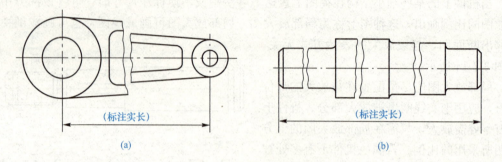

(a)   (b)

图 3-3-16　较长机件的断裂画法

（3）重复结构的画法。

1)当机件具有若干相同结构(齿、槽等)，并按一定规律分布时，只需画出几个完整的结构，其余用细实线连接，但必须在图中注明该结构的总数，如图 3-3-17(a)所示。

2)若干直径相同且按规律分布的孔(圆孔、螺孔、沉孔等)，可以仅画出一个或几个，其余只需表明其中心位置，但在零件图中应注明其总数，如图 3-3-17(b)所示。

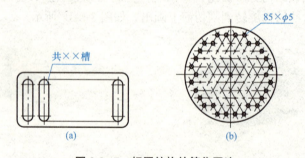

(a)   (b)

图 3-3-17　相同结构的简化画法

（4）机件上的小平面在图形中不能充分表达时，可用平面符号(相交的两条细实线)表示这些平面，如图 3-3-18 所示。

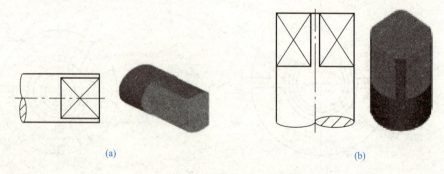

(a)   (b)

图 3-3-18　用平面符号表达平面

(5)在不引起误解时，对于对称机件的视图可只画一半或四分之一，并在对称中心线的两端画出两条与其垂直的平行细实线，如图 3-3-19 所示。

(a)　　　　　　　(b)

图 3-3-19　对称机件的简化画法

(6)圆柱形法兰[图 3-3-20(a)、(b)]和类似的零件上均匀分布的孔，可按图 3-3-20(c)所示方式表达。

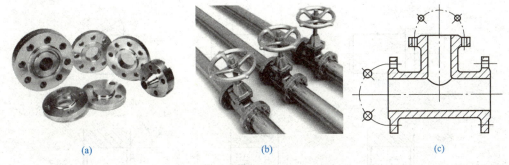

(a)　　　　　　　(b)　　　　　　　(c)

图 3-3-20　圆柱形法兰均布孔画法

(a)法兰；(b)法兰应用；(c)圆柱形法兰均布孔的简化

二、零件的工艺结构

1. 轴的工艺结构

轴上常见工艺结构有键槽、中心孔、倒角、倒圆、螺纹退刀槽、砂轮越程槽以及锥度。

(1)中心孔。中心孔是轴类工件加工时使用顶尖安装的定位基面，通常作为工艺基准。零件加工中相关工序全部用中心孔定位安装，以达到基准统一，保证各个加工面之间的位置精度(例如同轴度)。表 3-3-1 列出了常见的 A 型、B 型中心孔的规定表示法。

表 3-3-1　中心孔的规定表示法(GB/T 4459.5—1999)

要求	表示法示例	说明
在完工的零件上要求保留中心孔	GB/T 4459.5—B2.5/8	采用 B 型中心孔 $D=2.5$ mm，$D_1=8$ mm
在完工的零件上可以保留中心孔	GB/T 4459.5—A4/8.5	采用 A 型中心孔 $D=4$ mm，$D_1=8.5$ mm
在完工的零件上不允许保留中心孔	GB/T 4459.5—A1.6/3.35	采用 A 型中心孔 $D=1.6$ mm，$D_1=3.35$ mm

(2)倒角和倒圆。

1)倒角：如图 3-3-21 所示，在轴端、孔口加工出 45°、30°或 60°的锥台称为倒角。图中"C"表示 45°倒角。零件倒角后，可以去除锋利边缘，同时在孔、轴装配时便于定心、对中。倒角尺寸系列及孔、轴直径与倒角大小的关系可查阅有关手册。

当倒角尺寸很小或无一定尺寸时，也不常画出，只在图样的技术要求中注明"C0.5"或"锐角倒钝"。

2)倒圆：如图 3-3-21 所示，在阶梯轴或孔中，直径不等的两段交接处，常加工成环面过渡，称为倒圆。倒圆可减少转折处的应力集中，增加强度，圆角半径 R 的尺寸系列及 R 值与直径的关系可查阅有关手册。

当圆角的尺寸很小时，可以不画出，在倒圆处标出圆角的尺寸。

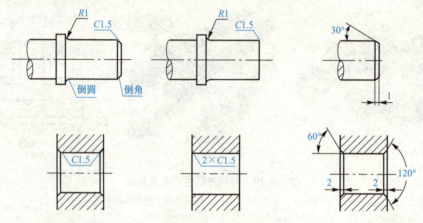

图 3-3-21　倒圆和倒角

(3)退刀槽和越程槽。如图 3-3-22 所示，切削时(主要是车制螺纹或磨削)，为了便于进入或退出刀具以及砂轮的越程需要，常在轴肩处、孔的台肩处预先车退刀槽或砂轮越程槽，其结构尺寸可查阅《砂轮越程槽》(GB/T 6403.5—2008)。图 3-3-23 给出了退刀槽和越程槽的三种常见的尺寸标注方法。

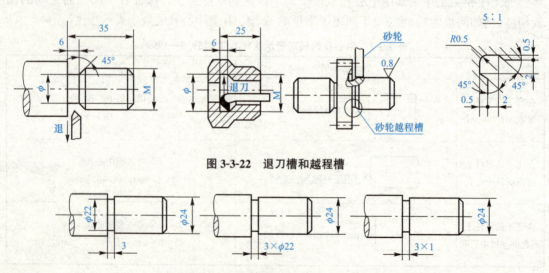

图 3-3-22　退刀槽和越程槽

图 3-3-23　退刀槽和越程槽的尺寸注法

2. 凸台和凹坑

零件与零件接触的表面一般都应加工，为了降低加工费用，保证零件接触良好，应尽量减少加工面积及加工面数量。因此，在零件上常设计有同一平面上的凸台或沉孔，这时只需要切削加工凸台或沉孔上的平面，如图 3-3-24 所示。

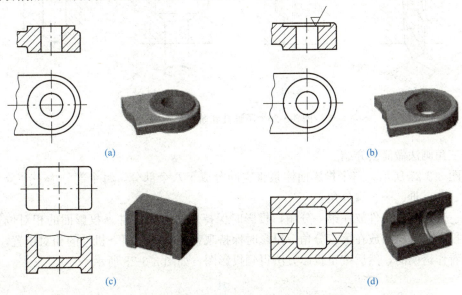

(a)

(b)

(c)

(d)

图 3-3-24　凸台与凹坑

3. 钻孔结构

零件上有各种不同用途和不同形式的孔，常用钻头加工而成。钻孔时，钻头的轴线应与被加工表面垂直，以避免钻头因单边受力产生偏斜或折断。如孔的端面为斜面或曲面时，可设置与孔的轴线垂直的凸台或凹坑；钻头钻透时的结构要考虑到不使钻头单边受力，如图 3-3-25 所示。

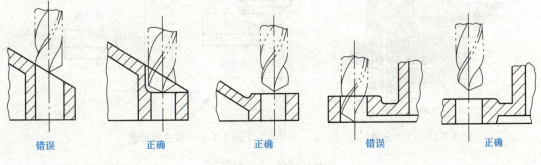

错误　　　　　正确　　　　　正确　　　　　错误　　　　　正确

图 3-3-25　钻孔结构

由于钻头的端部是一个接近 120° 的锥角，所以钻不通孔，末端便产生一个顶角接近120°的锥坑，如图 3-3-26 所示。

三、第三角投影简介

目前世界图样画法有两种，即第一角画法和第三角画法，根据国家标准，我国工程图样采用第一角画法，而美国、日本等国采用第三角画法。为适应国际技术交流的需要，下

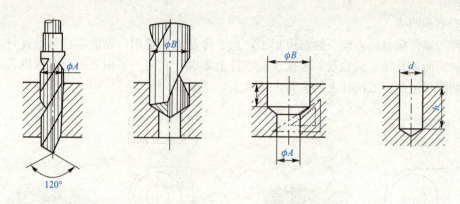

图 3-3-26　不通孔和阶梯孔结构

面对第三角画法做简要介绍。

如图 3-3-27 所示，三个投影面体系将空间分成了八个部分，每个部分为一个分角，依次为Ⅰ、Ⅱ、Ⅲ、…、Ⅷ分角。

第一分角是将机件放在第一分角，投影时保持观察者→机件→投影面的相对位置，而第三角投影是将机件放在第三分角，投影时保持观察者→投影面→机件的相对位置，此时，投影面看作透明的，然后按正投影方法得到投影图，如图 3-3-28 所示。

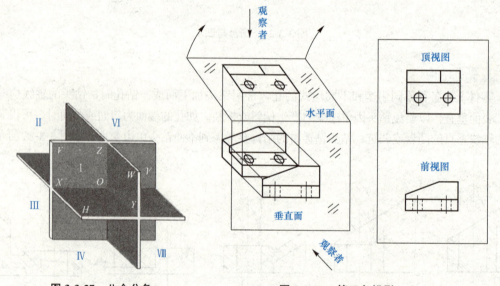

图 3-3-27　八个分角　　　　图 3-3-28　第三角投影

采用第三角画法时，将机件向正六面体的六个平面投射，然后按图 3-3-29（a）所示展开，也可得到六个基本视图，如图 3-3-29（b）所示。与第一角投影相比，由于投射时观察者、投影面、机件三者的相对位置不同，所以，两种画法的展开方式及六个基本视图的位置也不相同，但投影原理相同，也遵循"长对正、高平齐、宽相等"的规律。

在国际标准中为区别第一角画法和第三角画法，规定了两种画法的识别，如图 3-3-30 所示。

国家标准规定，采用第三角画法时，必须在图样中标出第三角投影的识别符号。当采用第一角画法时，在图样中一般不画出识别符号，必要时，可画出第一角投影识别符号。

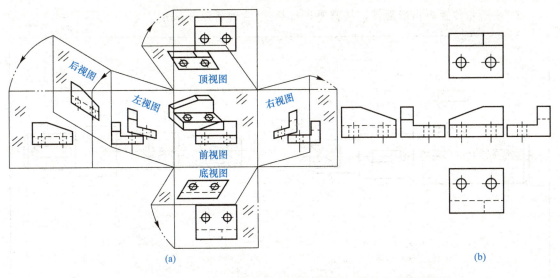

图 3-3-29　第三角画法的六个基本投影面的展开及基本视图的配置

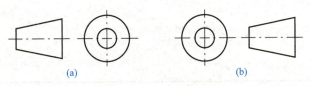

图 3-3-30　识别符号

（a）第一角投影画法识别符号；（b）第三角投影画法识别符号

巩固训练

1. 选出主视图下方正确的断面图。

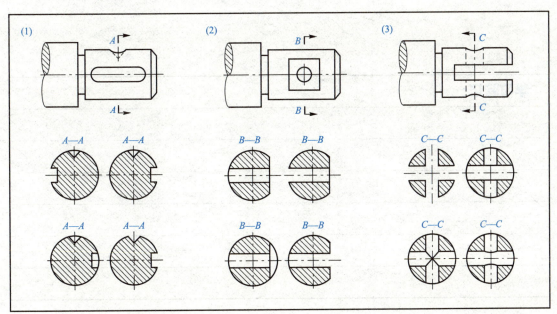

2. 按所指位置画出断面图，按需要进行标注(右键槽深 3 mm)。

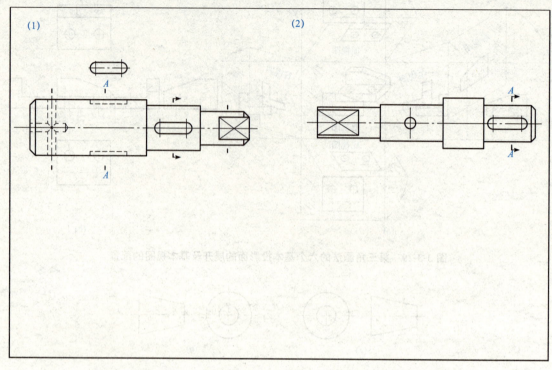

学习笔记:

模块 4　识读与绘制船舶典型零件图

模块概述

本模块从船舶行业实际岗位出发，设置识读和绘制轴类、盘盖类、叉架类和箱体类四个典型零件图的任务，每个任务的学习按照任务描述、知识准备、任务实施、巩固训练等环节进行。在完成任务的同时，指导学生了解零件在机器中的作用，分析典型零件的结构特点，掌握零件图的视图选择、尺寸标注和技术要求等知识，提高识读与绘制零件图的能力。

模块目标

一、知识目标

1. 了解零件图的内容及作用。

2. 掌握零件图的尺寸标注方法和尺寸基准的选择原则。

3. 了解零件图技术要求的内容及标注方法。

4. 熟悉常见的零件工艺结构。

二、能力目标

1. 能够根据零件的结构特点选择适当的零件表达方案。

2. 能正确选择尺寸基准，并按国标要求标注尺寸。

3. 掌握表面粗糙度、尺寸公差、几何公差的标注方法。

4. 掌握识读零件图的方法和步骤。

5. 能够参照典型零件的表达方法和尺寸注法，正确绘制零件图。

三、素质目标

1. 养成规范、安全操作意识，具备爱岗敬业、团队协作的优秀品质。

2. 具有对新技能、新知识的学习能力和解决问题的能力。

任务 4.1　识读与绘制船舶轴系零件图

任务描述

船舶轴系是船舶动力装置中的重要组成部分，它是指从主机的曲轴输出端法兰（或减速齿轮箱末端）至螺旋桨之间的传动轴、轴承以及轴系附件的总称。船舶轴系的作用是连接主机与螺旋桨，将主机发出的功率传给螺旋桨，同时将螺旋桨所产生的推力传递给船体，以实现推进船舶的功能。

图 4-1-1 所示是需要识读的艉轴（也称螺旋桨轴）零件图，通过分析零件图的内容，可以明确艉轴的结构特点，判断它在船舶轴系中的作用，同时按照零件图的技术要求进行加工、制造艉轴，以满足螺旋桨安装要求。

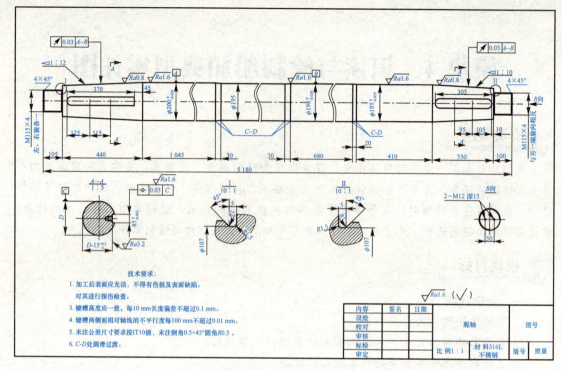

图 4-1-1　艉轴零件图

任务目标

1. 掌握零件图的内容、视图选择和尺寸分析。
2. 掌握轴类零件的结构特点。
3. 掌握轴上工艺结构及其标注。
4. 掌握零件图的表面粗糙度、尺寸公差及几何公差的标注。
5. 掌握识读轴套类零件图的方法和步骤。

知识准备

零件图是表达零件的结构形状、尺寸大小及技术要求的图样，也是在制造和检验机器零件时所用的图样。在生产过程中，要根据零件图来进行生产准备、加工制造及检验，因此，它是设计部门提交给生产部门的重要技术文件，是制造和检验的依据。一张完整的零件图应包括哪些内容？

一、零件图的内容

从图 4-1-1 中可以看出零件图的内容。

1. 一组图形

用一组恰当的图形(视图、剖视图、断面图、局部放大图和简化画法等)将零件的各部分结构形状和位置关系正确、完整、清晰地表达出来。如图 4-1-1 所示，用一个主视图表达艉轴各轴段的结构形状，用断面图、局部放大图、局部视图表达轴上键槽、退刀槽、中心孔等结构。

2. 完整的尺寸标注

正确、完整、清晰、合理地标注出制造和检验零件所需的全部尺寸。

3. 技术要求

用国家标准规定的代号、数字、字母或另加文字注解，简明、准确地给出零件在制造、检验或使用时应达到的各项技术指标，如图 4-1-1 注出的表面粗糙度 $Ra1.6$、尺寸公差 $\phi200^0_{-0.029}$ 和其他文字说明。

4. 标题栏

如图 4-1-1 所示，标题栏在图样的右下角，用以填写零件的名称、材料、比例、图号及设计、审核、批准人员的签名、日期等。

二、零件图的表达方案

零件图的视图选择原则是正确、完整、清晰地表达零件的结构形状以及各个结构之间的相对位置，在便于看图的前提下，力求画图简便。要满足这些要求，首先要对零件的形状特点进行分析，并了解零件在机器或部件中的位置、作用及加工方法，然后选择主视图和其他视图，以确定较为合理的表达方案。

1. 主视图的选择

主视图是一组图形的核心，读图和画图都是从主视图入手的。主视图的选择是否合理，将直接影响读图和画图是否方便。因此，必须选好主视图，选择主视图所依据的原则如下：

（1）形状特征原则。主视图的投射方向，应选择最能反映零件结构形状及相互位置关系的方向，如图 4-1-2所示。

（2）加工位置原则。主视图的方位，应尽量与零件主要的加工位置一致，如轴、套类零件的加工，其主视图的投射方向应选择投影为非圆视图的方向，这样在加工时可以直接进行图物对照，便于看图和测量尺寸，减少差错，如图 4-1-3 所示。

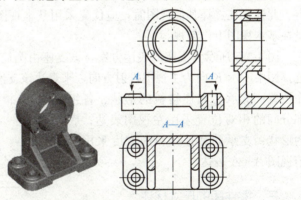

图 4-1-2　支座主视图的选择

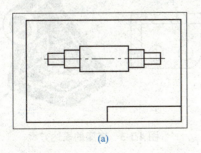

(a)

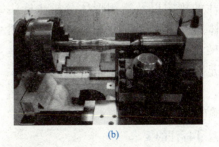

(b)

图 4-1-3　轴零件主视图

（3）工作位置原则。工作位置是指零件在机器或部件中所处的位置。选择主视图应尽量与零件的工作位置一致，以便了解零件在机器中的工作情况。

图 4-1-4 所示的吊钩，其主视图就是根据它们的工作位置、安装位置并尽量多反映其形状特征原则选定的。

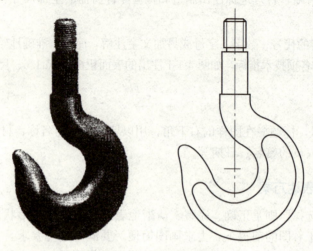

图 4-1-4　吊钩的主视图

2. 其他视图的选择

主视图确定后，要分析零件还有哪些形状没有表达清楚，再灵活选用各种表达方法。在满足完整、清晰表达零件的前提下，尽可能减少视图的数量，使每个视图有一个表达重点。此外，在选择其他视图时，应优先采用基本视图，当有需要表达的内部结构时，应尽量在基本视图上作剖视。

图 4-1-5 所示为支座的表达方案，该支座由圆筒、底板、连接板和支承肋四部分组成，选择图中所示 K 向为主视图投射方向，来表达该支座的主要形状特征，同时又体现它的工作位置；支承肋和连接板的形状、各组成部分间的相对位置采用左视图表达；底板的形状、支承肋和连接板的宽度采用全剖俯视图 $A—A$ 表达。

三、零件图的尺寸标注

在模块 1 中已经学习了国家标准中关于尺寸标注的规定以及运用形体分析法标注各个形体尺寸。下面将讨论如何在零件图中标注尺寸满足设计和工艺要求，也就是既要满足零件在机器中能很好地承担工作的要求，又能满足零件的制造、加工、测量和检验的要求。

1. 尺寸标注的要求

零件图上除了要表达零件的结构、形

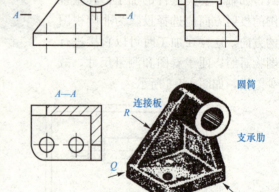

图 4-1-5　支座的表达方案

状外，还应表达零件的大小。在零件图上标注尺寸时，应做到标注正确、完整，书写清晰，工艺上尽可能合理。尺寸的正确、完整、清晰的要求已在前面阐述，在此重点学习尺寸标注的合理性。

尺寸标注的合理性是指所标注的尺寸在保证使用性能要求的前提下方便零件的加工，能保证既达到设计要求，又便于测量。但要使标注的尺寸能真正做到工艺上的合理，还需要有丰富的生产实践经验和有关机械制造方面的知识。

2. 尺寸标注的方法

(1)选择、确定尺寸基准。如图 4-1-6 所示，在标注尺寸时，每个方向的尺寸都有一个起点问题，这个问题就是尺寸的基准问题。尺寸的基准就是零件在机器中或在加工及测量时，用以确定其位置的一些面、线和点。

一般作为基准的面和线如下：

1)零件结构中的对称面；

2)零件的主要支承面和装配面；

3)零件的主要加工面；

4)零件上主要回转面的轴线。

(2)尺寸基准的分类。由于用途不同，基准可分为以下几类：

1)设计基准：从设计角度出发，为满足零件在机器或部件中的结构、性能要求而选定的基准，又称为主要基准。长、宽、高三个方向各有一个设计基准。

如图 4-1-6 所示，由于该轴为回转体，所以径向尺寸基准是它的轴线，以轴线为基准标出 $\phi20$、$\phi30$ 等径向尺寸。$\phi30$ 轴段的右端面与齿轮的左端面接触，它是确定该轴轴向位置的重要结合面，因此它是轴向尺寸的设计基准，以此面为基准标出尺寸 2×1、$32_{-0.05}^{0}$、66 等。

2)工艺基准：为便于加工和测量而选定的基准，称为工艺基准，又称为辅助基准。图 4-1-6 中的右端尺寸 30 就是按照工艺基准标注的轴向尺寸。设计基准与工艺基准之间要有尺寸联系，如图 4-1-6 中的尺寸 66。

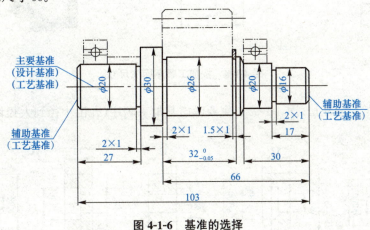

图 4-1-6 基准的选择

3. 尺寸标注的注意事项

(1)主要尺寸必须直接注出。零件的主要尺寸是指直接影响零件的装配精度和使用性能的尺寸，如规格性能尺寸、联系尺寸、配合尺寸、安装尺寸等，应直接注出。图 4-1-6 所示

的尺寸 $32^{0}_{-0.05}$，就是装配重要零件(齿轮)的轴段的长度尺寸。

(2)避免注成封闭的尺寸链。零件图上同方向的尺寸全部链式注出，又注出总体尺寸，即构成封闭的尺寸链。如图 4-1-7(a)所示，标注出了 a、b、c，又标注出了总长 L，尺寸首尾相接即形成了封闭尺寸链。

通常将尺寸链中最不重要的那个尺寸作为开口环，不注写尺寸，如图 4-1-7(b)所示。这样就使该尺寸链中其他尺寸的制造误差都集中到了这个开口环上，从而保证了主要尺寸的精度。

在零件图上，有时为了使加工时不必计算而直接给出毛坯或零件轮廓大小的参考值，这个值常以参考尺寸的形式注出，如图 4-1-7(c)中的尺寸(c)。

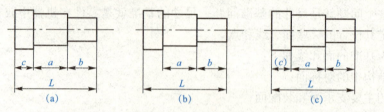

图 4-1-7　尺寸链分析

(a)封闭尺寸链；(b)开口环尺寸注法；(c)参考尺寸注法

(3)所注尺寸应符合工艺要求。

1)按加工要求标注尺寸。图 4-1-8 所示的退刀槽的尺寸由切槽刀的宽度决定，应将该尺寸单独注出。

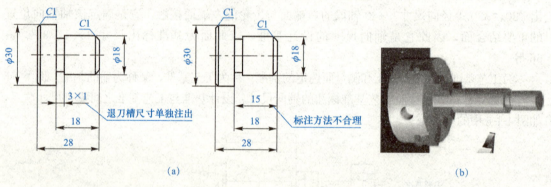

图 4-1-8　按加工顺序标注尺寸

2)阶梯孔的尺寸注法(图 4-1-9)，主要考虑其加工顺序(孔由小径到大径依次加工)和测量方便。

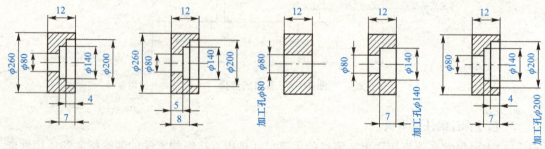

图 4-1-9　阶梯孔的加工顺序和尺寸标注

3) 不同工种的加工尺寸应尽量分开标注。如图 4-1-10 所示，齿轮轴的键槽是在铣床上加工的，键槽尺寸标注在图上方，车削加工的各段长度尺寸标注在下方，方便看图。

4) 按测量方便标注尺寸。尺寸标注要考虑所注尺寸是否便于测量，如图 4-1-11 所示结构，两种不同标注方案中，不便于测量的标注方案是不合理的。图 4-1-11(a)中标注的是不合理尺寸，测量时几何中心是无法实际测量的。在图 4-1-11(b)中，当阶梯孔中小孔的直径较小时，不利于孔深的测量。

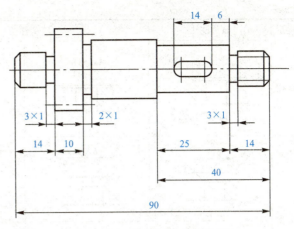

图 4-1-10　按加工方法标注尺寸

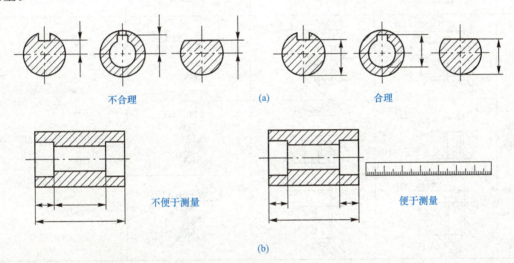

图 4-1-11　按测量方法标注尺寸

5) 零件上常见结构的尺寸注法。零件上常见结构的尺寸注法见表 4-1-1。

表 4-1-1　零件上常见结构的尺寸注法

类型	普通注法	旁注法		说明
光孔	$4 \times \phi 4H7$（深10、深12）	$4 \times \phi 4H7 \downarrow 10$ $\downarrow 12$	$4 \times \phi 4H7 \downarrow 10$ $\downarrow 12$	钻孔深度为 12 mm，精加工孔(铰孔)深度为 10 mm
	该孔无普通注法，注意：$\phi 4$ 是指与其相配的圆锥销的公称直径(小端直径)	锥销孔$\phi 4$ 配作	锥销孔$\phi 4$ 配作	"配作"是指该孔与相邻零件的同位锥销孔一起加工

类型	普通注法	旁注法		说明
锪孔	φ13 4×φ6.6	4×φ6.6 ⌴φ13	4×φ6.6 ⌴φ13	"⌴"为锪平、沉孔符号 锪孔通常只需锪出圆平面即可，因此，沉孔深度一般不注
沉孔	90° φ13 6×φ6.6	6×φ6.6 ⌵φ13×90°	6×φ6.6 ⌵φ13×90°	"⌵"为埋头孔符号 该孔为安装开槽沉头螺钉所用
沉孔	φ11 6.8 4×φ6.6	4×φ6.6 ⌴φ11↧6.8	4×φ6.6 ⌴φ11↧6.8	该孔为安装内六角圆柱头螺钉所用，承装头部的孔深应注出
螺纹孔	3×M6−6H EQS 10 12	3×M6−6H↧10 孔↧12	3×M6−6H↧10 孔↧12 EQS	"EQS"为均布孔的缩写词
螺纹孔	3×M6−6H EQS	3×M6−6H	3×M6−6H EQS	"EQS"为均布孔的缩写词
螺纹孔	3×M6−6H EQS 10	3×M6−6H↧10	3×M6−6H↧10 EQS	"EQS"为均布孔的缩写词

四、技术要求在零件图上的标注

零件图中的技术要求就是对零件的质量（品质）要求，它包括零件表面粗糙度、尺寸公差、几何公差、材料热处理和表面处理等。技术要求在图样中的表示方法有两种：一种是用规定的代（符）号标注在视图中；另一种是在"技术要求"的标题下，用简明的文字说明。

以下进行零件的表面粗糙度、尺寸公差和几何公差的学习。

1. 零件的表面粗糙度

（1）概述。由于加工制造过程受各种因素影响，零件的实际表面都不是绝对平滑的，在放大镜（或显微镜）下观察，可以看到高低不平的情况。零件表面的微观情况如图 4-1-12 所示。

表面粗糙度的基本概念是指，无论机械加工后的表

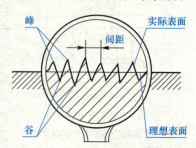

图 4-1-12　零件表面的微观情况

面还是用其他方法获得的零件表面，总会存在许多由较小间距的峰和谷组成的微量高低不平的痕迹。表述这些峰谷的高低程度和间距状况的微观几何形状特征的术语称为表面粗糙度。

零件的实际表面大多受表面粗糙度、表面波纹度、表面缺陷形状误差等综合影响。其中，表面粗糙度与加工方法、刀刃形状和走刀量等因素有密切关系，是评定零件表面质量的一项重要技术指标，对零件的配合、耐磨性、耐蚀性、密封性和外观等都有显著影响，是零件图中必不可少的一项技术要求。

表面波纹度是机械加工过程中，由于机床、工件和刀具系统的振动，在工件表面所形成的间距比表面粗糙度大得多的表面不平度，是影响零件使用寿命和引起振动的重要因素。形状误差主要由加工机床的几何精度、工件安装误差、热处理变形等因素造成。

（2）评定表面粗糙度常用的参数。对于零件表面粗糙度的状况，可由三大类参数加以评定：轮廓参数[由《产品几何技术规范（GPS）表面结构 轮廓法 术语定义及表面结构参数》（GB/T 3505—2009）定义]、图形参数[由《产品几何技术规范（GPS）表面结构 轮廓法 图形参数》（GB/T 18618—2009）定义]、支承率曲线参数[由《产品几何量技术规范（GPS）表面结构 轮廓法 具有复合加工特征的表面》（GB/T 18778）定义]。其中，轮廓参数是我国机械图样中目前最常用的评定参数，这里仅了解粗糙度轮廓（R 轮廓）中的两个高度参数 Ra、Rz 和表面粗糙度的图形符号。

1）表面粗糙度的评定参数。表面粗糙度的评定参数有轮廓算术平均偏差 Ra 和轮廓最大高度 Rz 等，常用的主要评定参数是 Ra。Ra 的定义为：在取样长度 l 内，纵坐标值 $y(x)$ 绝对值的算术平均值，如图 4-1-13 所示，其值为 $Ra = \dfrac{1}{l_r}\displaystyle\int_0^{l_r} |y(x)|\,\mathrm{d}x$。

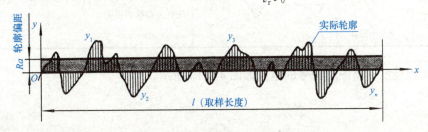

图 4-1-13　轮廓算术平均偏差

2）轮廓最大高度 Rz。在一个取样长度内最大轮廓峰高 Z_p 和最大轮廓谷深 Z_v 之和为轮廓最大高度，如图 4-1-14 所示。

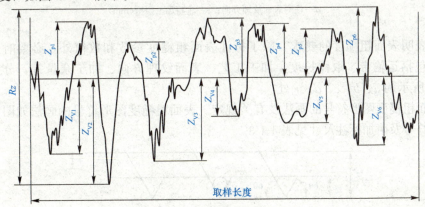

图 4-1-14　轮廓最大高度 Rz

（3）表面粗糙度的图形符号。

1）表面粗糙度图形符号的类型。国家标准《产品几何技术规范（GPS）技术产品文件中表面结构的表示法》（GB/T 131—2006）规定的表面粗糙度的图形符号及意义见表 4-1-2。

表 4-1-2　表面粗糙度的图形符号及意义

类型	符号	说明
基本图形符号	√	表示表面可用任何方法获得，当不加注粗糙度参数值或有关说明时，仅适于简化代号标注
扩展图形符号	∨	表示表面用去除材料的方法获得，如车、铣、钻、磨、剪切、抛光等，可称为加工符号
扩展图形符号	∨°	表示表面用不去除材料的方法获得，如铸、锻、冲压、热轧、冷轧、粉末冶金等，可称为毛坯符号
完整图形符号	√ ∨ ∨°	在基本或扩展图形符号右上方加一横线，用于标注有关参数和说明

2）表面粗糙度完整图形符号的组成如图 4-1-15 所示。

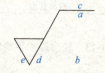

图 4-1-15　表面粗糙度完整图形符号的组成

a—注写表面粗糙度的单一要求；*b*—注写两个或多个表面粗糙度要求；*c*—注写加工方法；

d—注写表面纹理方向；*e*—注写加工余量（mm）

为了表明表面粗糙度的要求，除了标注表面粗糙度参数和数值外，必要时应标注补充要求，包括运输带、取样长度、加工工艺、表面纹理方向、加工余量等，分别标注在图 4-1-15 所示的 *a*、*b*、*c*、*d*、*e* 处。

3）表面粗糙度图形符号的画法及有关规定。表面粗糙度图形符号的画法如图 4-1-16 所示；图形符号及附加标注尺寸见表 4-1-3。

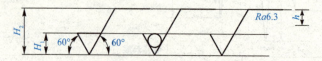

图 4-1-16　表面粗糙度图形符号的画法

表 4-1-3　表面粗糙度图形符号及附加标注的尺寸　　　　　　　　　　　　　mm

数字和字母的高度 h	2.5	3.5	5	7	10	14	20
符号线宽 d'	0.25	0.35	0.5	0.7	1	1.4	2
字母线宽 d	0.25	0.35	0.5	0.7	1	1.4	2
高度 H_1	3.5	5	7	10	14	20	28
高度 H_2	7.5	10.5	15	21	30	42	60

　　由于 Ra 值作为表征参数应用最为广泛，所以重点学习 Ra 的注法。一般来说，凡是零件上有配合要求或有相对运动的表面，Ra 值要小。Ra 值越小，表面质量要求越高，其表面耐腐蚀、耐磨性和抗疲劳等能力越强，加工成本也越高。因此，在满足使用要求前提下，还要考虑加工的工艺性。国家标准对 Ra 的数值作了规定，常用 Ra 与加工方法的关系见表 4-1-4。

表 4-1-4　常用 Ra 与加工方法的关系

表面特征		示例	加工方法	适用范围
加工面	精加工面	$\sqrt{Ra100}$ $\sqrt{Ra50}$ $\sqrt{Ra25}$	粗车、粗铣、粗刨、粗镗、钻、锉	非接触表面；钻孔、倒角、轴端面等
	半光面	$\sqrt{Ra12.5}$ $\sqrt{Ra6.3}$ $\sqrt{Ra3.2}$	精车、精铣、精刨、精镗、精磨、细锉、扩孔、粗铰	接触表面；不要求精确定心的配合表面
	光面	$\sqrt{Ra1.6}$ $\sqrt{Ra0.8}$ $\sqrt{Ra0.4}$	精车、精磨、刮、研、抛光、铰、拉削	要求精确定心的重要的配合表面
	最光面	$\sqrt{Ra0.2}$ $\sqrt{Ra0.1}$ $\sqrt{Ra0.05}$ $\sqrt{Ra0.025}$ $\sqrt{Ra0.012}$	研磨、超精磨、镜面磨、精抛光	高精度、高速运动零件的配合表面；重要的装饰面
毛坯面		$\sqrt{}$	铸、锻、轧制等，经表面清理	无需进行加工的表面

　　(4)表面粗糙度标注原则。图样上所注的表面粗糙度符号是该表面完工后的要求。其标注规则如下：

　　1)在同一图样上，每一表面一般只标注一次符号，并尽可能标注在相应的尺寸及其公差的同一视图上。

　　2)表面粗糙度符号应注在可见轮廓线、尺寸线、尺寸界线或其延长线上。若位置不够，可引出标注。

　　3)符号的尖端必须与所注的表面(或指引线)相接触，并且必须从材料外指向被注表面。

　　4)表面粗糙度要求在图样中的注写和读取方向应与尺寸的注写和读取方向一致［按《机械制图 尺寸注法》(GB/T 4458.4—2003)的规定］，如图 4-1-17 所示。

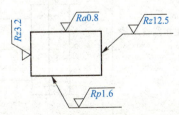

图 4-1-17　表面粗糙度要求的注写方向

(5)表面粗糙度要求的标注。

1)表面粗糙度要求在图样中的标注位置和方向见表 4-1-5。

表 4-1-5　表面粗糙度要求在图样中的标注位置和方向

标注位置	标注图例	说明
标注在轮廓线或其延长线上	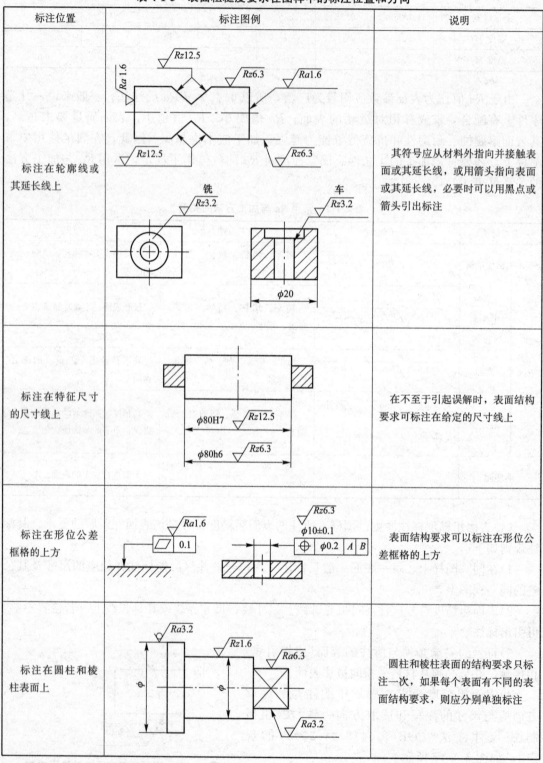	其符号应从材料外指向并接触表面或其延长线，或用箭头指向表面或其延长线，必要时可以用黑点或箭头引出标注
标注在特征尺寸的尺寸线上		在不至于引起误解时，表面结构要求可标注在给定的尺寸线上
标注在形位公差框格的上方		表面结构要求可以标注在形位公差框格的上方
标注在圆柱和棱柱表面上		圆柱和棱柱表面的结构要求只标注一次，如果每个表面有不同的表面结构要求，则应分别单独标注

2）表面粗糙度要求的简化注法。表面粗糙度要求的简化注法见表 4-1-6。

表 4-1-6　表面粗糙度要求的简化注法

项目		标注图例	说明
有相同表面结构要求的简化注法		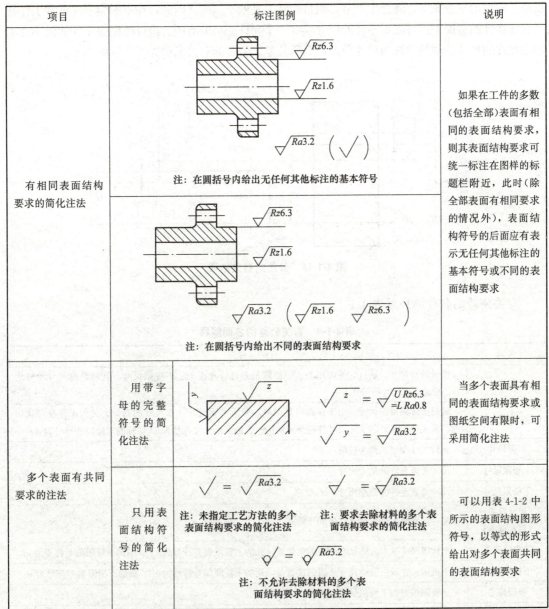	如果在工件的多数（包括全部）表面有相同的表面结构要求，则其表面结构要求可统一标注在图样的标题栏附近，此时（除全部表面有相同要求的情况外），表面结构符号的后面应有表示无任何其他标注的基本符号或不同的表面结构要求
多个表面有共同要求的注法	用带字母的完整符号的简化注法		当多个表面具有相同的表面结构要求或图纸空间有限时，可采用简化注法
	只用表面结构符号的简化注法		可以用表 4-1-2 中所示的表面结构图形符号，以等式的形式给出对多个表面共同的表面结构要求

2. 标注与识读图样上的公差与配合

公差与配合是检验产品质量（品质）的技术指标，是保证使用性能和零件互换性的前提，是零件图和装配图中一项重要的技术要求。

（1）互换性的概念。互换性是指从加工完的一批规格相同的零件中任取一件，不经选择、调整、修配就能立即装配到机器或部件上，并能保证使用要求。零件的这种性质称为互换性。零件具有互换性后，大大简化了零件、部件的制造和维修，使生产周期缩短、生产效率提高、成本降低，也保证了产品质量的稳定性，为成批大量生产创造了条件。互换性对于机器的制造、设计和使用有着十分重要的意义。

(2)公差与配合。

1)公差。如果要使零件制造加工后的尺寸绝对准确,不允许有一丝一毫的误差,这样不仅提高了零件的制造成本,降低生产率,而且实际上是做不到的。因此,在不影响零件正常工作并具有互换性的前提下,可以对零件的尺寸规定一个允许变动的范围。设计时根据零件的使用要求制定允许的尺寸变动量,称为尺寸公差,简称公差。公差的有关术语如图 4-1-18 所示。

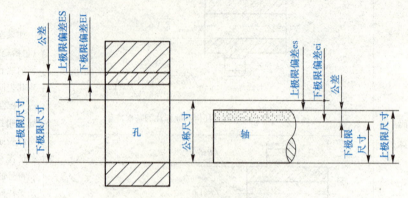

图 4-1-18　公差的有关术语

有关公差的名称解释见表 4-1-7。

表 4-1-7　有关公差的名词解释

名词	解释
公称尺寸	设计给定尺寸,通过它并应用上、下极限偏差可计算出上、下极限尺寸。孔的公称尺寸符号为 D,轴的公称尺寸符号为 d
实际尺寸	通过实际测量的尺寸。由于存在测量误差,所示实际尺寸并非尺寸的真值。又由于存在形状误差,故工件上各处的实际尺寸往往是不同的。孔的实际尺寸符号为 D_a,轴的实际尺寸符号为 d_a
极限尺寸	允许尺寸变化的两个极限
上极限尺寸	尺寸要素允许的最大尺寸
下极限尺寸	尺寸要素允许的最小尺寸
尺寸偏差 (简称偏差)	某一尺寸减去公称尺寸所得的代数差
上极限偏差	上极限尺寸减去公称尺寸所得的代数差,孔的上极限偏差符号为 ES,轴的上极限偏差符号为 es
下极限偏差	下极限尺寸减去公称尺寸所得的代数差,孔的下极限偏差符号为 EI,轴的下极限偏差符号为 ei
极限偏差	上极限偏差和下极限偏差的统称
实际偏差	实际尺寸减去公称尺寸所得的代数差
尺寸公差 (简称公差)	允许尺寸的变动量。尺寸公差等于上极限尺寸减去下极限尺寸,也等于上极限偏差减去下极限偏差。尺寸公差一定为正值
零线	在极限与配合图解中,表示公称尺寸的一条直线,以其为基准确定偏差和公差。零线上方的偏差为正,零线下方的偏差为负
公差带	在公差带图中,由代表上、下极限偏差的两条直线所限定的一个区域。公差带由公差大小及其相对零线的位置来确定
标准公差	国家标准规定的用于确定公差带大小的任一公差
基本偏差	用以确定公差带相对于零线位置的上极限偏差或下极限偏差,一般为靠近零线的那个偏差

由于尺寸公差和偏差与公称尺寸的数值相差悬殊，因此在分析公差与配合时，不便用同一比例表示。为简化起见，一般只画出零件的公差带，这就是公差带的图解，如图 4-1-19 所示。

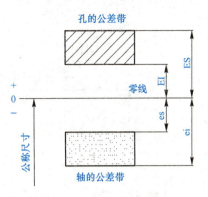

图 4-1-19　公差带的图解

2)标准公差与基本偏差。

①标准公差。国家标准所列的用以确定公差带大小的任一公差。标准公差分为 20 级，即 IT01、IT0、IT1、…、IT18。其中 IT 表示标准公差，阿拉伯数字表示公差等级，从 IT01 到 IT18 等级依次降低。对于一定的基本尺寸，公差等级越高，标准公差值越小，尺寸的精确度越高。各级标准公差的数值见附表 5-1(标准公差等级 IT01、IT0 在工业中很少用到，所以在标准中没有列出该两个公差等级的标准公差值)。

②基本偏差。为了满足机器零件在装配时各种不同性质配合的需要，除了"标准公差"的数值标准化外，对孔和轴的公差带位置也予以标准化。

根据国家标准《产品几何技术规范(GPS)线性尺寸公差 ISO 代号体系 第 1 部分：公差、偏差和配合的基础》(GB/T 1800.1—2020)，基本偏差是用以确定公差带相对于零线位置的那个极限偏差。当公差带位于零线上方时，其基本偏差为下偏差，当公差带位于零线下方时，其基本偏差为上偏差。

基本偏差可使公差带位置标准化。为了使孔、轴实现不同性质和不同松紧程度的配合，需要有一系列不同的公差带位置。国家标准对不同基本尺寸的孔和轴各规定了 28 个公差带位置，分别由 28 个基本偏差来确定。基本偏差的代号用拉丁字母表示，大写的拉丁字母为孔基本偏差代号，小写的拉丁字母为轴的基本偏差代号。

孔的基本偏差代号为 A、B、C…ZA、ZB、ZC；轴的基本偏差代号为 a、b、c、…、za、zb、zc。孔的基本偏差中，A~H 为下偏差，J~ZC 为上偏差；轴的基本偏差中，a~h 为上偏差，j~zc 为下偏差；JS 和 js 的公差带均匀地分布在零线两边，孔和轴的上、下偏差分别为 +IT/2 和 -IT/2。

基本偏差只表示公差带在公差带图中的位置，而不表示公差带的大小，因此，公差带一端是开口的，开口的一端由标准公差限定。基本偏差系列如图 4-1-20 所示。

③公差带代号及查表。轴、孔的尺寸公差可用公差带代号表示，公差带代号由基本偏差代号和公差等级代号组成，例如：ϕ50H8，ϕ50 指孔的公称尺寸，H8 表示孔的公差带代号，其中 H 指孔的基本偏差，7 指公差等级代号。ϕ50h6 指轴的公称尺寸(小写字母)，h6 指轴的公差带代号，其中 h 指轴的基本偏差，6 指公差等级代号。

查表，例如，确定 ϕ50H7 的上下偏差：H7 为孔公差带代号，查孔的基本偏差(附表 5-3)，在基本尺寸 40~50 mm 横行与基本偏差代号 H 的纵列中找到下偏差 EI=0；再查标准公差表(附表 5-1)，在基本尺寸 30~50 mm 横行和标准公差等级 IT7 的纵列中找到标准公差值 25 μm，换算成 0.025 mm，上偏差 ES=EI+IT=0+0.025=0.025 mm。因此，ϕ50H7 即为 $\phi50^{+0.025}_{0}$。

自行练习查表确定 ϕ50h6 的上下偏差(提示：查轴的基本偏差见附表 5-2)。

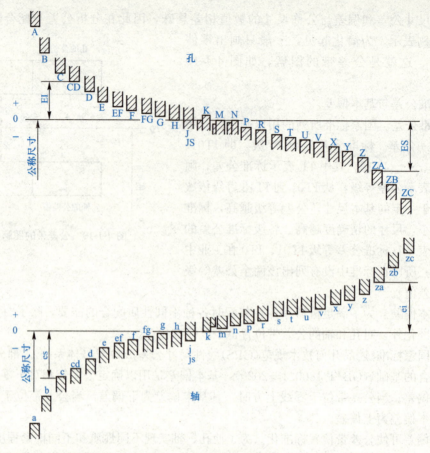

图 4-1-20　基本偏差系列

3)配合与配合制度。

①配合的概念。通常孔和轴要装配到一起，由于使用要求不同，它们之间的结合松紧不一，但它们的公称尺寸是相同的。这种在机器装配中，公称尺寸相同、相互结合的孔和轴公差带之间的关系称为配合，如图 4-1-21 所示。

②配合的种类。由于使用要求不同，孔和轴之间的配合可分为三种，即间隙配合、过盈配合和过渡配合。

间隙配合：轴、孔配合时，孔的直径恒大于轴的直径，具有间隙(包括最小间隙等于零)，称为间隙配合。此时，孔的公差带在轴的公差带之上。

过盈配合：轴、孔配合时，孔的直径恒小于轴的直径，具有过盈(包括最小过盈等于零)，称为间隙配合。此时，孔的公差带必在轴的公差带之下。

过渡配合：轴、孔配合时，可能具有间隙或过盈的配合，称为过渡配合。此时，孔的公差带与轴的公差带相互交叠。

配合的种类见表 4-1-8。

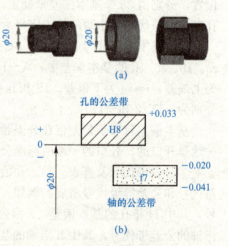

图 4-1-21　轴、孔的配合及公差带图
(a)轴、孔的配合；(b)轴、孔配合公差带图

表 4-1-8 配合的种类

名称	公差带图	说明
间隙配合	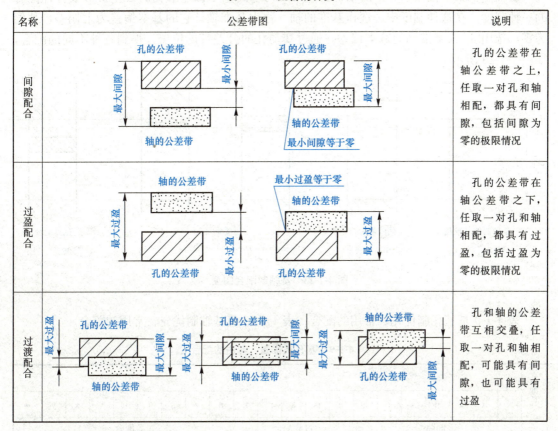	孔的公差带在轴公差带之上，任取一对孔和轴相配，都具有间隙，包括间隙为零的极限情况
过盈配合		孔的公差带在轴公差带之下，任取一对孔和轴相配，都具有过盈，包括过盈为零的极限情况
过渡配合		孔和轴的公差带互相交叠，任取一对孔和轴相配，可能具有间隙，也可能具有过盈

③配合制度。配合制度是国家标准规定的孔和轴组成配合的一种制度。常用的配合制度有基孔制配合和基轴制配合两种。一般优先采用基孔制配合，以便生产中减少刀具、量具的规格、种类，从而获得较好的技术经济效果。但是当轴的同一表面要求与多个孔形成不同的配合时，需要选择基轴制配合。

基孔制：基本偏差为一定的孔的公差带，与不同基本偏差的轴的公差带形成各种配合的一种制度。在这种制度中选作基准的孔，称为基准孔。它的基本偏差为下偏差，其值为零，选用"H"为基准孔的基本偏差。通过变动轴的公差带位置，得到各种不同的配合，如图 4-1-22 所示。

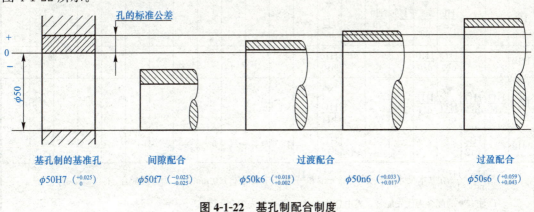

图 4-1-22 基孔制配合制度

基轴制：基本偏差为一定的轴的公差带，与不同基本偏差的孔的公差带形成各种配合的一种制度。在这种制度中，选作基准的轴，称为基准轴。它的基本偏差为上偏差，其值为零，选用"h"为基准轴的基本偏差。通过变动孔的公差带的位置，得到各种不同的配合，如图 4-1-23 所示。

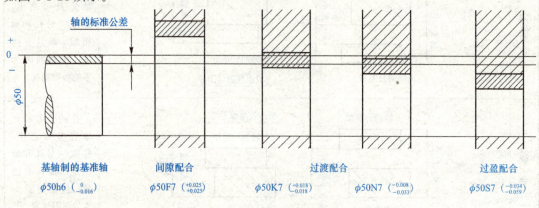

图 4-1-23　基轴制配合制度

表 4-1-9 是基孔制优先、常用的配合；表 4-1-10 是基轴制优先、常用的配合。

表 4-1-9　基孔制优先、常用的配合

基准孔	轴																				
	a	b	c	d	e	f	g	h	js	k	m	n	p	r	s	t	u	v	x	y	z
	间隙配合								过渡配合				过盈配合								
H6						$\frac{H6}{f5}$	$\frac{H6}{g5}$	$\frac{H6}{h5}$	$\frac{H6}{js5}$	$\frac{H6}{k5}$	$\frac{H6}{m5}$	$\frac{H6}{n5}$	$\frac{H6}{p5}$	$\frac{H6}{r5}$	$\frac{H6}{s5}$	$\frac{H6}{t5}$					
H7						$\frac{H7}{f6}$	▼ $\frac{H7}{g6}$	▼ $\frac{H7}{h6}$	$\frac{H7}{js6}$	▼ $\frac{H7}{k6}$	$\frac{H7}{m6}$	▼ $\frac{H7}{n6}$	▼ $\frac{H7}{p6}$	$\frac{H7}{r6}$	▼ $\frac{H7}{s6}$	$\frac{H7}{t6}$	▼ $\frac{H7}{u6}$	$\frac{H7}{v6}$	$\frac{H7}{x6}$	$\frac{H7}{y6}$	$\frac{H7}{z6}$
H8				$\frac{H8}{d8}$	$\frac{H8}{e7}$ $\frac{H8}{e8}$	▼ $\frac{H8}{f7}$ $\frac{H8}{f8}$	$\frac{H8}{g7}$	▼ $\frac{H8}{h7}$ $\frac{H8}{h8}$	$\frac{H8}{js7}$	$\frac{H8}{k7}$	$\frac{H8}{m7}$	$\frac{H8}{n7}$	$\frac{H8}{p7}$	$\frac{H8}{r7}$	$\frac{H8}{s7}$	$\frac{H8}{t7}$	$\frac{H8}{u7}$				
H9			$\frac{H9}{c9}$	▼ $\frac{H9}{d9}$	$\frac{H9}{e9}$	▼ $\frac{H9}{f9}$		▼ $\frac{H9}{h9}$													
H10			$\frac{H10}{c10}$	$\frac{H10}{d10}$				$\frac{H10}{h10}$													
H11	$\frac{H11}{a11}$	$\frac{H11}{b11}$	▼ $\frac{H11}{c11}$	$\frac{H11}{d11}$				▼ $\frac{H11}{h11}$													
H12		$\frac{H12}{b12}$						$\frac{H12}{h12}$													

注：①$\frac{H6}{n5}$、$\frac{H7}{p6}$ 在基本尺寸小于或等于 3 mm 和 $\frac{H8}{r7}$ 在小于或等于 100 mm 时，为过渡配合。

②注有▼的配合为优先配合。表中总共 59 种，其中优先配合 13 种。

表 4-1-10　基轴制优先、常用的配合

基准轴	孔																				
	A	B	C	D	E	F	G	H	JS	K	M	N	P	R	S	T	U	V	X	Y	Z
	间隙配合								过渡配合			过盈配合									
h5						F6/h5	G6/h5	H6/h5	JS6/h5	K6/h5	M6/h5	N6/h5	P6/h5	R6/h5	S6/h5	T6/h5					
h6						F7/h6	▼G7/h6	▼H7/h6	JS7/h6	▼K7/h6	M7/h6	▼N7/h6	▼P7/h6	R7/h6	▼S7/h6	T7/h6	▼U7/h6				
h7					E8/h7	▼F8/h7		▼H8/h7	JS8/h7	K8/h7	M8/h7	N8/h7									
h8				D8/h8	E8/h8	F8/h8		H8/h8													
h9				▼D9/h9	E9/h9	F9/h9		▼H9/h9													
h10				D10/h10				H10/h10													
h11	A11/h11	B11/h11	▼C11/h11	D11/h11				▼H11/h11													
h12		B12/h12						H12/h12													

注：注有▼的配合为优先配合。表中总共 47 种，其中优先配合 13 种。

（3）公差与配合的标注。

1）装配图上的标注：用分数形式标注装配在一起的两个零件的配合。分子为孔的公差带代号，即孔的基本偏差代号和标准公差等级；分母为轴的公差带代号，即轴的基本偏差代号和标准公差等级，如图 4-1-24 所示。滚动轴承与零件（轴、孔）装配时，只标注与滚动轴承配合的零件的公差代号，滚动轴承标准件的公差代号不必标注。

2）零件图上的标注：公差与配合在零件图中标注包括以下三种形式。

①公称尺寸和公差代号，如图 4-1-25（a）所示。

②公称尺寸和极限偏差值，如图 4-1-25（b）所示。

③公称尺寸和公差代号，后面括号里写极限偏差值，如图 4-1-25（c）所示。

标注极限偏差值时应注意：上极限偏差应标注在公称尺寸的右上方，下极限偏差应与公称尺寸在同一底线上，字号比公称尺寸小一号。上、下极限偏差的小数点必须对齐，小数点后面的位数也应相同，如图 4-1-25（b）所示。当某一偏差为零时，用数字“0”标出，并与上极限偏差或下极限偏差的小数点前的个位数对齐。当上、下极限偏差值相同时，偏差值只需要注一次，并在偏差值与公称尺寸之间注出“±”符号，偏差数值的字体高度与基本尺寸数字的字体相同。

3. 几何公差

如前所述，要加工出一个尺寸绝对准确的零件是不可能的，同样，要加工出一个形状和零件要素间的相对位置绝对准确的零件也是不可能的。为提高机械产品质量（品质），

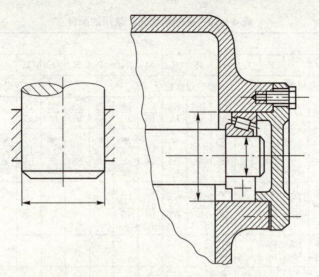

图 4-1-24　公差与配合在装配图中的标注

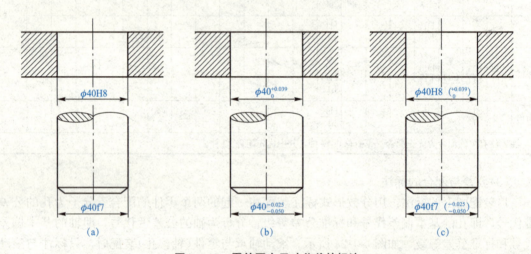

图 4-1-25　零件图中尺寸公差的标注

保证零件的互换性和使用寿命，除了给定零件恰当的尺寸公差、限定零件表面粗糙度，还要规定适当的几何精度，以限制零件的形状和零件要素间的相对位置、方向误差，并正确地把这些要求标注在图样上。零件的实际形状、方向和位置与理想形状、方向和位置所允许的最大变动量，称为几何公差。几何公差也是评定产品质量的一项重要技术指标。

图 4-1-26(a)所示是一轴段的图样，要求 $\phi10$ 轴段的轴线为理想直线状态。图 4-1-26(b)所示为加工后的实际零件，其发生了弯曲，尽管轴的各段截面尺寸都在 $\phi10^{0}_{-0.015}$ 尺寸范围内，但仍会影响孔、轴进行正常装配，因此，在零件图样上，除规定尺寸公差来限制尺寸误差外，还规定用几何公差来限制形状、方向、位置和跳动等误差，以满足零件的功能要求。如图 4-1-26(a)、(c)所示，轴线实际形状如在限定的直径为 $\phi0.02$ 圆柱范围内，即为合格产品。

(1)几何公差的研究对象。基本几何体均由点、线、面构成，这些点、线面称为几何要素(简称要素)。几何要素的分类如表 4-1-11 和图 4-1-27～图 4-1-29 所示。

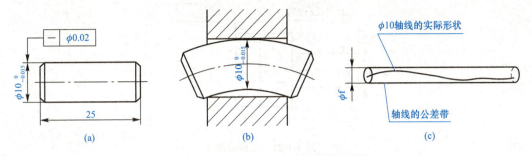

(a)   (b)   (c)

图 4-1-26　形状误差对孔和轴使用性能的影响

表 4-1-11　零件几何要素的分类

分类方式	种类	定义	说明
按存在的状态分	理想要素	具有几何学意义的要素	不存在任何误差的纯几何的点、线、面。在检测中，理想要素是评定实际要素几何误差的依据
	实际要素	零件实际存在的要素	标准规定，实际要素测量时由测得要素来代替。由于测量误差总是客观存在的，因此实际要素并非该要素的真实状态
按几何公差中所处的地位分	提取组成要素	给出了几何公差要求的要素	其需要研究和测量的要素，指具有形状或位置公差要求的要素，如被测机件的轮廓线、面或轴线、对称面及球心等。图 4-1-27 的轴线和图 4-1-28 的顶面都给出了几何公差的要求，它们都是提取组成要素
	基准要素	用来确定提取组成要素的理想方向或位置的要素	理想的基准要素简称基准，在图样上用基准符号表示。图 4-1-28 中标有基准符号的零件底面是用来确定零件顶面的方向，因此是基准要素
按功能关系分	单一要素	仅对提取（实际）要素本身提出几何公差要求的要素	此要素与零件其他要素无功能关系。如图 4-1-29 中的 ϕd_1 圆柱面，为提取（实际）要素，给出了圆柱度公差要求，与零件上其他要素无相对方向和位置要求，因此属于单一要素
	关联要素	与零件上其他要素有功能关联的要素	关联要素均给出了方向公差（或位置公差或跳动公差）要求，如图 4-1-29 中的 ϕd_2 轴线、ϕd_1 和 ϕd_2 台阶面
按几何特征分	组成要素	指构成零件外形的点、线、面	如圆柱面、圆锥面、球面、端面、素线等
	导出要素	指构成轮廓要素对称中心所表示的点、线、面	随着组成要素的存在而存在，如图 4-1-29 中的 ϕd_1、ϕd_2 轴线

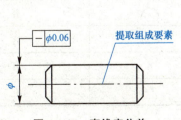

图 4-1-27　直线度公差

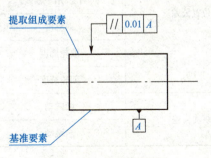

图 4-1-28　平行度公差

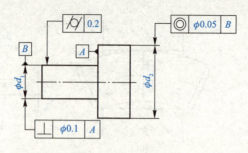

图 4-1-29　几何公差

（2）几何公差的特征项目及其符号。《产品几何技术规范（GPS）几何公差 形状、方向、位置和跳动公差标注》（GB/T 1182—2018）和《产品几何技术规范（GPS）几何公差 成组（要素）与组合几何规范》（GB/T 13319—2020）对几何公差的特征项目、名称、术语、代号、数值、标注方法等都作了明确规定。几何公差的特征项目及符号见表 4-1-12。

表 4-1-12　几何公差的特征项目及符号

公差类型	几何特征	符号	有无基准要求
形状公差	直线度	—	无
	平面度	▱	无
	圆度	○	无
	圆柱度	⌀	无
	线轮廓度	⌒	无
	面轮廓度	⌓	无
方向公差	平行度	//	有
	垂直度	⊥	有
	倾斜度	∠	有
	线轮廓度	⌒	有
	面轮廓度	⌓	有
位置公差	位置度	⊕	有或无
	同心度（用于中心点）	◎	有
	同轴度（用于轴线）	◎	有
	对称度	≡	有
	线轮廓度	⌒	有
	面轮廓度	⌓	有
跳动公差	圆跳动	↗	有
	全跳动	↗↗	有

几何公差包括形状公差、位置公差、方向公差和跳动公差。

形状公差是对单一要素提出的要求，因此没有基准要求；位置公差、方向公差和跳动公差是对关联要素提出的要求，因此绝大多数情况下都有基准要求。

当几何特征为线轮廓度和面轮廓度时，若无基准要求，则为形状公差；若有基准要求，则为方向公差或位置公差。

（3）几何公差的代号。标准规定，在图样上几何公差采用代号标注。几何公差的代号包括几何公差框格及指引线、几何公差特征项目符号、几何公差数值和其他有关符号、基准字母等，如图 4-1-30 所示。

几何公差要求在细实线的矩形方框内给出，该方框由两格或多格组成，框格的内容如图 4-1-30 所示。几何公差特征项目符号大小与框格中的字体同高，几何公差框格应水平或竖直放置，框格内的字高(h)与图样中的尺寸数字等高，框格的高度为字高的 2 倍，长度可根据需要画出。

基准符号：基准符号由基准方格、连线、基准字母及涂黑或空白的基准三角形组成，无论基准符号在图中的方向如何，细实线方框内的字母一律水平书写。画法如图 4-1-31 所示。

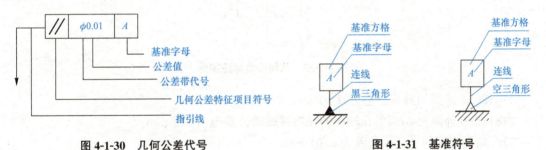

图 4-1-30　几何公差代号　　　　　　　　　图 4-1-31　基准符号

（4）几何公差的标注。

1）当基准要素或提取组成要素涉及轮廓线或表面时，带字母的短画及指引线箭头应置在要素的轮廓线或它的延长线上，并与尺寸线明显错开，如图 4-1-32 所示。

2）当基准要素或提取组成要素为轴线、中心平面或带尺寸要素的确定点时，基准符号中的线、带箭头的指引线应与尺寸线一致或与尺寸线延长重合，如图 4-1-33 所示。

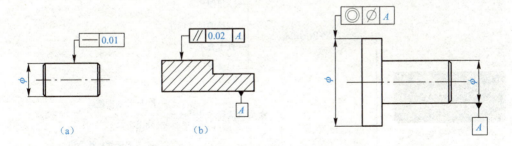

图 4-1-32　基准、被测要素为轮廓要素　　　图 4-1-33　基准、被测要素为轴线或中心平面

3）对于两个或两个以上的要素组成的基准称为公共基准，如图 4-1-34（a）的公共轴线、图 4-1-34（b）的公共对称面。公共基准的字母应将各个字母用横线连接起来，并书写在公差框格的同一个格子内。

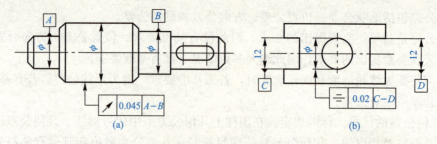

图 4-1-34　公共基准

（5）几何公差标注实例。几何公差在图上的标注实例如图 4-1-35 所示。

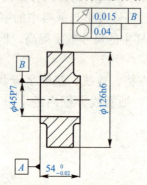

图 4-1-35　几何公差标注实例

1）ϕ126h6 外圆的圆度公差为 0.04 mm。

2）ϕ126h6 外圆对 ϕ45P7 孔轴线的径向圆跳动公差为 0.015 mm。

3）两端面之间的平行度公差为 0.01 mm。

● 知识点梳理 ▌▌▌

一、零件图的内容、尺寸标注及表达方案

1. 零件图的内容及尺寸标注知识点梳理

零件图的内容及尺寸标注如图 4-1-36 所示。

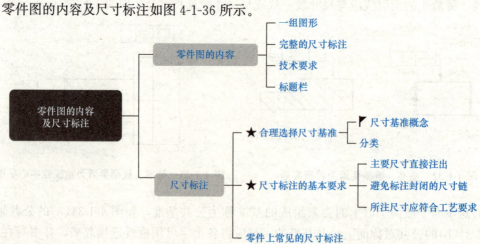

图 4-1-36　零件图的内容及尺寸标注

2. 零件图表达方案知识点梳理

零件图的表达方案如图 4-1-37 所示。

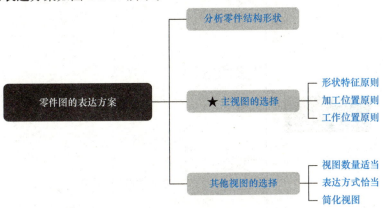

图 4-1-37　零件图的表达方案

二、零件图的技术要求

1. 表面粗糙度知识点梳理

表面粗糙度知识点梳理如图 4-1-38 所示。

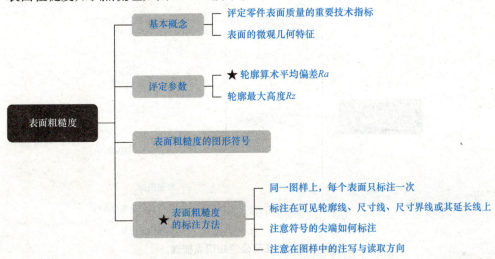

图 4-1-38　表面粗糙度知识点梳理

2. 公差与配合知识点梳理

公差与配合知识点梳理如图 4-1-39 所示。

3. 几何公差知识点梳理

几何公差知识点梳理如图 4-1-40 所示。

三、识读零件图的方法和步骤

识读零件图的方法和步骤如图 4-1-41 所示。

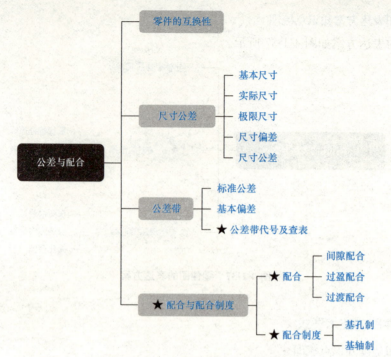

图 4-1-39　公差与配合知识点梳理

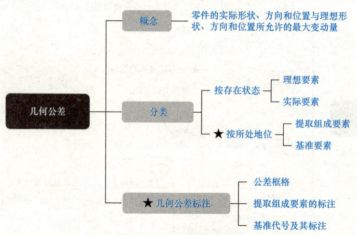

图 4-1-40　几何公差知识点梳理

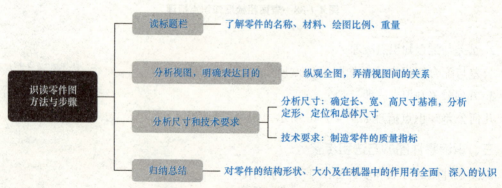

图 4-1-41　识读零件图的方法和步骤

📟 任务实施

一、认知艉轴

由前述可知，船舶轴系的作用是：将主机发出的功率传递给螺旋桨，同时将螺旋桨产生的推力传递给船体，以实现推进船舶的功能。

由于船舶轴系位于主机的输出法兰和螺旋桨之间，从主机到螺旋桨之间有一定的距离，其间用传动轴加以连接。为了加工、制造、运输、拆装的方便以及实现不同的功能，往往将传动轴制成许多节，并用联轴器加以连接，各传动轴由相应的轴承支承和定位。传动轴通常由艉轴(或称螺旋桨轴)推力轴和中间轴，以及连接这些轴段的联轴器组成。

图 4-1-42 是艉轴艉管装配体外形图，如图 4-1-43 是该装配体的分解图。本次任务中的艉轴就是船舶轴系中最末一段轴，它穿过艉轴管而伸出船尾，其首端与中间轴连接，尾端安装螺旋桨。

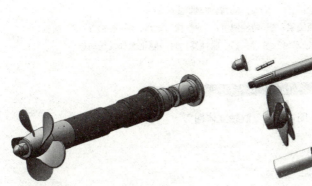

图 4-1-42　艉轴艉管装配体外形图

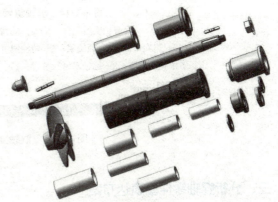

图 4-1-43　艉轴艉管装配体的零件分解图

二、分析艉轴结构特点

1. 拆出艉轴

图 4-1-44 所示为艉轴艉管基本结构，表达了主要零件间的装配和连接关系。在读懂艉轴艉管各个零件装配关系的基础上，根据艉轴在图中的作用及与相邻零件之间的关系，将零件艉轴从装配体中分离出来(图 4-1-45)，并按其在结构图所体现的形状、大小和有关的技术要求绘制了图 4-1-1 所示的艉轴零件图。

2. 分析艉轴结构特点

如图 4-1-1 所示，通过识读标题栏，了解到该零件的名称(艉轴)、图号和材料(316L 不锈钢)等。同时观察图 4-1-45 可知，艉轴的主要结构形状比较简单，和常见的轴套类典型零件结构相类似，是由大小不同的同轴回转体(圆柱、圆锥)组成，构成阶梯状，轴上加工了键槽、螺纹、挡圈槽、倒角、倒圆、中心孔等。这些结构都是由设计要求和加工工艺要求决定的。例如，为了传递动力，轴尾部与螺旋桨用键来连接，因此，轴上有键槽；轴端部的中心孔是供加工时装夹和定位用的。为装配和加工方便、保护装配表面，在轴两端有螺纹退刀槽和倒角等结构。

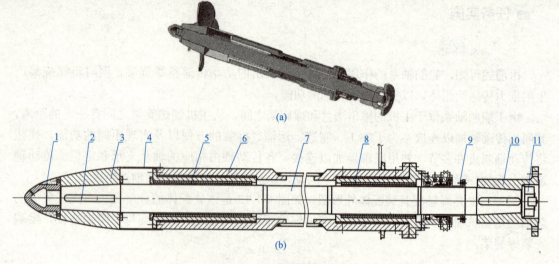

图 4-1-44　艉轴艉管基本结构

(a)艉轴艉管剖开立体图；(b)艉轴艉管主要零件

1—螺旋桨帽；2—螺旋桨键；3—螺旋桨；4—防渔网罩；5—艉橡胶轴承；6—艉轴管；7—艉轴；
8—艉橡胶轴承座；9—艉轴水密封装置；10—联轴器；11—艉轴螺母及止动板

图 4-1-45　艉轴立体图

三、分析艉轴零件图表达方案

1. 主视图的选择

如图 4-1-1 所示，艉轴零件主要在车床与磨床上加工，为读图方便，其主视图按照加工位置原则来选择(加工位置指零件在机械加工时的装夹位置)，轴线水平放置，主视图应尽量表示零件在机床上加工时所处的位置，使工人在加工时可以直接进行实物对照。

因此将艉轴水平放置，键槽朝向前方，用一个主视图并结合轴直径的尺寸标注，就可以清楚地表达阶梯轴各段的形状、相对位置以及轴上各种局部结构的轴向位置。对于艉轴中间部分截面相同且较长的轴段，在不致引起误解的情况下，采用断裂画法，缩短轴长度绘制。艉轴的首尾两端部轴段的外螺纹，按照外螺纹的规定画法绘制。

2. 其他视图的选择

接下来，再分析其他视图的选择：

如图 4-1-45 所示，观察到轴的首尾锥段分别具有安装螺旋桨键和联轴节键的键槽，艉轴最右端面有两个小螺纹孔以及首尾两端部外螺纹后有两处退刀槽。这些结构可采用局部视图、局部放大图、移出断面图来表达。

如图 4-1-1 所示，A—A 移出断面图表达了螺旋桨键槽和联轴节键槽的宽度、深度以及加工的技术要求。

由于艉轴退刀槽的详细结构在主视图没有表达清楚且不便于标注尺寸，采用局部放大图Ⅰ、Ⅱ来表达。这里需要注意的是，局部放大图上所标注的比例 10∶1 是指该图形中机件要素的尺寸与实际机件相应要素的尺寸之比，与原图的比例无关。

右端小螺纹孔的表达，采用 B 向局部视图表达了右端部的两个螺纹孔形状大小及相对位置。

四、分析艉轴的尺寸标注

1. 确定尺寸基准

对于回转体类零件，需要确定径向基准和轴向基准。以回转体的轴线作为径向尺寸基准，依据实际生产情况，以大轴段端面或轴肩端面作为轴向尺寸基准，也是装配基准。

2. 分析尺寸标注

如图 4-1-1 所示，以水平轴线作为径向尺寸基准，标注各个轴段的直径尺寸，如 $\phi 200^{0}_{-0.029}$、$\phi 198^{0}_{-0.029}$、$\phi 195$、$\phi 195^{0}_{-0.029}$ 等。根据螺旋桨与艉轴装配、安装的要求，以 $\phi 200^{0}_{-0.029}$ 轴段的左端面为主要尺寸基准，以轴的左、右端面作为辅助基准，标注各轴段的长度及轴上键槽的定位尺寸(45、10)和定形尺寸(370、305、$45^{0}_{-0.062}$)。安装螺旋桨轴段长度 440 和安装联轴器轴段长度 330 为重要尺寸，应直接注出。

为下料方便，直接标出轴的总长度 5 180。标注总体尺寸时，轴向尺寸不能注成封闭的尺寸链，尺寸的开环(不注长度尺寸的轴段)应选择在不重要的轴段，使长度方向的加工误差集中在此轴段上。

倒角和退刀槽等工艺结构也需在图中标出，轴左、右端部倒角的标注为 $4\times45°$，其中 4 指倒角的深度。退刀槽的尺寸如零件图中的局部放大图Ⅰ、Ⅱ所示。

五、分析艉轴的技术要求

有配合要求或有相对运动的轴段，其表面的结构、尺寸公差和几何公差比其他轴段要求严格。

1. 表面粗糙度

如图 4-1-44(b)和图 4-1-1 所示，艉轴 $\phi 200^{0}_{-0.029}$ 轴段与艉轴承座相配合，它主要用于传递动力，并有摩擦损失，是艉轴的工作表面。$\phi 198^{0}_{-0.029}$ 轴段与艉轴承座、$\phi 195^{0}_{-0.029}$ 与艉轴水密封装置相配合。因此，图中这些轴段的表面质量要求较高，Ra 的上限值为 1.6 μm。

艉轴左、右端锥体轴段都有键槽，两锥轴段分别通过键与螺旋桨、联轴器相配合，为保证配合的可靠性，两锥段表面的 Ra 上限值为 0.8 μm，键槽的两个侧面 Ra 上限值为 1.6 μm。

除图 4-1-1 中已标注表面粗糙度要求的表面以外，其余表面的粗糙度要求相同，且 Ra 的上限值为 6.3 μm。

2. 尺寸公差要求

艉轴与艉轴承座、艉轴承座和艉轴水密封装置相配合的轴段尺寸公差要求较高，分别为 $\phi 198^{0}_{-0.029}$、$\phi 200^{0}_{-0.029}$ 和 $\phi 195^{0}_{-0.029}$。艉轴的首、尾分别通过键与联轴器、螺旋桨配合，键槽的尺寸公差要求为：键槽的宽度尺寸为 $45^{0}_{-0.062}$，深度尺寸为 $D-15^{+0.3}_{0}$。

3. 几何公差要求

如图 4-1-1 所示，艉轴的首、尾部主要由锥体、锥体键槽、螺纹组成。艉轴尾部用来安装螺旋桨，并传递和承受各种载荷。主机的转矩依靠键连接（或液压连接）时螺旋桨桨毂锥孔与艉轴过盈配合锥面的摩擦力传递给螺旋桨。首部通过键与联轴器锥孔连接。为满足艉轴的功能要求，同时兼顾工艺性、经济性和检测性等方面的要求，对艉轴左、右两端的锥体轴段提出了以 $\phi200^{0}_{-0.029}$ 的轴线基准 A 和 $\phi198^{0}_{-0.029}$ 的轴线基准 B 为组合基准，径向圆跳动公差值为 0.03 mm 的几何公差要求，即图中标明的 ⟋ | 0.03 | A—B 。

艉轴的首部锥体通过键与联轴器的锥孔（图 3-2-1）相配合，艉轴的尾部锥体通过键与螺旋桨桨毂锥孔配合。因此，分别对锥体轴段的键槽提出了以各自轴段的轴线为基准，对称度公差值为 0.03 mm 的几何公差要求，即图中标写的 ⫤ | 0.03 | C 。

4. 其他技术要求

为了提高强度和韧性，往往需要对轴类零件进行调质处理；对轴上与其他零件有相对运动的部分，为增加其耐磨性，有时还需进行表面淬火、渗碳、渗氮等热处理。应在技术要求中注写清楚，如图 4-1-1 所示的正火处理。

巩固训练

1. 根据所给定的表面粗糙度 Ra 值，将其用代号标注在图上。

表面	I	II	III	IV	其余
表面粗糙度	∇Ra3.2	∇Ra6.3	∇Ra12.5	∇Ra25	∇

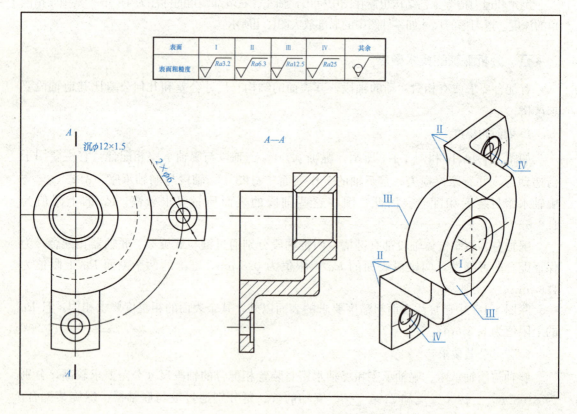

2. 解释配合代号的含义，查表得到偏差值后标注在零件图上。

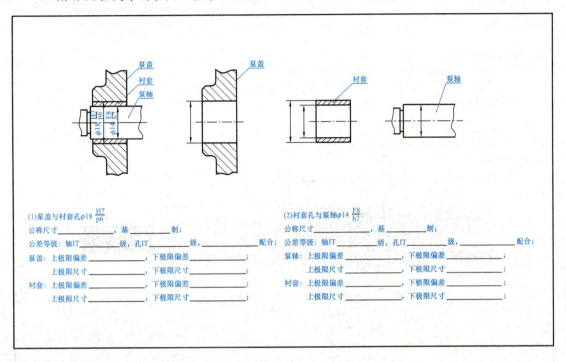

(1)泵盖与衬套孔φ18$\frac{H7}{p6}$：

公称尺寸＿＿＿＿＿＿，基＿＿＿＿＿＿制；

公差等级：轴IT＿＿＿＿＿级，孔IT＿＿＿＿＿级，＿＿＿＿＿＿配合；

泵盖：上极限偏差＿＿＿＿＿＿，下极限偏差＿＿＿＿＿＿；

　　　上极限尺寸＿＿＿＿＿＿，下极限尺寸＿＿＿＿＿＿；

衬套：上极限偏差＿＿＿＿＿＿，下极限偏差＿＿＿＿＿＿；

　　　上极限尺寸＿＿＿＿＿＿，下极限尺寸＿＿＿＿＿＿；

(2)衬套孔与泵轴φ14$\frac{F8}{h7}$：

公称尺寸＿＿＿＿＿＿，基＿＿＿＿＿＿制；

公差等级：轴IT＿＿＿＿＿级，孔IT＿＿＿＿＿级，＿＿＿＿＿＿配合；

泵轴：上极限偏差＿＿＿＿＿＿，下极限偏差＿＿＿＿＿＿；

　　　上极限尺寸＿＿＿＿＿＿，下极限尺寸＿＿＿＿＿＿；

衬套：上极限偏差＿＿＿＿＿＿，下极限偏差＿＿＿＿＿＿；

　　　上极限尺寸＿＿＿＿＿＿，下极限尺寸＿＿＿＿＿＿；

3. 写出图中 1～6 几何公差要求的意义。

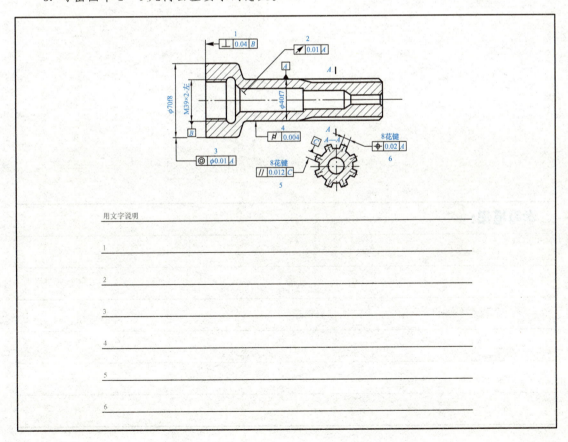

用文字说明＿＿＿＿＿＿＿＿＿＿＿＿＿＿＿＿＿＿＿＿＿＿＿＿＿＿＿＿＿＿

1＿＿＿＿＿＿＿＿＿＿＿＿＿＿＿＿＿＿＿＿＿＿＿＿＿＿＿＿＿＿＿＿＿＿＿＿

2＿＿＿＿＿＿＿＿＿＿＿＿＿＿＿＿＿＿＿＿＿＿＿＿＿＿＿＿＿＿＿＿＿＿＿＿

3＿＿＿＿＿＿＿＿＿＿＿＿＿＿＿＿＿＿＿＿＿＿＿＿＿＿＿＿＿＿＿＿＿＿＿＿

4＿＿＿＿＿＿＿＿＿＿＿＿＿＿＿＿＿＿＿＿＿＿＿＿＿＿＿＿＿＿＿＿＿＿＿＿

5＿＿＿＿＿＿＿＿＿＿＿＿＿＿＿＿＿＿＿＿＿＿＿＿＿＿＿＿＿＿＿＿＿＿＿＿

6＿＿＿＿＿＿＿＿＿＿＿＿＿＿＿＿＿＿＿＿＿＿＿＿＿＿＿＿＿＿＿＿＿＿＿＿

4. 由轴测图绘制轴的零件图。

1. 合理选择表达方案，标注尺寸。
2. 将下面文字说明的技术要求用公差框格标注在图中：
   Φ28f8和Φ16f8外圆表面对两个Φ20k7公共轴线的径向圆跳动公差分别为0.050 mm和0.040 mm。
3. 未注表面粗糙度Ra的值为12.5μm。

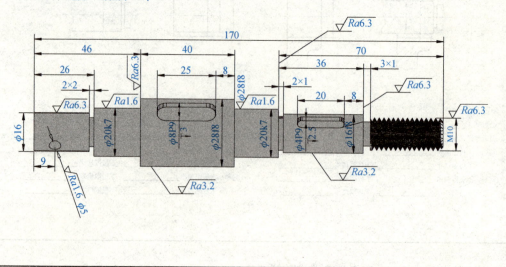

任务4.2 识读齿轮油泵泵盖零件图

任务描述

齿轮油泵是船舶辅机常见的设备。本次任务是识读齿轮油泵泵盖的零件图。观察其结构特点，判别其属于哪种典型零件，并根据图 4-2-1 泵盖的零件图构想出泵盖的结构形状，读懂泵盖零件图的尺寸标注和技术要求。

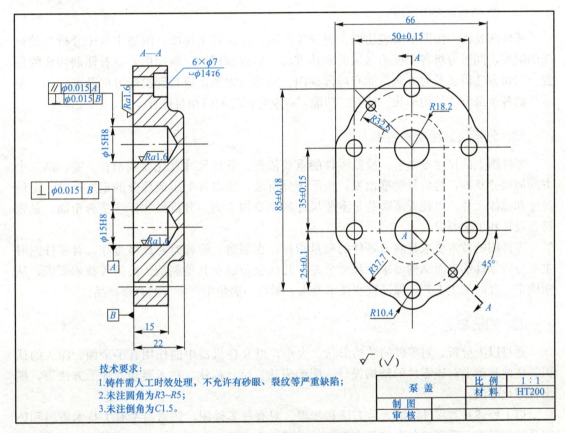

技术要求:
1.铸件需人工时效处理，不允许有砂眼、裂纹等严重缺陷；
2.未注圆角为R3~R5;
3.未注倒角为C1.5.

泵 盖	比 例	1：1
	材 料	HT200
制 图		
审 核		

图 4-2-1 齿轮油泵泵盖零件图

任务目标

1. 掌握识读零件图的步骤。
2. 掌握应用几个相交的剖切面获得全剖视图的画法。
3. 了解盘盖类零件的结构特点。
4. 能够识读盘盖类零件图。

知识准备

在设计、制造、检验机器的实际工作中，识读零件图是一项非常重要的工作，目的就是根据零件图了解零件的名称、加工时所用的材料以及弄清楚零件在机器和部件中的作用；通过看零件图，分析想象出零件的结构形状，掌握零件的尺寸和技术要求等内容，以便在制造时采用恰当的加工方法，达到图样的要求，保证零件的质量。应按照以下方法和步骤识读零件图。

一、读标题栏

可以概括地了解零件的名称、材料、绘图比例、质量等，初步认知该零件属于哪类典型零件。

二、分析视图表达方案

零件图是由一组图形来表达的。识读零件图，首先看主视图，围绕主视图分析其他视图的配置，同时分析各个视图采用的表达方法。如有剖视图、断面图，应看懂剖切面的位置、剖切方法以及投射方向；如有局部视图、局部放大图，应找到投影方向及部位。了解零件的各个部分的结构形状、特点、功能，以及它们之间的相对位置。

三、分析尺寸和技术要求

零件图上的尺寸是制造、检验零件的重要依据。分析尺寸首先要找出长、宽、高三个方向的尺寸基准，然后从基准出发，按形体分析法，找出各个组成部分的定形尺寸、定位尺寸和总体尺寸，以便弄清哪些是重要尺寸和主要加工面。分析尺寸标注是否全面，是否符合设计和工艺要求。

零件图的技术要求是制造零件的质量指标，在制造、检验时要严格遵守。看零件图时主要分析零件的表面结构要求、尺寸公差、几何公差以及其他制造、检验等技术要求，从而确定合理的加工工艺，保证这些技术要求，制造出满足生产要求的合格产品。

四、归纳总结

通过以上分析，对零件的结构形状、大小，以及在机器中的作用有了全面、深入的认识。在此基础上对该零件的结构设计、图形表达、尺寸标注、技术要求、加工方法等，提出合理化建议。

以上所述是看零件图的大致方法和步骤。对有些零件图，还需参考有关技术资料和该产品的装配图，看图的各个步骤在读图的过程中不宜孤立地进行，而应对图形、尺寸、技术要求等灵活交叉进行识读、分析。总之，今后在看图过程中应注意总结经验，不断提高看图能力。

● 知识点梳理 ▮▮▮

识读齿轮油泵泵盖零件图的相关知识如图 4-2-2 所示。

⌨ 任务实施

一、读标题栏

从标题栏中可以看出，该零件名称为泵盖，属于盘盖类零件。盘盖类零件在机器设备

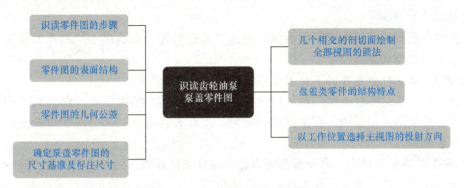

图 4-2-2　识读齿轮油泵泵盖零件图

上使用较多，包括齿轮、轴承端盖、法兰盘、带轮以及手轮等，通常盘盖类零件的结构特点是由直径不同的回转体组成，径向尺寸比轴向尺寸大。其上的结构常有退刀槽、凸台、凹坑、倒角、圆角、轮齿、轮辐、肋板、螺孔、键槽和作定位与连接用的孔等，此类零件在机器中主要起支承、轴向定位和密封等作用。

二、分析视图，构想零件结构形状

观察图 4-2-1 泵盖零件图，可知该图共 2 个视图，采用基本视图和剖视图的表达方法。

1. 主视图的选择

齿轮油泵是安装在油路中的一种供油装置。图 4-2-3 是齿轮油泵轴测分解图。其工作原理是当主动齿轮逆时针转动，从动齿轮顺时针转动时，齿轮啮合区右边的压力降低，油池中的油在大气压力的作用下，从进油口进入泵腔内。随着齿轮的转动，齿槽中的油不断被轮齿带到左边，高压油从出油口送到输油系统。

图 4-2-3　齿轮油泵轴测分解图

图 4-2-1 所示的泵盖的主视图清楚地表达了齿轮油泵工作时主动轴和从动齿轮轴的相对位置关系，并按工作位置选择主视图。为表达内部结构，主视图采用 A—A 两个相交的剖切面得到全剖的主视图，将泵盖的 6 个锪平孔和 2 个销孔的结构清楚地表达出来。从图中还可以知道泵盖的厚度。

2. 其他视图的选择

泵盖的左视图采用基本视图的画法，表达了泵盖的外形和圆周上均布孔的情况，同时反映了泵盖的总宽和总高尺寸。

【思考】 仅仅分析泵盖的主视图能不能构想泵盖的结构形状？

在选择视图表达零件的结构时，仅仅有一个主视图是不能把零件的形状和结构表达完全的，还必须采用其他视图。在主视图确定后，没有表达清楚的部分应加以补充，一般应遵循以下原则：

（1）视图的数量要适当。各个视图所表达的内容应具有独立的存在意义及明确的表达重点，避免不必要的细节重复，在零件表达清楚的前提下，视图的数量应尽量最少。

（2）表达方法要恰当。优先选用基本视图，当有内部结构时，尽量少用细虚线，可选用全剖视图、半剖视图或在基本视图上作局部剖视。对尚未表达清楚的局部结构和倾斜部分可增加局部视图、斜视图和局部放大图来表达；先表达零件的主要部分（较大的结构），后表达零件的次要部分（较小的结构）。

（3）考虑是否可以省略、简化或取舍一些视图。对总体方案做进一步的修改，每增加一个视图，都应有存在的意义。同时，合理布置各个视图，既充分利用图幅，又清晰简洁，便于看图。

总之，选择零件图表达方案的能力，只有通过大量看图、画图，并在积累实践经验的基础上才能提高。

3. 想象泵盖的结构形状

通过以上分析，泵盖由平板形状的基本体切割 6 个沉头螺钉孔、2 个销孔和 2 个轴孔而成。泵盖零件的结构形状如图 4-2-4 所示。

【做一做】 分析泵盖零件图的尺寸和技术要求。

1. 识读泵盖零件图的尺寸

应从以下几个方面识读泵盖零件图的尺寸。

（1）尺寸基准。观察图 4-2-3，分析图 4-2-1，可以看出，泵盖的大端面与泵体的端面接触，所以表面结构要求比较高，是长度方向的尺寸基准，由此标注 15、22 等尺寸。

图 4-2-4　泵盖零件的结构形状

泵盖的结构前后对称，故_____为宽度方向的尺寸基准，由此标出 50±0.15、66 等尺寸。

观察图 4-2-3 齿轮油泵的轴测图，主动轴是主要零件，一端与齿轮配合，另一端与带轮相配合，确定了主动轴有同轴度的要求，泵盖上与其配合的轴孔也比较重要，技术要求也比较高。因此其轴线为高度方向的尺寸基准，由此标注了_____等尺寸。

（2）总体尺寸。泵盖零件的总高尺寸为_____，总长尺寸为_____，总宽尺寸为_____，从泵盖的总体尺寸想象出泵盖的大小。

（3）主要尺寸。主要尺寸直接影响零件在机器中的工作性能和位置关系，需在零件图直接注出。为保证齿轮油泵正常工作，两齿轮很好地啮合，要求主动轴、从动齿轮轴支承轴颈和泵盖轴孔的合理配合，因此在泵盖零件图直接标注出轴孔的尺寸_____，以及保证两齿轮轴的中心距离_____。为使泵盖能够顺利安装在泵体上，对沉头螺钉孔间的距离在尺寸精度上有一定的要求，因此零件图需要标注出 50±0.15、_____ 等尺寸。

（4）其他尺寸。沉头孔 $6 \times \phi7/\llcorner\lrcorner \phi14 \downarrow 6$，表示有 6 个直径是 $\phi7$ 的通孔，沉孔 $\phi14$ 深 6 mm，分布在泵盖的边缘。

2. 分析泵盖的技术要求

盘盖类零件中，有配合要求的内、外表面以及起轴向定位作用的端面，其表面结构要求较高。有配合要求的孔、轴尺寸应给出恰当的尺寸公差；与其他零件相接触的表面，尤其是与运动零件相接触的表面，应有平行度或垂直度等公差要求。

（1）表面结构要求。为保证齿轮轴在泵盖孔的正常工作，保证齿轮轴可以在泵盖轴孔内自由转动，如图 4-2-1 所示，对轴孔的表面结构要求较高，Ra 值采用_____；为保证齿轮油泵的密封，防止油外漏，对泵盖的大端面的表面结构提出了较高的要求，Ra 值采用_____。

（2）几何公差要求。为保证齿轮油泵正常工作，两齿轮轴必须正确安装，才能使两个齿轮轴正常啮合运转，因此，对泵盖的两个轴孔提出了几何公差的要求，观察图 4-2-1，分析泵盖的几何精度：图中 $\boxed{//\ \phi0.015\ A}$ 的含义是_____；$\boxed{\perp\ \phi0.05\ B}$ 的含义是_____。

（3）尺寸公差要求。观察图 4-2-1 中孔的尺寸 $\phi15H8$，其公差带的代号为_____，基本偏差为_____，标准公差等级为_____。

查孔的尺寸 $\phi15H8$ 的极限偏差表可知，孔的上偏差为_____，下偏差为_____，公差为_____，最大极限尺寸为_____，最小极限尺寸为_____。

（4）其他技术要求。泵盖的未注圆角为_____；泵盖的未注倒角为_____。

任务总结

通过以上分析可知，类似泵盖结构的盘盖零件主要在车床上加工回转面和端面，一般按其加工位置将轴线水平放置画主视图。对有些不以车削加工为主的盘盖类零件，也可按工作位置选择主视图。为表达内部结构，该类零件的主视图常采用剖视图。除主视图外，为了表达盘盖零件的外形和零件上的孔、槽、肋等分布情况，多采用左视图（或右视图）来表达。对结合面和轴孔的尺寸公差、表面结构、几何公差也都有较严格的要求。

巩固训练

观察图 4-2-5 所示的法兰盘立体图，识读图 4-2-6 所示的法兰盘零件图，并回答如下问题：

图 4-2-5　法兰盘立体图

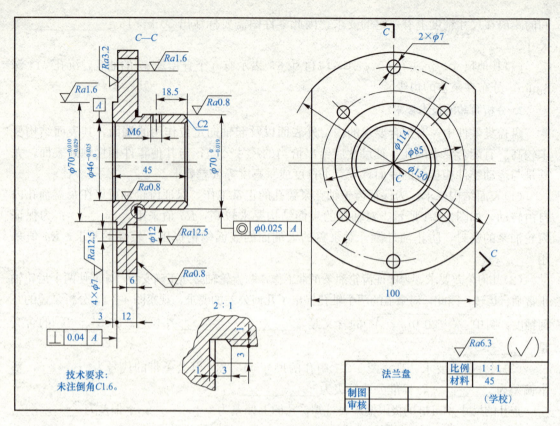

图 4-2-6　法兰盘零件图

1. 该零件图的名称为_____，绘图比例为_____，材料为_____。

2. 该零件图包括_____个基本视图，主视图采用_____剖视图。

3. 该零件的细部结构在局部放大图上表示，其比例是_____。

4. 在图中指出长、宽、高三个方向的尺寸基准_____。

5. ⊥ 0.04 A 含义为_____。

学习笔记：

任务 4.3　识读托架零件图

🖥 任务描述

　　本次任务是读懂图 4-3-1 所示的托架零件图。托架零件属于叉架类零件。叉架类零件是指包括各种用途的拨叉和支架，拨叉主要用于机床、内燃机等各种机器上的操作机构，支架主要起支撑和连接的作用。观察托架零件图，分析它的结构特点以及零件图表达方案的确定，分析托架零件图的尺寸基准并进行合理的尺寸标注，同时分析托架零件图的技术要求，满足加工、制造、检测要求。

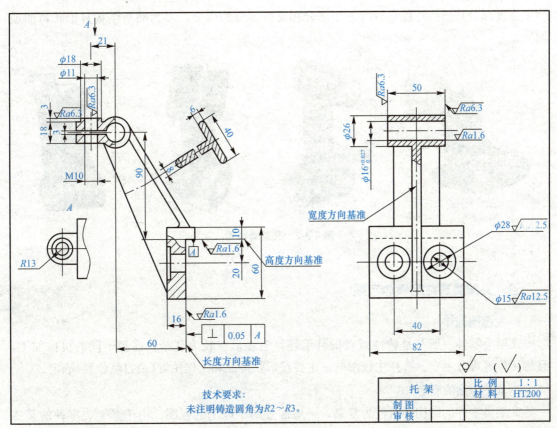

图 4-3-1　托架零件图

🔧 任务目标

1. 掌握叉架类零件的结构特点。
2. 掌握叉架类零件图的表达方案。
3. 能够正确识读叉架类零件图。
4. 培养团队合作精神。

一、叉架类零件的特点

如图 4-3-2 所示，叉架类零件多数为不对称零件，具有凸台、凹坑、铸(锻)造圆角、起模斜度等常见结构。叉架类零件形式多种多样，结构较为复杂，经多道工序加工而成。这类零件一般由三部分构成，即工作部分、支承部分和连接部分。

1. 工作部分

工作部分是对其他零件施加作用的部分，常有孔等结构。

2. 支承部分

支承部分是支撑或安装、固定零件自身的部分，常有轴承孔。

3. 连接部分

连接部分是连接零件自身的工作部分和支撑部分的部分，多为肋板结构且形状弯曲或倾斜。

图 4-3-2　叉架类零件

二、叉架类零件的表达方案

1. 主视图选择

叉架类零件一般都是铸件或者锻件毛坯，毛坯形状较为复杂，需经不同的机械加工，且加工位置难分主次。选择主视图时，主要按形状特征和工作位置(或自然位置)确定。

2. 表达方案的确定

叉架类零件的结构形状较为复杂，一般需要两个以上的视图。由于叉架类零件的某些结构形状不平行于基本投影面，所以常用斜视图、斜剖视图和断面图来表达。对于零件上的一些内部结构形状可采用局部剖视来表达，对于某些较小的结构可采用局部放大图来表达。当零件的主要部分不在同一个平面上时，可采用斜视图或相交平面剖切的方法表达。

⌨️ **任务实施**

一、读标题栏

如图 4-3-1 所示，从标题栏可知，该零件的名称为托架，材料为 HT200，比例为 1∶1。

二、分析零件图的表达方案，想象零件形状

该托架采用了 2 个基本视图、1 个移出断面图、1 个局部视图来表达。主视图采用了局部剖视图，表达了托架工作部分和支撑部分孔的内部结构，同时也表达了顶部、支座和连接肋板的形体特征和这些结构的相对位置关系。左视图采取了局部剖视图，表达了轴孔的形状和连接板的外形。移出断面图表达了肋板的断面形状，A 向局部视图表达了托架的顶部凸台的具体形状结构。

通过分析想象托架的立体形状，如图 4-3-3 所示。

图 4-3-3 托架立体图

三、分析尺寸标注

叉架类零件长、宽、高三个方向的尺寸基准一般为孔的轴线、中心线、对称面和较大的加工面，如图 4-3-1 所示。

叉架类零件的定位尺寸较多，一般要注出孔的轴线（中心）间的距离，或孔轴线到平面间的距离，或平面到平面间的距离，如图 4-3-1 中的 90、60、20、40 等尺寸；零件上的定形尺寸按形体分析方法标注。

四、分析技术要求

对于叉架类零件，其工作部分的支承孔、支承部分的支承面等表面结构，尺寸公差、几何公差要求比较严格。如 $\phi 16_0^{+0.027}$ 孔的内表面及左右端面，托架底部与其他零件连接的重要结合面。其余部分没有特殊要求，按一般规律给出即可。

（1）表面粗糙度。如图 4-3-1 所示，托架顶部的轴孔内表面、托架底部与其他零件连接的重要结合面的 Ra 上限值为 1.6 μm，托架顶部轴孔的左右端面、凸台孔的内表面 Ra 上限值为 6.3 μm，托架底部定位沉孔的内表面 Ra 上限值为 12.5 μm，其余表面为非加工表面。

（2）尺寸公差。托架顶部的轴孔尺寸精度要求较高，轴孔的尺寸公差值为 $\phi 16_0^{+0.027}$。

（3）几何公差。$\boxed{\perp \mid 0.05 \mid A}$ 表示托架底部右端面相对于高度基准面的垂直度公差值为 0.05 mm。

（4）其他技术要求。参见图 4-3-1 中"技术要求"的文字叙述。

巩固训练

1．读零件图并回答问题。

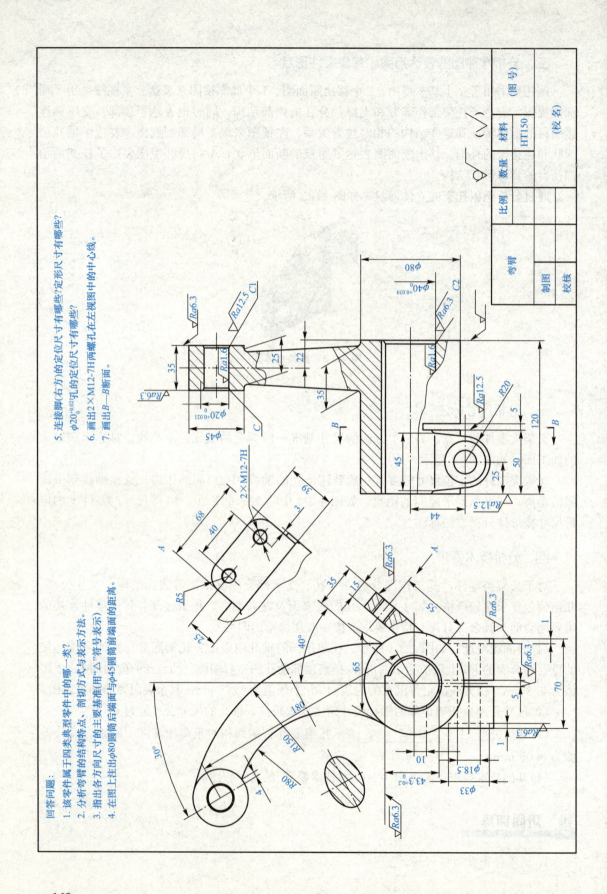

回答问题：

1. 该零件属于四类典型零件中的哪一类？
2. 分析弯臂的结构特点、剖切方式与表示方法。
3. 指出各方向尺寸的主要基准(用"△"符号表示)。
4. 在图上注出φ80圆筒后端面与φ45圆筒前端面的距离。
5. 连接脚(右方)的定位尺寸有哪些?定形尺寸有哪些?
   $\phi20^{+0.02}_{0}$孔的定位尺寸有哪些?
6. 画出2×M12-7H两螺孔在左视图中的中心线。
7. 画出B—B断面。

弯臂

制图　　校核　　(校名)

材料　HT150

数量

比例

(图号)

2. 根据零件的立体图，分析其表达方案的合理性，并在视图上标出立体图所示各组成部分的投影。

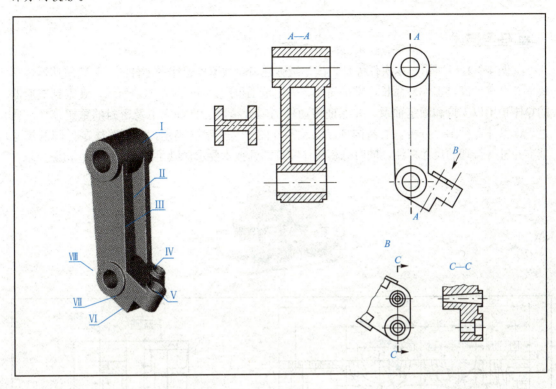

学习笔记：

任务 4.4　识读减速器箱座零件图

📋 任务描述

如图 4-4-1(b)所示，本次任务是识读一级圆柱齿轮减速器箱座的零件图。齿轮减速器传动效率及可靠性高，工作寿命长，维护简便，应用范围很广。如图 4-4-1(a)所示，观察到减速器的箱体是用以支持和固定轴系，并保证传动件的啮合精度、良好润滑及密封的重要零件。通过识读箱体零件图，分析它的结构特点以及零件图表达方案的确定，分析箱体零件图的尺寸基准并进行合理的尺寸标注，同时分析箱体零件图的技术要求，满足加工、制造、检测要求。

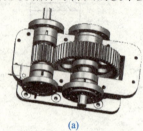

(a)

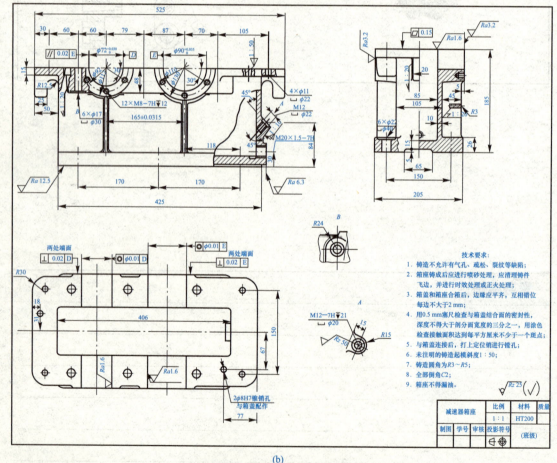

(b)

图 4-4-1　减速器箱体立体图和零件图

(a)移去箱盖的减速器立体图；(b)减速器箱体零件图

🧰 任务目标

1. 掌握箱体类零件的结构特点及表达方案。
2. 掌握箱体零件的工艺结构。
3. 能够熟练掌握识读箱体类零件图的方法和步骤。
4. 掌握滚动轴承的绘制和规定画法。
5. 掌握标准件销的规定画法和标注方法。
6. 培养严谨的工作作风。

📚 知识准备

一、箱体类零件的结构特点

箱体类零件是机器(或部件)中的主要零件，用来容纳、支撑和固定其他零件，其毛坯多为铸件。箱体类零件包括泵体、阀体、变速箱、机座等，如图 4-4-2 所示。四类典型零件中，箱体类零件是最复杂的。箱体类零件通常都由一个薄壁所围成的较大空腔和与其相连供安装用的底板组成，并带有轴承孔、凸台、肋板，此外，还有安装孔、螺孔、销孔、拔模斜度、铸造圆角等结构，其表面过渡线较多。

图 4-4-2　箱体类零件

二、箱体类零件的表达方案

1. 主视图选择

箱体类零件加工部位及工序较多，加工位置难分主次，因此这类零件都按工作位置画主视图，主视图常采用剖视来表达其内部结构。

2. 其他视图的选择

为了表达内外结构，一般要用三个或三个以上的基本视图，再配以局部剖视图、局部视图、斜视图等图样画法，才能把零件表达清楚。

💻 任务实施

一、读标题栏

从图 4-4-1 中的标题栏可知，该零件名称为减速器箱座，材料为 HT200，比例为 1∶1，属于箱体类零件。

二、分析零件图的表达方案

如图 4-4-1 所示，该零件图共有五个视图，即主视图、俯视图、左视图、A 向和 B 向局部视图。

1. 主视图

主视图主要表达外形，用五处局部剖视表达螺栓连接孔、销孔、油标孔（M12）、放油螺塞孔（M20×1.5−7H）等结构。为保证轴承孔的刚度，应使轴承孔有足够的厚度，故在轴承座孔附近加肋板，并在轴承座孔附近做出凸台。在凸台上有 φ17 光孔。为了检查油面高度，以保证箱体内有适量的油，常在低速级附近油面较稳定处安置油标。

2. 俯视图

俯视图反映了箱体上部和底板的外部结构形状及其安装孔的分布情况，同时也反映了啮合腔的大小，还可以看出轴承座孔两旁凸台上 6 个螺栓孔（φ17）、凸缘上 7 个螺栓孔（φ11）、2 个销孔（φ8）的分布情况。

3. 左视图

左视图采取的表达方法是半剖视图和局部剖视，半剖视图既表达了箱体的左侧外形，又表达了箱体的内部结构。底板的局部剖视表达了安装孔的结构形状，为锪平孔。肋板纵向剖切不需要绘制剖面线，用重合断面图表达肋板的厚度。

4. 其他视图

B 向局部视图表达了轴承座孔两旁凸台底部锪平的螺栓孔，A 向斜视图表达了油标尺孔的斜凸台结构形状。

通过上述分析，构想减速器箱体结构，如图 4-4-3 所示。

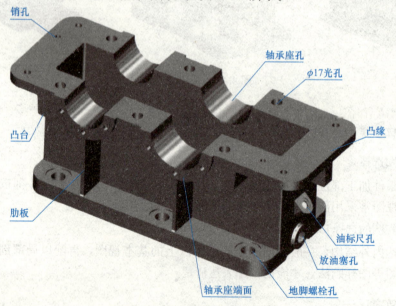

图 4-4-3　减速器箱体立体图

三、分析尺寸标注

由于结构复杂、尺寸较多，主要分析它的尺寸基准。如图 4-4-1 所示，底面为安装面，为高度方向的尺寸基准。此外，箱座在机械加工时首先加工底面，然后以底面为基准加工轴承座孔和其他平面，因此底面又是工艺基准。宽度方向尺寸以箱体的前后对称平面为基准，长度方向以轴承座孔 $\phi72_0^{+0.030}$ 的中心线为基准，标注各长度方向的尺寸，其中重要尺寸即两轴承座孔之间的距离 165 ± 0.0315 需直接标注。

四、分析技术要求

1. 表面粗糙度

重要的箱体孔和重要的表面，其表面质量要求高，评定参数 Ra 值要小。图 4-4-1 中，箱体轴承孔 $\phi72_0^{+0.030}$、$\phi90_0^{+0.036}$ 内表面的 Ra 上限值为 $1.6~\mu m$，箱体顶端面的 Ra 上限值为 $1.6~\mu m$，放油螺塞孔(M20×1.5−7H)的右端面 Ra 上限值为 $6.3~\mu m$，箱体底面的 Ra 上限值为 $12.5~\mu m$，其余为非加工面。

2. 尺寸公差

箱体上重要的轴承座孔应根据要求注出尺寸公差，如图 4-4-1 所示的 $\phi72_0^{+0.030}$、$\phi90_0^{+0.036}$ 和 165 ± 0.0315。

3. 几何公差

对箱体上某些重要的表面和重要的轴孔中心线应给出几何公差要求。如图 4-4-1 中箱体上孔 $\phi90_0^{+0.036}$ 的轴线相对于孔 $\phi72_0^{+0.030}$ 轴线的同轴度公差值为 $\phi0.01$ mm；箱体的后端面相对于孔 $\phi90_0^{+0.036}$ 和孔 $\phi72_0^{+0.030}$ 轴线的垂直度公差值为 0.02 mm。

4. 其他技术要求

见图 4-4-1 中"技术要求"的文字叙述。

关联知识

一、滚动轴承

轴承是用来支撑旋转轴的标准件，一般分为滑动轴承和滚动轴承两类。由于滚动轴承工作中以滚动摩擦代替滑动摩擦，从而大大降低了功率的损耗，具有很高的机械传动效率，因此被广泛应用于支撑旋转轴的场合。

1. 滚动轴承的结构和分类

滚动轴承的种类很多，但其结构大体相同。其一般由外圈、内圈、滚动体和保持架组成，如图 4-4-4 所示。

滚动轴承按其承受载荷的方向可分为以下三类。

(1)向心轴承，主要承受径向载荷，如向心球轴承，如图 4-4-4(a)所示。

(2)推力轴承，仅能承受轴向载荷，如推力球轴承，如图 4-4-4(b)所示。

(3)向心推力轴承，能同时承受径向载荷和轴向载荷，如圆锥滚子轴承，如图 4-4-4(c)所示。

2. 滚动轴承的代号

滚动轴承的代号由前置代号、基本代号和后置代号组成。常用的滚动轴承只需基本代号。基本代号由轴承类型代号、尺寸系列代号、内径系列代号组成。

(1)轴承类型代号。轴承类型代号由数字或字母表示，见表 4-4-1。

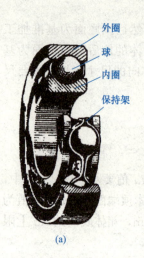
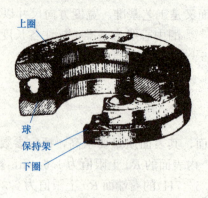
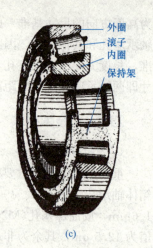

(a)   (b)   (c)

图 4-4-4   滚动轴承的结构

表 4-4-1   轴承类型代号

代号	轴承类型	代号	轴承类型
0	双列角接触球轴承	7	角接触球轴承
1	调心球轴承	8	推力圆柱滚子轴承
2	调心滚子轴承和推力调心滚子轴承	N	圆柱滚子轴承
3	圆锥滚子轴承		（双列或多列用"NN"表示）
4	双列深沟球轴承	U	外球面球轴承
5	推力球轴承	QJ	四点接触球轴承
6	深沟球轴承		

（2）尺寸系列代号。尺寸系列代号由轴承的宽（高）度系列代号和直径系列代号组成，用两位数字表示。它的主要作用是区别内径相同而宽度和外径不同的轴承，具体代号需查阅相关标准。

（3）内径系列代号。内径系列代号表示轴承的公称内径，一般用两位数字表示，见表 4-4-2。

表 4-4-2   滚动轴承内径代号及其示例

轴承公称内径/mm	内径代号	示例
0.6 到 10（非整数）	用公称内径毫米数直径表示，在其与尺寸系列代号之间用"/"分开	深沟球轴承 618/2.5 $d=2.5$ mm
1 到 9（整数）	用公称内径毫米数直径表示，对深沟及角接触球轴承 7、8、9 直径系列，内径与尺寸系列尺寸代号之间用"/"分开	深沟球轴承 625 618/6 $d=6$ mm
10、12、15、17	00、01、02、03	深沟球轴承 6202 $d=6$ mm
20 到 480（22、28、32 除外）	公称直径除以 5 的商，商为个位数时，需在商数左边加"0"，如 08	调心滚子轴承 23209 $d=45$ mm
大于 500 以及 22、28、32	用公称内径毫米数直径表示，在其与尺寸系列代号之间用"/"分开	深沟球轴承 62/28 $d=28$ mm

（4）前置、后置代号。前置、后置代号是轴承在结构形状、尺寸、公差、技术要求等有

改变时，在其基本代号左、右添加的补充代号。前置代号置于基本代号的左边，用数字表示；后置代号置于基本代号的右边，用字母（或加数字）表示。

轴承代号一般印在轴承外圈的端面上。下面举例说明滚动轴承代号的含义。

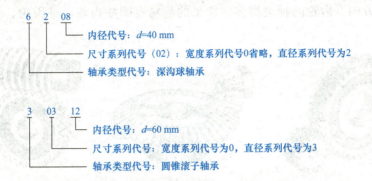

6 2 08 　内径代号：$d=40$ mm

尺寸系列代号（02）：宽度系列代号0省略，直径系列代号为2

轴承类型代号：深沟球轴承

3 03 12 　内径代号：$d=60$ mm

尺寸系列代号：宽度系列代号为0，直径系列代号为3

轴承类型代号：圆锥滚子轴承

3. 滚动轴承的画法

滚动轴承由专门工厂生产，需要时可根据轴承的型号选购，因此通常不需要画出其部件图。在装配图中，《机械制图 滚动轴承表示法》（GB/T 4459.7—2017）规定了滚动轴承的两类表示法，即规定画法和简化画法（包括通用画法和特征画法），见表4-4-3。

表 4-4-3　滚动轴承的通用画法、特征画法和规定画法

轴承名称	结构形式	通用画法	特征画法	规定画法
深沟球轴承				
圆锥滚子轴承				
推力球轴承				

二、齿轮

齿轮是一种广泛应用于各种机械传动中的非标准件，它不仅能传递动力，而且能改变运动速度和方向。齿轮的种类很多，常见的齿轮有圆柱齿轮、锥齿轮、蜗杆蜗轮，如图 4-4-5 所示。

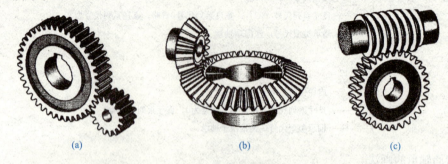

| (a) | (b) | (c) |

图 4-4-5　齿轮传动

(a)圆柱齿轮传动；(b)锥齿轮传动；(c)蜗杆蜗轮传动

圆柱齿轮：用于两平行轴之间的传动，如图 4-4-5(a)所示。

锥齿轮：用于两相交轴之间的传动，如图 4-4-5(b)所示。

蜗杆蜗轮：用于两交叉轴之间的传动，如图 4-4-5(c)所示。

圆柱齿轮按其齿形方向可分为直齿、斜齿、人字齿等，下面主要学习直齿圆柱齿轮。

1. 直齿圆柱齿轮各部分名称及代号

直齿圆柱齿轮各部分名称及代号，如图 4-4-6 所示。

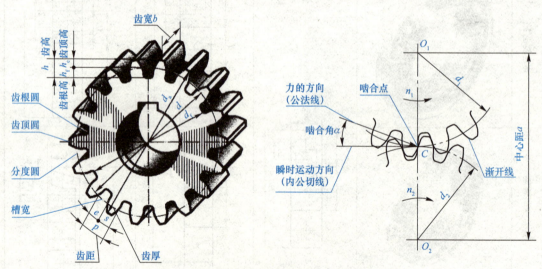

图 4-4-6　直齿圆柱齿轮各部分名称及代号

(1)齿顶圆：通过齿顶的圆，其直径用 d_a 表示。

(2)齿根圆：通过齿根的圆，其直径用 d_f 表示。

(3)分度圆：设计和加工时，计算尺寸的基准圆。它位于齿顶圆和齿根圆之间，是一个约定的假想圆，其直径用 d 表示。

(4)节圆：两圆柱齿轮啮合时，位于连心线 O_1O_2 上两齿廓的接触点 C 为节点，分别以 O_1、O_2 为圆心，以 O_1C、O_2C 为半径所作的两个相切的圆，称为节圆，其直径用 d' 表示。标准齿轮中，节圆即分度圆，即 $d'=d$。

(5)齿距：分度圆上相邻两齿对应两点的弧长，用 p 表示。分度圆上轮齿的弧长称齿厚，用 s 表示；两轮齿之间的弧长称槽宽，用 e 表示。$p=s+e$。标准齿轮中，$s=e$。

(6)齿高：齿顶圆与齿根圆之间的径向距离，用 h 表示。齿顶圆与分度圆之间的径向距离称齿顶高，用 h_a 表示。齿根圆与分度圆之间的径向距离称为齿根高，用 h_f 表示。$h=h_a+h_f$。

(7)中心距：两啮合齿轮轴线之间的距离，用 a 表示。

(8)齿宽：齿轮轮齿的轴向宽度，用 b 表示。

2. 直齿圆柱齿轮的基本参数

齿轮虽然不是标准件，但是轮齿的主要参数国家已标准化，主要有齿数和模数。

(1)齿数：轮齿的个数，用 z 表示，是齿轮计算的主要参数之一。

(2)模数：由于分度圆周长为 $\pi d=zp$，所以 $d=\dfrac{p}{\pi}z$，令 $\dfrac{p}{\pi}=m$，则 $d=mz$。公式中的 m 为齿轮的模数，其单位为 mm。为了便于齿轮的设计和制造，模数的数值已经标准化，见表 4-4-4。

表 4-4-4　标准模数

第一系列	1, 1.25, 1.5, 2, 2.5, 3, 4, 5, 6, 8, 10, 12, 16, 20, 25, 32, 40, 50
第二系列	1.75, 2.25, 2.75, (3.25), 3.5, (3.75), 4.5, 5.5, (6.5), 7, 9, (11), 14, 18, 22, 28, 36, 45

模数是设计、制造齿轮的重要参数。由于模数与齿距成正比，而齿距决定了轮齿的大小，所以模数的大小反映了轮齿的大小。模数大，轮齿就大，在其他条件相同的情况下，齿轮的承载能力也就大，反之承载能力就小。另外，能配对啮合的两个齿轮，其模数必须相等。

加工齿轮也必须选用与其模数相同的刀具，因而模数又是选择刀具的依据。

(3)压力角：压力角也称啮合角。如图 4-4-6 所示，在节点 C 处，齿廓曲线的公法线与两节圆的公切线之间所夹的锐角，用 α 表示。我国标准齿轮的压力角为 $20°$。

两相互啮合的齿轮，模数 m 和压力角 α 必须都相同。

3. 直齿圆柱齿轮的尺寸计算

齿轮的模数 m 和齿数 z 确定后，齿轮的各部分尺寸可按表 4-4-5 所列的公式计算。

表 4-4-5　标准直齿圆柱齿轮各部分尺寸的计算公式

基本参数：模数 m　齿数 z		
名称	符号	计算公式
模数	m	$m=p/\pi$
齿顶高	h_a	$h_a=m$
齿根高	h_f	$h_f=1.25m$
齿高	h	$h=h_a+h_f=2.25m$
分度圆直径	d	$d=mz$
齿顶圆直径	d_a	$d_a=m(z+2)$

基本参数：模数 m　齿数 z		
名称	符号	计算公式
齿根圆直径	d_f	$d_f = m(z - 2.5)$
中心距	a	$a = m(z_1 + z_2)/2$

4. 圆柱齿轮的规定画法

国家标准只规定了齿轮轮齿部分的画法，其余部分均按投影原理绘制。

(1)单个圆柱齿轮的规定画法。图 4-4-7 所示为单个圆柱齿轮的规定画法。

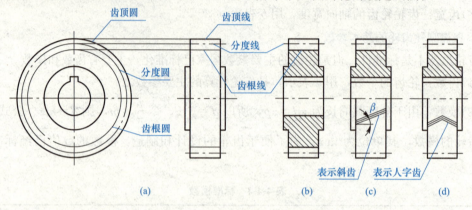

图 4-4-7　单个圆柱齿轮的规定画法

1)齿顶圆和齿顶线用粗实线绘制。

2)分度圆和分度线用细点画线绘制。

3)齿根圆和齿根线在表示外形的两个视图中，用细实线绘制，也可省略不画，如图 4-4-7(a)所示。齿轮的非圆视图通常用剖视图表示，此时轮齿部分按不剖处理，齿根线用粗实线绘制，且不能省略，如图 4-4-7(b)所示。

4)若为斜齿或人字齿齿轮，非圆视图用半剖视图表示，并在非圆视图的外形部分用三条方向一致的细实线表示齿向，如图 4-4-7(c)、(d)所示。

(2)两齿轮啮合的规定画法。图 4-4-8 所示为两齿轮啮合的规定画法。

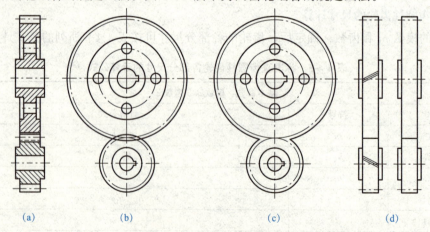

图 4-4-8　两齿轮啮合的规定画法

1）两个相互啮合的圆柱齿轮，在圆视图中，齿顶圆用粗实线绘制，如图 4-4-8（b）所示，啮合区内也可省略，如图 4-4-8（c）所示。两相切的分度圆用细点画线绘制，齿根圆用细实线绘制或省略不画。

2）在反映外形的非圆视图中，啮合区分度线用粗实线绘制，齿顶线、齿根线均不画出，如图 4-4-8（d）所示。

3）若非圆视图画成剖视图时，在啮合区内，两齿轮的分度线重合，用细点画线绘制；其中一个齿轮齿顶线用粗实线绘制，另一个齿轮齿顶线用细虚线绘制（也可省略）；齿根线均用粗实线绘制，如图 4-4-8（a）所示。

5. 齿轮知识点梳理

齿轮知识点梳理如图 4-4-9 所示。

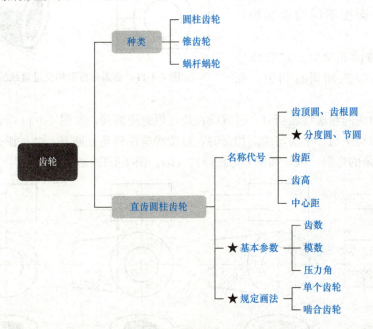

图 4-4-9　齿轮知识点梳理

三、零件的铸造工艺结构

1. 拔模斜度

用铸造方法制造零件的毛坯时，为了便于将木模从砂型中取出，一般在铸件的内外壁沿着木模拔模的方向设计出约 1∶20（≈3°）的斜度，称为拔模斜度。拔模斜度在零件图上一般不画、不标，由模型直接做出，如图 4-4-10（a）所示。

2. 铸造圆角

为了避免从砂型中起模时砂型尖角处落砂，防止铸件尖角处产生裂纹及缩孔等

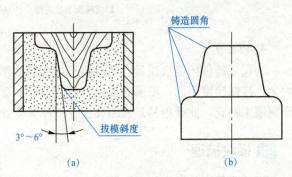

图 4-4-10　拔模斜度和铸造圆角

铸造缺陷，铸件各表面相交处都做成圆角，如图4-4-10(b)所示。圆角半径一般为$R3\sim R5$，在图上一般不标注，可统一注写在技术要求中。

3. 过渡线

由于有铸造圆角，使得铸件表面的相贯线变得不是很明显，这种不明显的交线称为过渡线。

为了区别相邻表面，需要画出过渡线。国家标准规定，过渡线用细实线绘制，其画法和没有铸造圆角时相贯线的画法完全相同，只是在表达上稍有不同。下面按不同的情况加以说明。

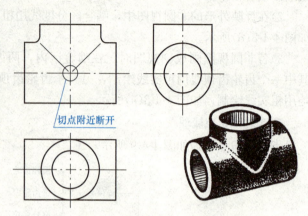

图 4-4-11　曲面与曲面相交过渡线的画法

(1)当两曲面相交时，过渡线应与圆角的轮廓线之间留有间隙，如图4-4-11所示。

(2)当两曲面的轮廓线相切时，过渡线在切点附近应断开，如图4-4-11所示。

(3)当平面与平面、平面与曲面相交时，过渡线应在转角处断开，并加画过渡圆弧，其弯向与铸造圆角的弯向一致，如图4-4-12(a)、(b)，图4-4-13(a)、(b)所示。

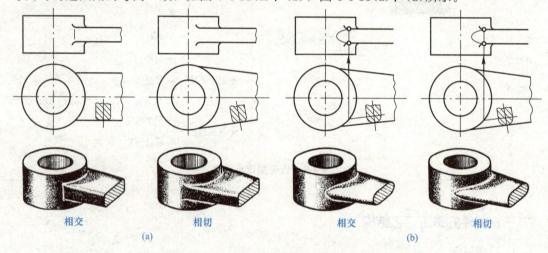

图 4-4-12　肋板与圆柱结合时过渡线的画法

(a)横断面为长方形；(b)横断面为长圆形

4. 铸造壁厚

为保证铸件的铸造质量，铸件壁厚应保持大致均匀，或采用渐变的方法。因为壁厚不均匀，冷却速度不同，壁薄处先冷却、先凝固；壁厚处后冷却，凝固收缩时因没有足够的金属液来补充，此处极易形成缩孔或在壁厚突变处产生裂纹，如图4-4-14所示。

📦 模块梳理

识读零件图知识点梳理如图4-4-15所示。

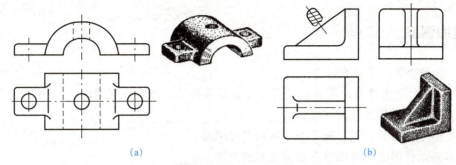

图 4-4-13 平面与平面、平面与曲面过渡线画法

(a)平面与曲面过渡线画法；(b)平面与平面过渡线画法

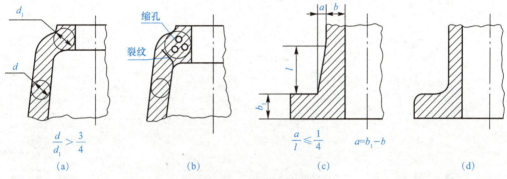

图 4-4-14 铸件壁厚结构

(a)壁厚均匀；(b)壁厚不均匀；(c)壁厚过渡变化；(d)壁厚突变

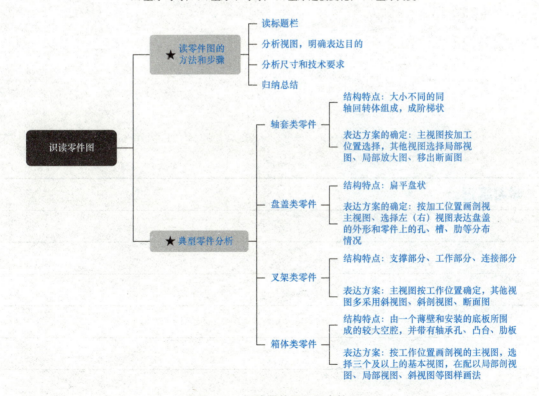

图 4-4-15 识读零件图知识点梳理

一、读零件图，并回答问题。

二、下图所示为座体的零件图，仔细分析此零件图，回答下列问题：

1. 该零件采用的图样画法有：＿＿＿＿＿＿＿＿＿＿＿＿＿＿＿＿＿＿＿。

2. 在图中指出长、宽、高三个方向的尺寸基准。

3. 零件左视图上 $\phi 40$ 圆柱面的表面粗糙度为＿＿＿＿＿＿＿＿＿＿＿。

4. 座体底板上开宽 60 mm、深 4 mm 的凹槽的作用为＿＿＿＿＿＿＿＿＿＿＿。

5. 零件左视图上 A 处不画剖面线的原因：＿＿＿＿＿＿＿＿＿＿＿＿＿＿＿＿＿＿＿。

学习笔记：

_____

_____

_____

_____

_____

_____

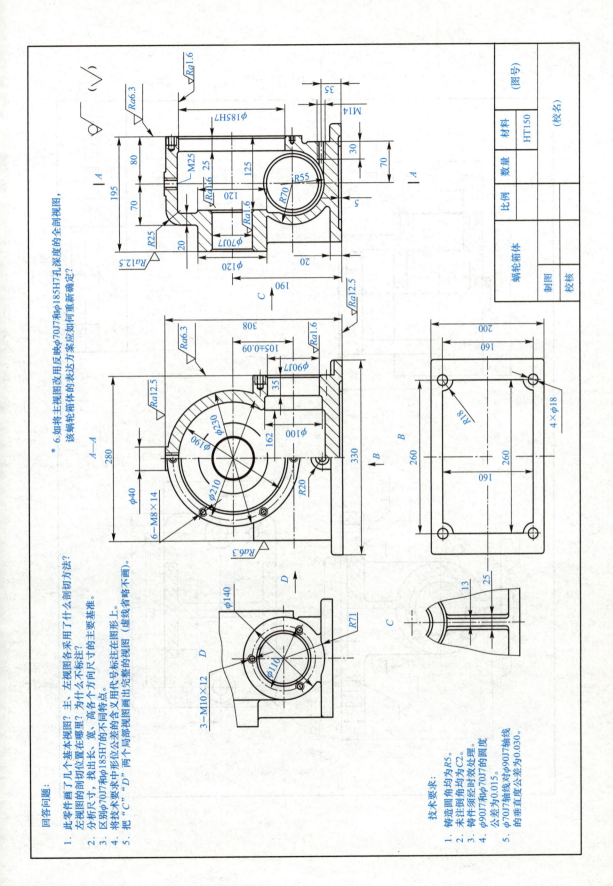

回答问题：

1. 此零件画了几个基本视图？主、左视图各采用了什么剖切方法？
   左视图的剖切位置在哪里？为什么标注？
2. 分析尺寸，找出长、宽、高各个方向尺寸的主要基准。
3. 区别φ70J7和φ185H7的不同特点。
4. 将技术要求中形位公差的含义用代号标注在图形上。
5. 把 "C" "D" 两个局部视图画出完整的视图（虚线省略不画）。

* 6.如将主视图改用反映φ70J7和φ185H7孔深度的全剖视图，
  该蜗轮箱体的表达方案应如何重新确定？

技术要求：

1. 铸造圆角均为R5。
2. 未注倒角均为C2。
3. 铸件须经时效处理。
4. φ90J7和φ70J7的圆度
   公差为0.015。
5. φ70J7轴线对φ90J7轴线
   的垂直度公差为0.030。

材料 HT150

蜗轮箱体

（校名）

（图号）

数量

比例

制图

校核

· 175 ·

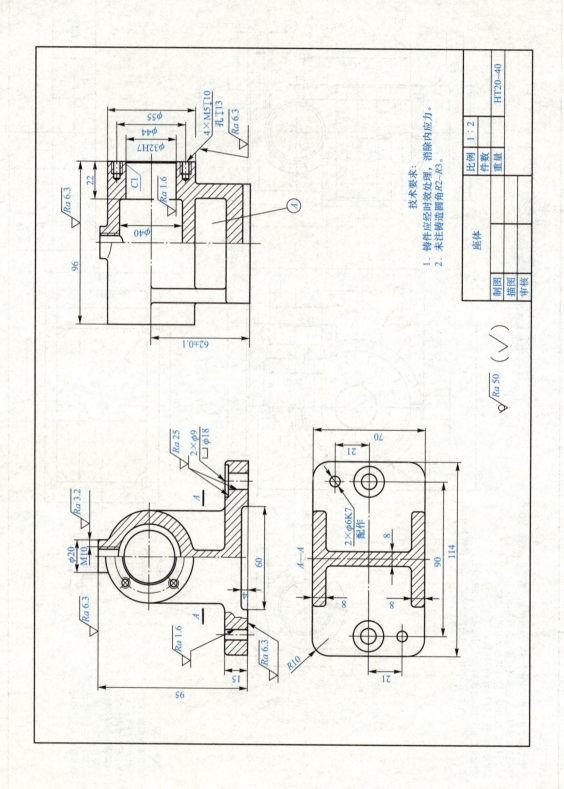

技术要求：
1. 铸件应经时效处理，消除内应力。
2. 未注铸造圆角R2~R3。

				座体			HT20—40
					比例	1：2	
					件数		
制图					重量		
描图							
审核							

$\sqrt{Ra\,50}$ （ $\sqrt{}$ ）

模块 5　识读与绘制装配图

模块概述

　　本模块从船舶行业实际岗位出发，设置识读球阀装配图、识读柱塞泵装配图和拆画泵体零件图、测绘机用虎钳三个任务，每个任务的学习按照任务描述、知识准备、任务实施等环节进行。在完成任务的同时，要掌握船舶行业实际零件的结构形状特征、装配关系以及工作原理，进一步提升船舶动力装置机械设备的安装、调试、运行管理和维修方面所必需的基本技能，为后续专业和实践课程的学习打好基础。

模块目标

一、知识目标

1. 了解装配图的内容、作用及其与零件图的联系。
2. 了解装配图表达方案的选择。
3. 了解装配图的规定画法和特殊画法。
4. 正确编写装配图的零件序号及填写明细栏。

二、能力目标

1. 能够根据装配体的结构特点正确选择表达方案。
2. 能够按照装配图的图样画法正确绘制装配图。
3. 能够识读装配图的尺寸标注。
4. 能够识读装配图中零部件序号的编排方法、技术要求、明细栏和标题栏。
5. 能够掌握识读装配图的方法和步骤。
6. 掌握从装配图中拆画零件图的方法。

三、素质目标

1. 具有规范、安全操作意识，具有爱岗敬业、团队协作等优秀品质。
2. 具有对新技能、知识的学习能力和解决问题的能力。
3. 具有符合实际岗位的动手操作能力。

任务 5.1　识读球阀装配图

任务描述

　　本次任务的实例是球阀，球阀是启闭件（球体）由阀杆带动，并绕球阀轴线做旋转运动的阀门。图 5-1-1 是球阀的立体图，图 5-1-2 是依据球阀结构特点绘制的装配图。观察图 5-1-2，了解装配图的作用和内容，分析球阀的工作原理及各个零件间的装配、连接关系，分析球阀装配图的表达方案，明确装配图和零件图的联系。

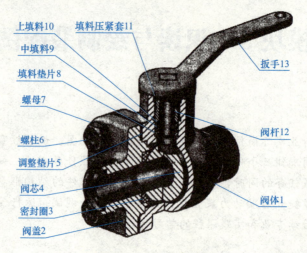

图 5-1-1 球阀立体图

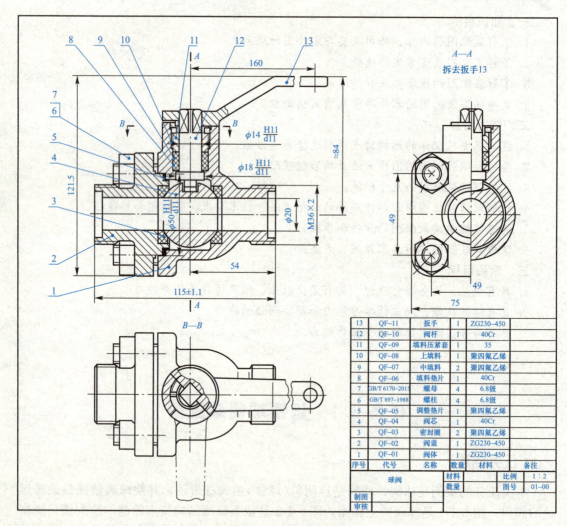

图 5-1-2 球阀的装配图

🧰 任务目标

1. 了解装配图的作用和内容。
2. 掌握装配图的规定画法及特殊画法。
3. 能够正确、合理地标注装配图尺寸。
4. 能够掌握识读装配图的步骤和方法。

📚 知识准备

一、装配图的作用和内容

1. 装配图的作用

装配图是表达机器(或部件)的工作原理、结构性能和各零部件之间的装配、连接关系等内容的图样。表示一台完整机器的图样，称为总装配图；表示一个部件的图样，称为部件装配图。

产品或部件的设计过程中，一般是先设计画出装配图，然后再根据装配图进行零件设计，画出零件图；在产品或部件的制造过程中，先根据零件图进行零件加工和检验，再按照装配图所制定的装配工艺规程将零件装配成机器或部件。装配图是进行设计、装配、检验、安装、调试和维修时所必需的技术文件。

2. 装配图的内容

一张完整的装配图应包括以下内容：

(1)一组视图。用视图、剖视图、断面图和特殊表达方法等画出一组图形，清晰地表达机器或部件的工作原理、零件间的相互位置，以及装配连接关系。

(2)必要尺寸。装配图上标出反映机器或部件的规格(性能)尺寸、零件之间的配合尺寸、外形尺寸以及部件和机器的装配、安装、调试、检验、运输等方面需要的尺寸。

(3)技术要求。装配图上用符号或文字注写说明机器或部件在装配、检验、调试、使用等方面所必须满足的技术条件。

(4)零部件的序号、明细栏和标题栏。在装配图中，应对每种不同的零部件编写序号，并在明细栏中依次填写每种零件的名称、代号、数量和材料等内容。标题栏一般应包括机器或部件的名称、比例、绘图及审核人员的签名等。

二、装配图的图样画法

1. 装配图的规定画法

(1)零件间的接触面、配合面的画法。相邻两个零件的接触面或配合面只画一条轮廓线，如图 5-1-3 中①所示。而对未接触的两表面、非配合面，无论间隙多小，都画两条轮廓线。必要时，允许夸大画出，如图 5-1-3 中③所示。

(2)剖面线的画法。相邻的两个或两个以上的金属零件，其剖面线的倾斜方向应该相反，或方向相同但间隔不同，如图 5-1-3 中④所示。但在一张图纸的各个视图中，同一零件剖面线的方向与间隔必须一致。此外，断面厚度在 2 mm 以下的图形，允许以涂黑的方式来代替剖面线，如图 5-1-3⑦所示。

（3）实心零件的画法。装配图中，对于标准件、实心的球和轴等，若剖切平面通过其对称平面或基本轴线，则这些零件均按不剖绘制，如图5-1-3⑤所示。若需要表达这些零件上的孔、槽等细节结构，可用局部剖视图表示，如图5-1-3②所示。

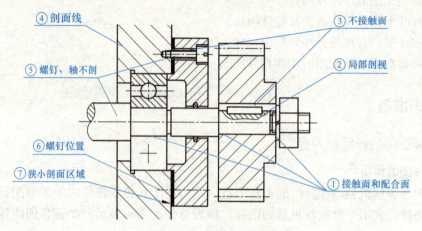

④剖面线
⑤螺钉、轴不剖
⑥螺钉位置
⑦狭小剖面区域
③不接触面
②局部剖视
①接触面和配合面

图 5-1-3　装配图的规定画法

2. 装配图的特殊画法

（1）拆卸画法。在装配图中，若部分部件或零件的内部结构呈装配关系，且被一个或几个其他零件遮住，而这些零件在其他视图中已经表达清楚，则可以假想将这些零件拆卸后绘制，这种方法称为拆卸画法。拆卸画法一般要标注"拆去××"等字样。如图5-1-4所示，俯视图是拆去轴承盖、螺栓和螺母后绘制的。

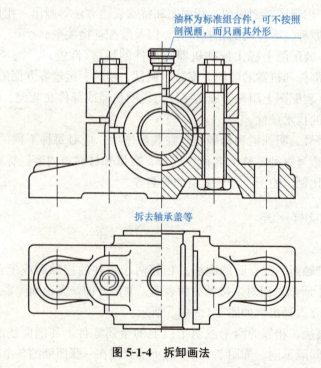

油杯为标准组合件，可不按照剖视画，而只画其外形

拆去轴承盖等

图 5-1-4　拆卸画法

（2）假想画法。在装配图中，当需要表示运动零件的运动范围或极限位置时，可在一个

极限位置画出该零件的形状，在另一个极限位置用双点画线画出其轮廓，如图 5-1-5 所示。

（3）夸大画法。在装配图中，当绘制厚度较小的薄片零件、直径较小的细丝弹簧和间隙较小的结构时，若按其实际尺寸在装配图很难画出或难以明确表达，允许将它们不按比例而适当地夸大画出，如图 5-1-6 中的垫片。

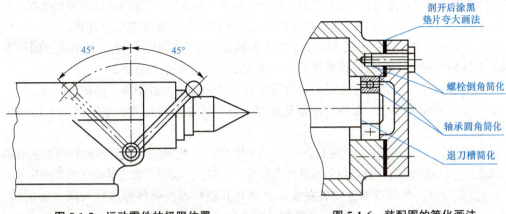

图 5-1-5　运动零件的极限位置　　　　图 5-1-6　装配图的简化画法

（4）简化画法。

1）在装配图中，若干相同的零、部件，可仅详细地画出一个，其他只需用细点画线表示出其所在的位置，如图 5-1-6 中的螺栓。

2）装配图中的滚动轴承可以采用图 5-1-6 中的简化画法。

3）装配图中，零件的倒角、圆角、凹坑、凸台、退刀槽、沟槽、滚花、刻线及其他细节等可不画出，如图 5-1-6 中螺栓的倒角、轴上的退刀槽。

三、装配图的表达方案

一般装配图的表达方案主要包括主视图的选择、确定视图数量。

1. 主视图的选择

如图 5-1-2 所示，主视图采用全剖视图，清楚地表达了主要零件结构形状、装配关系和工作原理。主视图的投射方向是按照它的工作位置（或自然位置）选择的，同时也反映了球阀各个零件间的装配干线（在部件中，沿某一方向看有一些密切相关的、有先后拆装顺序的零件组，这种零件间的装配形式称为装配干线）。

2. 确定视图的数量

如图 5-1-2 所示，半剖的左视图采取拆卸画法表达了阀盖的外形及球阀的内部结构，俯视图沿扳手和阀体的结合面剖开，主要表达除扳手以外的其他主要零件的外形和安装位置。

【注意】　视图的数量的选择与部件的复杂程度有关，要在分析部件的结构形状特点、工作原理和装配干线的基础上根据需要确定，应尽可能减少视图的数量。其他视图是补充主视图上没有表达清楚而又必须表达的内容，应选择适量的其他视图进一步表达。所选择的视图应重点突出，相互配合，避免重复。

四、装配图的尺寸标注

由于装配图的用途与零件图的用途不同，因此装配图中的尺寸标注技术要求也与零件图中的标注有所不同。

装配图主要是表达零、部件的装配关系。因此，装配图中不需要标出零件的全部尺寸，只需标注一些必要的尺寸。这些尺寸按其作用不同，大致可分为以下几类：

(1)规格(性能)尺寸。如图 5-1-2 所示，阀体的通径 $\phi20$ 即规格(性能)尺寸。它是表示机器或部件性能和规格的重要尺寸，它在设计时就已经确定，是设计、了解和选用零件的依据。

(2)装配尺寸。表示机器或部件之间的装配关系的尺寸，通常有以下几种：

1)配合尺寸：图 5-1-2 中的 $\phi50H11/d11$ 为阀盖和阀体的配合尺寸。它是表示两个零件之间配合性质的尺寸，也是拆画零件图时，确定零件尺寸偏差的依据。

2)相对位置尺寸：表示在装配时需要保证的零件间较重要的距离、间隙等尺寸。

3)装配时的加工尺寸：有些零件要装配在一起后才能进行加工，装配图上要标注出装配时的加工尺寸。

(3)外形尺寸。如图 5-1-2 中的 115 ± 1.1、75 和 121.5，它是表示机器或部件外形轮廓的尺寸，即总长、总宽、总高。这是机器或部件在包装、运输、厂房设计和安装时所需要的尺寸。

(4)安装尺寸。机器或部件安装在地基上或与其他机器或部件相连接时所需要的尺寸，如图 5-1-2 的尺寸≈84、54、$M36\times2$ 等都是安装尺寸。

(5)其他重要尺寸。它是设计时经过计算确定的，未包括在上述尺寸中，如运动的极限尺寸、主要零件的重要尺寸等。这种尺寸在拆画零件图时不能改变。

【注意】 上述五类尺寸，并非每张装配图上都需要注全，有时同一个尺寸可能有几种含义。因此，装配图上到底应注哪些尺寸，需根据具体情况分析确定。

五、装配图的技术要求

球阀装配图上没有文字书写的技术要求，装配图技术要求一般采用文字注写在明细栏的上方或图纸下方的空白处。

装配图上技术要求主要是针对该装配体的工作性能、装配及检验要求、调试要求和使用与维护要求提出的，不同的装配体具有不同的技术要求。拟定装配体的技术要求时，应具体分析，一般从以下三个方面考虑。

1. 装配要求

装配要求是指装配过程中应注意的事项及装配后应达到的技术要求，如准确度、装配间隙、润滑要求等。

2. 检验要求

检验要求是指对装配体基本性能的检验、试验、验收方法的说明等。

3. 使用要求

使用要求是对装配体的性能、维护、保养、使用注意事项的说明。

上述各项技术要求，不是每张装配图都要全部注写，应根据具体情况确定。

六、装配图的零、部件序号和明细栏

为便于图纸管理、生产准备、装配机器和看懂装配图，对装配图上各个零、部件都必须编号，这种编号称为零件序号。零件的序号、名称、数量、材料等自下向上填写在标题栏上方的明细栏中。

1. 零、部件序号及其编写方法

(1)零、部件序号编写原则。

1)一般规定一个零、部件只编写一个序号，并与明细栏中的序号一致。注意：同一张装配图中相同的零、部件应编写同样的序号。

2)装配图中的标准化组件(如油杯、滚动轴承、电动机等)可作为一个整体，只编写一个序号。

3)序号沿水平或垂直方向按顺时针或逆时针顺序依次排列整齐，同一张装配图中的编号形式应一致。

(2)序号的注写形式。

1)在细实线的指引线的端部画一水平线或圆，在水平线或圆内注写序号，序号字高比图中所注尺寸数字大一号或二号，如图 5-1-7(a)所示。

2)指引线应自零、部件的可见轮廓线内引出，并在末端画一圆点。若所指的部分不宜画圆点，如很薄的零件或涂黑的剖面等，可在指引线的末端用箭头代替，如图 5-1-7(b)所示。

3)各个指引线不允许相交。当通过剖面区域时，不应与剖面线平行，如图 5-1-7(b)所示。必要时指引线可画成折线，但只允许拐折一次，如图 5-1-7(c)所示。

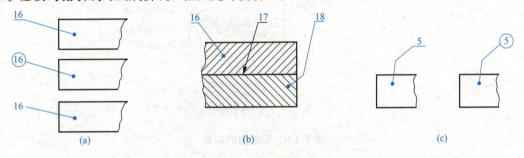

图 5-1-7　序号及指引线的形式

4)同一连接组件或装配关系清楚的零件组件，允许采用公共指引线，如图 5-1-8 所示。

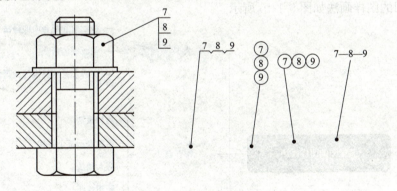

图 5-1-8　公共指引线的形式

2. 明细栏

明细栏是装配图中全部零件的详细目录，画在标题栏的上方，按自下而上的顺序填写，假如地方不够，可在标题栏的左方继续填写。其内容应包括零件序号、零件的名称、数量、材料和备注等，如图 5-1-2 所示。

• 知识点梳理 ▮▮▮

一、装配图的内容

装配图的内容如图 5-1-9 所示。

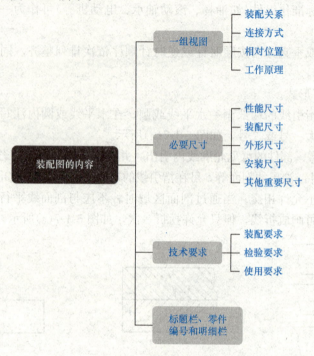

图 5-1-9　装配图的内容

二、装配图的图样画法

装配图的图样画法如图 5-1-10 所示。

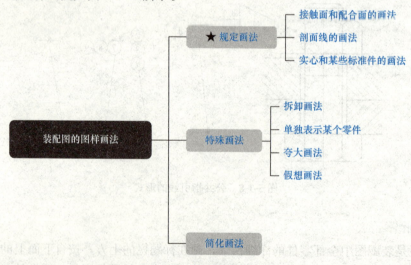

图 5-1-10　装配图的图样画法

任务实施

一、概括了解

首先要看标题栏、明细栏和阅读相关资料，然后从标题栏和明细栏了解它的名称、用途以及组成装配体的零件的各种信息。

从图 5-1-2 中的标题栏可知，装配图的名称是球阀，阀是管道系统中用来启闭或调节流体流量的部件，球阀是阀的一种。又从明细栏可知，球阀由 13 种零件组成，其中标准件有两种。按序号依次查明各零件的名称和所在位置。球阀装配图由三个基本视图表达。主视图采用全剖视图，表达各零件之间的装配关系。左视图采用拆去扳手的半剖视图，表达球阀的内部结构及阀盖方形凸缘的外形。俯视图采用局部剖视图，主要表达球阀的外形。

分析各个视图，构想球阀立体图，如图 5-1-11 所示。

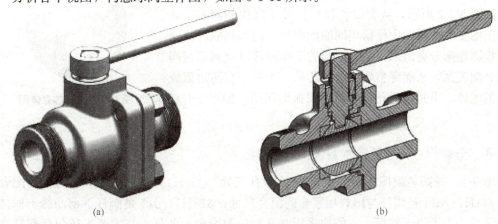

(a)   (b)

图 5-1-11 球阀结构图
(a)球阀外部结构；(b)球阀内部结构

二、深入了解部件的工作原理和装配关系

分析部件中各零件之间的装配关系，并读懂部件的工作原理，是读装配图的重要环节。球阀的工作原理比较简单，装配图所示阀芯的位置为阀门全部开启，管道畅通。当扳手按顺时针方向旋转 90°时(图中双点画线为扳手转动的极限位置)，阀门全部关闭，管道断流。所以，阀芯是球阀的关键零件。下面针对阀芯与有关零件之间的包容关系和密封关系做进一步分析。

1. 包容关系

图 5-1-2 中阀体 1 和阀盖 2 都带有方形凸缘，它们之间用四个双头螺柱 6 和螺母 7 连接，阀芯 4 通过两个密封圈定位于阀体空腔内，并用合适的调整垫片 5 调节阀芯与密封圈之间的松紧程度。通过填料压紧套 11 与阀体内的螺纹旋合，将填料 8、9、10 固定于阀体中。

2. 密封关系

图 5-1-2 两个密封圈 3 和调整垫片 5 形成第一道密封。阀体与阀杆之间的填料垫片 8 及填料 9、10 用填料压紧套 11 压紧，形成第二道密封。

三、分析零件，读懂零件结构形状

1. 分析顺序

先看主要零件，再看次要零件；先看容易分离的零件，再看其他零件；先分离零件，再分析零件的结构形状。

2. 把零件从装配图中分离出来

（1）根据剖面线的方向和间隔的不同，以及视图间的投影关系等区分形体。

（2）看零件编号，分离不剖零件。

（3）看尺寸，综合考虑零件的功用、加工、装配等情况，然后确定零件的形状。

（4）形状不能确定的部分，要根据零件的功用及结构常识确定。

如图 5-1-2 所示，从明细栏找到件号 4 球阀的阀芯，从装配图的主、左视图中根据相同的剖面线方向和间隔，将阀芯的投影轮廓分离出来，结合球阀的工作原理以及阀芯与阀杆的装配关系，从而完整想象出阀芯是一个左、右两边截成平面的球体，中间是通孔，上部是圆弧形凹槽，如图 5-1-12 所示。

图 5-1-12 阀芯立体图

四、分析尺寸，了解技术要求，归纳总结

图 5-1-2 球阀装配图中标注的装配尺寸有三处：ϕ50H11/d11 是阀体与阀盖的配合尺寸；ϕ14H11/d11 是阀杆与填料压紧套的配合尺寸；ϕ18H11/d11 是阀杆下部凸缘与阀体的配合尺寸。为了便于装拆，三处均采用基孔制间隙配合。此外，技术要求还包括部件在装配过程中或装配后必须达到的技术指标（如装配的工艺和精度要求），以及对部件的工作性能、调试与试验方法、外观等的要求。

学习笔记：

_____

_____

_____

_____

_____

_____

_____

任务 5.2　识读柱塞泵装配图和拆画泵体零件图

任务描述

图 5-2-1 所示是柱塞泵的装配图。柱塞泵是往复泵的一种，它依靠柱塞在缸体中往复运动，使密封工作容腔的容积发生变化而实现吸排液体，在船舶行业应用较为广泛。通过识读该装配图，了解其工作原理，分析各个零件的装配、连接关系，并从装配图中正确地拆画泵体零件图。

任务目标

1. 掌握识读装配图的方法和步骤。
2. 掌握由装配图拆画零件图的方法和步骤。
3. 正确绘制零件图。

知识准备

根据装配图拆画零件图是一项重要的生产准备工作。在设计新机器时，通常是先根据使用要求画装配图，确定实现其工作性能的主要结构，再根据装配图画零件图，把这一过程称为由装配图拆画零件图。模块 4 中对零件图的作用、要求和画法做了介绍，本次任务仅对拆画零件图提出几个需要重视的问题。

一、拆画零件图的要求

(1)画图前，必须认真阅读装配图，全面深入地了解设计意图，弄清装配关系、技术要求，想象出每个零件的结构。

(2)画图时，不但要从设计方面考虑零件的作用和要求，而且要从工艺方面考虑零件制造的可能性。

二、拆画零件图要处理的问题

1. 零件的分类

零件可分为以下几类。

(1)标准件：标准件大多属于外购件，因此不需要画零件图，只要按照标准件的规定标记代号列出标准件汇总就可以了。

(2)借用零件：借用零件是借用定型产品上的零件。对这类零件，可利用其已有的图样，而不必另行画图。

(3)特殊零件：特殊零件是设计说明书中附有图样或重要数据的零件，如汽车机的叶片、喷嘴。对于这类零件，应按给出的图样或数据绘制零件图。

(4)一般零件：这类零件基本上是按照装配图所体现的形状、大小和有关的技术要求来画图，是拆画零件图的主要对象。

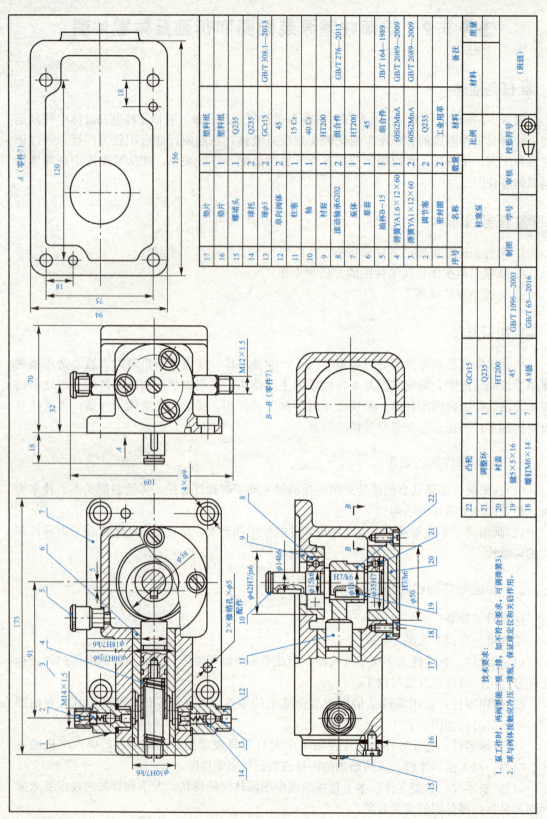

图5-2-1 柱塞泵装配图

技术要求:
1. 泵工作时, 两阀要能一吸一排, 如不符合要求, 可调弹簧3;
2. 球与阀体接触应冷压一球瓶, 保证球座定位和关启作用。

序号	名称	数量	材料	备注
22	凸轮	1	GCr15	
21	调整环	1	Q235	
20	衬盖	1	HT200	
19	键5×5×16	1	45	GB/T 1096—2003
18	螺钉M6×14	7	4.8级	GB/T 65—2016
17	垫片	1	塑料纸	
16	垫片	1	塑料纸	
15	螺母头	1	Q235	
14	球托	2	Q235	
13	球φ5	2	GCr15	GB/T 308.1—2013
12	单向阀体	2	45	
11	柱塞	1	15Cr	
10	轴	1	40Cr	
9	衬套	1	HT200	
8	滚动轴承6202	2	组合件	GB/T 276—2013
7	泵体	1	HT200	
6	泵盖	1	组合件	
5	油杯B-15	1		JB/T 164—1989
4	弹簧YA1.6×12×60	1	60Si2MnA	GB/T 2089—2009
3	弹簧YA1×12×60	2	60Si2MnA	GB/T 2089—2009
2	调节圈	2	Q235	
1	密封塞	2	工业用革	
序号	名称	数量	材料	备注

制图		柱塞泵	图号		
审核				材料	质量
		比例	投影符号		
				(班级)	

2. 视图处理

拆画零件图时，零件的表达方案是根据零件的结构和形状特点考虑的，不强求与装配图一致。在多数情况下，壳体、箱座类零件主视图选取的方向与装配图一致，便于对照装配机器，如减速器箱体。

3. 对零件结构、形状处理

在装配图中，对零件上某些次要结构，往往未完全画出，对零件某些标准结构(如倒角、倒圆、退刀槽等)也未完全表达。拆画零件图时，应结合考虑工艺要求，补画这些结构。如零件上某些部分需要与某零件装配后一起加工，则在零件图上注明。

4. 零件图的尺寸处理

(1)装配图已注出的尺寸，在零件图上直接注出。对于配合尺寸，要分清孔、轴，标注出公差带代号或偏差数值。

(2)与标准件相连接或配合的有关尺寸，如螺纹尺寸、销孔直径等，要从相应的标准中查取。

(3)非标准件，但已在明细栏中给定了尺寸的，如弹簧尺寸、垫片厚度等，要按给定尺寸标注。

(4)根据装配图所给的数据应进行计算的尺寸，如齿轮的分度圆、齿顶圆直径尺寸等，要经过计算，然后标注。

(5)有标准规定的尺寸，如倒角、沉孔、螺纹退刀槽和砂轮越程槽等，要从有关手册中查取。

(6)除上述尺寸外，零件的一般结构尺寸，可按比例从装配图直接量取，并做适当圆整。

5. 零件表面粗糙度的确定

零件上各表面的表面粗糙度是根据其作用和要求确定的。一般接触面和配合面的表面质量要求高，自由表面的表面质量要求较低。但是，有密封、耐腐蚀、美观等要求的表面质量要求也较高。表面粗糙度可参阅相关设计手册选注。

6. 零件图的技术要求

技术要求在零件图中占有重要地位，直接影响零件的加工质量。应结合零件的各部分的功能、作用、要求及与其他零件的关系，应用类比法参考同类产品图样、资料，合理选择精度，同时还应使标注数据符合相关标准。

🖮 任务实施

一、识读装配图

1. 概括了解并分析视图

(1)概括了解。如图 5-2-1 所示，从标题栏得知该部件是柱塞泵，是液压系统中的一种供油装置，常用于机器的润滑系统中，从明细栏了解到此部件共有 22 种零件，其中 7 种为标准件，其余为非标准件。主要零件是轴、凸轮、柱塞、套筒及泵体等。

(2)分析视图。图 5-2-1 所示柱塞泵装配图由主视图、俯视图、左视图和泵体 7 的 A 向局部视图以及 B—B 剖视图组成。

1)主视图。主视图按工作位置放置，表达柱塞泵的整体外形，采用一处局部剖视图表达柱塞泵的工作原理及柱塞、泵套、弹簧、泵体之间的装配关系，非剖切部分表达了泵体 7 外形和衬盖 20 的安装位置。

2）俯视图。采用一处局部剖视表达件号 10 轴的安装、支撑、定位、传动关系，另一处局部剖视表达泵套 6 用螺钉与泵体的连接情况。

3）左视图。补充表达柱塞泵整体外形，左下方局部剖表达了安装孔的结构。

4）其他视图。*A* 向局部视图以及 *B*—*B* 剖视图补充表达了件 7 泵体外形及内部结构。

2. 分析工作原理及装配关系

（1）工作原理。图 5-2-1 中柱塞泵工作时，动力由轴 10 传入，带动凸轮 22 旋转，柱塞 11 靠弹簧 4 的作用，与凸轮保持接触。凸轮旋转时，柱塞做往复运动，使泵腔容积变化，从而产生吸油和压油过程，实现输送油流的工作。使用由单向阀体 12、球 13 和球托 14 构成的单向阀控制油流的方向。

（2）分析装配与连接关系。柱塞泵主要由泵体、主轴轴系、柱塞轴系等组成，如图 5-2-2 所示。

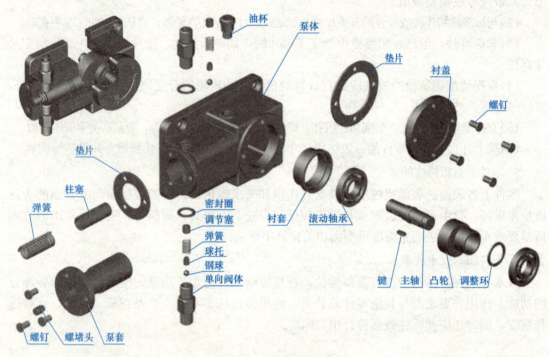

图 5-2-2　柱塞泵分解立体图

1）连接与固定方式。图 5-2-1 中泵体 7 与泵套 6、衬盖 20 之间用螺钉连接；轴 10 与凸轮 22 之间用键连接；单向阀体 12、油杯 5 与泵体 7 之间用螺纹连接；轴 10 两端用轴承进行支承；泵体上 $4 \times \phi 9$ 为柱塞泵的安装孔。

2）配合关系。图 5-2-1 中轴 10 与凸轮 22 之间为 $\phi 16H7/k6$ 配合，是基孔制过渡配合；衬盖 20 与泵体 7 之间为 $\phi 50H7/h6$ 配合，是基孔制间隙配合；衬套 9 与泵体 7 之间为 $\phi 42H7/js6$ 配合，是基孔制过渡配合；泵套 6 与泵体 7 有两处配合，分别为 $\phi 30H7/k6$、$\phi 30H7/js6$，均为基孔制过渡配合；柱塞 11 与泵套 6 之间为 $\phi 18H7/h6$ 配合，是基孔制间隙配合。

3）拆卸顺序。柱塞泵的拆卸顺序是：先松开泵套 6 与泵体 7 之间的三个固定螺钉，将泵套连同柱塞等一起拆下，然后将柱塞、弹簧、螺堵头分开；卸下衬盖 20 与泵体之间的连接螺钉，然后将轴 10 连同其上各个零件从泵体中拆出，再将各个零件分别拆下（图 5-2-1）。

3. 分析尺寸

(1)规格(性能)尺寸：柱塞的直径 $\phi 18$ 及凸轮偏心距 5 mm。

(2)总体尺寸(外形尺寸)：柱塞泵的总长 175 mm，除去主轴外伸端的其余宽度 70 mm。

(3)安装尺寸：柱塞泵泵体上安装孔的直径 $\phi 9$。

(4)配合尺寸(装配尺寸)：在前文中已叙述。

(5)其他重要尺寸：柱塞泵单向阀的定位尺寸 91 及油杯的定位尺寸 32 等。

二、拆画泵体零件图

1. 视图的选择

根据零件序号 7 和剖面符号，在装配图中找到泵体的投影，再结合 A 向视图、B—B 剖视图，确定泵体的结构形状，如图 5-2-3(a)所示。泵体主视图的选择应按工作位置选择，与装配图一致。根据其结构形状，再增加俯视图、左视图，三个基本视图均采用了局部剖视。依据情况添加了 A 向视图、B—B 剖视图补充表达。

2. 尺寸标注

(1)直接注出尺寸：这些尺寸在装配图上已注出，如图 5-2-3(b)所示中的 $\phi 30H7$、$\phi 42H7$、$\phi 50H7$ 及安装孔定位尺寸 75 等。

(2)查表确定的尺寸：零件上标准结构的尺寸，如图 5-2-3(b)所示的沉孔及螺孔尺寸。

(3)直接量取的尺寸：零件上大部分不重要的尺寸。

3. 技术要求

零件上的各表面的表面粗糙度要求，应根据表面的作用和两零件间的配合性质选择(可查阅相关手册)。如图 5-2-1 所示，泵体 $\phi 50H7$ 孔的内表面与件号 20 衬套配合，泵体 $\phi 42H7$ 孔的内表面与件 9 衬套配合，为保证配合要求，对泵体的内孔需提出较高的表面质量要求，选择 Ra 的上限值为 1.6 μm，对泵体重要的孔 $\phi 50H7$ 的轴线需提出几何公差(垂直度)的要求。对于配合表面，应根据装配图上给出的配合要求、公差等级等，查阅手册确定极限偏差。

4. 填写标题栏

根据装配图中的标题栏，在零件图的标题栏中填写零件名称(泵体)、材料(HT200)、数量等，并填写绘图比例、绘图者姓名、绘图日期等。

5. 绘制零件图

依据上述要求，绘制泵体零件图，如图 5-2-3(b)所示。

图 5-2-3 泵体零件

(a)泵体立体图；

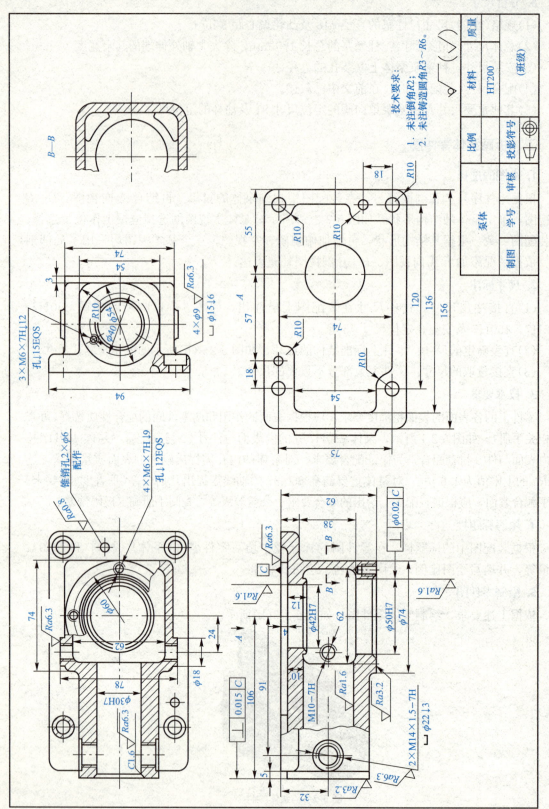

图5-2-3 泵体零件（续）

(b) 泵体零件图

一、识读拆卸器装配图。

拆卸器工作原理：
拆卸器用来拆卸紧密配合的两个零件。工作时，把压紧垫8触至轴端，使抓子7钩住轴上要拆卸的轴承或齿圈，顺时针转动把手螺杆1转动，借压紧螺杆的作用，横梁5此时沿压紧螺杆上升，通过横梁两端的销轴，带着两个抓子7上升，直至将零件从轴上拆下。

1.该拆卸器由_____种共_____个零件组成。
2.主视图采用了_____剖，剖切平面与俯视图中_____的_____重合，故省略标注；俯视图采用了_____剖。画法。
3.图中细双点画线表示_____的_____画法。
4.图中件2是_____画法。
5.图中有_____个10m6×50的销，其中10m6表示_____。
6.Sϕ14表示_____。
7.件4的作用是_____形的结构。
8.拆画零件1和5的零件图。

序号	代号	名称	数量	材料	单件	总计	备注
					质量		
8		压紧垫	1	45			
7		抓子	2	45			
6		销10m6×50	2	35			GB/T 119.1—2000
5		横梁	1	Q235-A			
4		挡圈	1	Q235-A			
3		螺钉M5×8	1				GB/T 68—2016
2		把手	1	Q235-A			
1		压紧螺杆	1	45			

标记 处数 分区 更改文件号 签名 年、月、日

设计
审核
工艺
标准化
批准

阶段标记　质量　比例
拆卸器
共　张　第　张

拆去件2、3、4

M18　Sϕ14　ϕ30　200　135　82　112　ϕ10H8/k7

二、识读手压阀装配图并回答问题。

序号	代号	名称	数量	材料	备注
13		弹簧	1	65Mn	GB/T 75-2018
12		螺钉 M4×8	1		
11		杠杆座	1	ZG270-500	
10		杠杆	1	Q235-A	
9		填料压盖	1	Q235-A	
8		销轴	1	35	
7		销 φ3×14	1		GB/T 91-2000
6		压盖螺母	1	Q235-A	
5		填料	1	石棉	
4		阀瓣	1	65	
3		塞座	1	Q235-A	
2		垫片	1	工业用纸	
1		阀体	1	ZCuSn5Pb5Zn5	

手压阀

技术要求:
1. 阀体90°锥孔与阀瓣90°锥体共研磨;
2. 装配后不能有渗漏现象。

φ10F8/h7　φ10H8/h7　15H9/h9　48　50
φ15H9/h7　M27×2-6H/5g　φ8H8/h7　202　229　G1/2　φ30H8/k8　G1/G1A　G1/2　58　90°

手压阀工作原理：

手压阀是吸进和排除液体的一种手动阀门。当压住杠杆向下压紧阀瓣时，弹簧因受力压缩使阀瓣向下移动，液体入口与出口相通。杠杆向上抬起时，由于弹簧弹力作用，阀瓣向上压紧阀体，使液体入口与出口不通。

1. 该装配体的名称是_____，由_____种零件组成，其中标准件有_____种。

2. 序号 4 的零件名称是_____，材料是_____，是由_____带动的，做_____运动。

3. 序号 5 零件的作用是：_____。

4. 该装配体的总体尺寸是_____、_____、_____；装配尺寸是(写出3个即可)_____ 。

5. 尺寸 φ10F8/h7 是序号_____与_____序号的配合，属于_____制的配合，孔的公差带代号是_____，基本偏差代号是_____，公差等级是_____；轴的公差带代号是_____，基本偏差代号是_____，公差等级是_____。

6. 主视图的阀瓣 4 与左视图的销轴 8 均被剖切平面剖到却没画剖面符号，原因是它们属于_____零件，被沿着轴心线的_____剖开。

7. 写出该装配体的拆卸顺序。

8. 拆画件 1 阀体的零件图。

任务 5.3 测绘机用虎钳

📑任务描述

图 5-3-1 所示是机用虎钳工作图。机用虎钳是安装在机床工作台上，用于夹紧工件以便进行切削加工的一种通用工具。

在实际生产过程中，需要仿制、维修或对机器进行技术改造，常常需要先进行零件测绘再进行加工制造。本次任务就是通过对机用虎钳(图 5-3-2)装配体测绘的练习，掌握测绘的方法和步骤，并能够绘制零件草图、装配图以及拆画零件图。

图 5-3-1 机用虎钳工作图

图 5-3-2 机用虎钳的立体图

🧰任务目标

1. 了解测绘的程序，熟悉测绘的方法，并绘制零件图和装配图。
2. 掌握零件测绘的方法和步骤。
3. 能够使用常用的测量工具测量零件尺寸。
4. 能够绘制零件草图。
5. 掌握机械制图国家标准的有关规定，并学会查阅有关资料和标准。

6. 掌握绘制装配图的方法和步骤。

7. 巩固和提高对机件的表达能力、空间思维能力、分析和解决问题的能力。

8. 培养严谨、细致的工作态度以及团队协作精神。

📖 知识准备

一、测绘基本知识

1. 测量工具

在零件测绘中，常用的测量工具有钢板尺、内卡钳、外卡钳、游标卡尺、千分尺等，如图 5-3-3 所示。

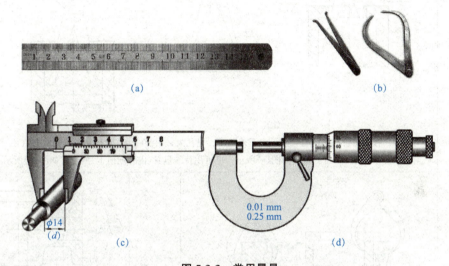

图 5-3-3　常用量具

(a)钢板尺；(b)内、外卡钳；(c)游标卡尺；(d)千分尺

2. 测量方法

对于精度要求不高的尺寸一般用直尺、内外卡钳等即可，精确度要求较高的尺寸一般用游标卡尺、千分尺等精确度较高的测量工具，特殊结构一般要用特殊工具如螺纹规、圆弧规、曲线尺来测量。

常用的测量方法见表 5-3-1。

表 5-3-1　常用测量方法示例

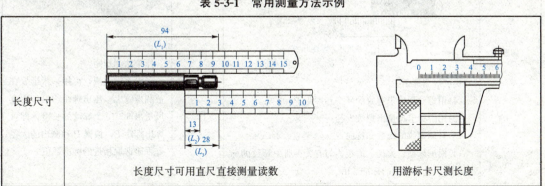

长度尺寸	长度尺寸可用直尺直接测量读数	用游标卡尺测长度

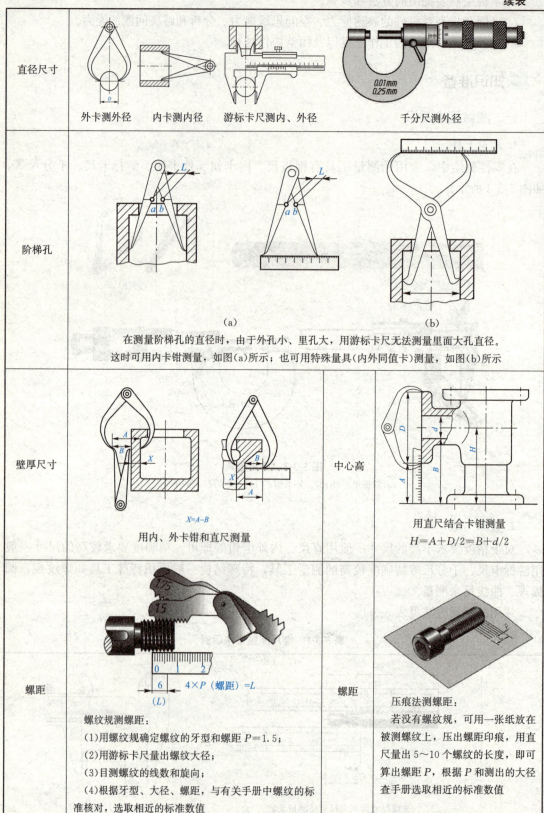

直径尺寸	外卡测外径　　内卡测内径　　游标卡尺测内、外径　　　　千分尺测外径	
阶梯孔	(a)　　　　　　　　　　　　　　　　(b) 在测量阶梯孔的直径时，由于外孔小、里孔大，用游标卡尺无法测量里面大孔直径。 这时可用内卡钳测量，如图(a)所示；也可用特殊量具(内外同值卡)测量，如图(b)所示	
壁厚尺寸	$X=A-B$ 用内、外卡钳和直尺测量	中心高　　用直尺结合卡钳测量 $H=A+D/2=B+d/2$
螺距	$4 \times P$（螺距）$=L$ 螺纹规测螺距： (1)用螺纹规确定螺纹的牙型和螺距 $P=1.5$； (2)用游标卡尺量出螺纹大径； (3)目测螺纹的线数和旋向； (4)根据牙型、大径、螺距，与有关手册中螺纹的标准核对，选取相近的标准数值	螺距　　压痕法测螺距： 若没有螺纹规，可用一张纸放在被测螺纹上，压出螺距印痕，用直尺量出 5～10 个螺纹的长度，即可算出螺距 P，根据 P 和测出的大径查手册选取相近的标准数值

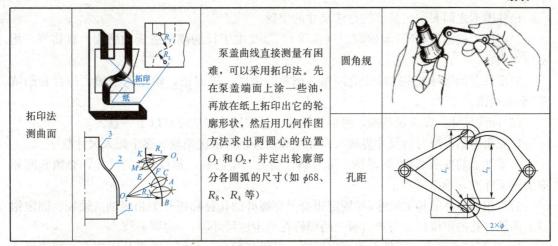

| 拓印法测曲面 | | 泵盖曲线直接测量有困难,可以采用拓印法。先在泵盖端面上涂一些油,再放在纸上拓印出它的轮廓形状,然后用几何作图方法求出两圆心的位置 O_1 和 O_2,并定出轮廓部分各圆弧的尺寸(如 $\phi68$、R_8、R_4 等) | 圆角规 | |
| | | | 孔距 | |

二、一般零件的测绘

在生产中使用的零件图,其来源有两个:一是根据设计而绘制出的图样;二是按零件进行测绘而产生的图样。

零件测绘一般是在生产现场进行的,因此不便用绘图工具和仪器画图,而以草图形式绘图(以徒手、目测实物用大致比例画出的零件图),然后进行测量,计入尺寸,提出技术要求,最后根据草图画成零件图,这个过程称为零件测绘。

由于零件草图是绘制部件装配图和零件图的依据,因此绘制草图决不可草率从事。一张完整的零件草图必须具备零件图应有的全部内容,要求做到图形正确,尺寸完整,线形分明,字体工整,并注写出技术要求和标题栏中的相关内容。零件测绘的方法和步骤如下。

1. 了解和分析测绘对象

首先应了解零件的名称、材料以及它在机器或部件中的位置、作用及与相邻零件的关系,然后对零件的内外结构形状进行分析。

2. 确定表达方案

根据零件的结构特点,运用学过的机件表达方法,确定表达方案。选择视图的原则是:要考虑看图方便,在完整、清晰地表示零件形状的前提下,力求制图简便。

主视图是一组图形的核心,一般将能较明显地反映零件的主要结构形状和各部分之间的相对位置关系的方向,作为主视图投影方向,通常还要考虑零件的工作位置、加工位置或安装位置。其他视图的数量要尽可能的少,所选视图应具有独立存在的意义及明确的表达重点。

3. 绘制零件草图

由于零件草图是绘制部件装配图和零件图的依据,因此绘制草图决不可草率从事。一张完整的零件草图必须具备零件图应有的全部内容,图线尽管不能像用尺规画得那么笔直圆滑,但一定要做到图线清晰,线形分明,字体工整,图形正确(包括视图之间的尺寸关系,位置关系,向视图、局部视图、剖视图等的标注),尺寸完整,并注写出技术要求和标题栏中的相关内容。

(1)绘制图形。根据选定的表达方案,徒手画出视图、剖视图等图形,画图时需注意以下几点：

1)各图形之间要留出足够的标注尺寸的位置。

2)零件上的制造缺陷(如砂眼、气孔等)，以及由于长期使用造成的磨损、碰伤等，均不应画出。

3)零件上的细小结构(如铸造圆角、倒角、倒圆、退刀槽、砂轮越程槽、凸台和凹坑等)必须画出。

(2)标注尺寸。先选定基准，再标注尺寸。标注尺寸时应注意以下三点：

1)先集中画出所有的尺寸界线、尺寸线和箭头，再依次测量、逐个记入尺寸数字。

2)零件上的标准结构(如键槽、退刀槽、销孔、中心孔、螺纹等)的尺寸，必须查阅相应的国家标准，予以标准化。

3)与相邻零件的相关尺寸(如固定钳身上穿螺杆的孔径和螺杆上相应轴的轴径、固定钳身上两螺钉孔的定位尺寸与护口板上两螺钉孔的定位尺寸等)一定要一致。

(3)注写技术要求。零件上表面粗糙度、极限与配合、几何公差等技术要求，通常可采用类比法给出。注写技术要求时需注意以下三点：

1)主要尺寸要保证其精度。如减速器箱体安装两轴的孔间距等，要给出尺寸公差。

2)有配合关系的孔或轴，要弄清与其相配的轴或孔的配合性质和配合制度，即是什么配合和基准制，然后，查基孔制、基轴制、常用配合表正确写出其公差带代号。如固定钳身上的孔和螺杆上相应的轴应为间隙配合，并采用基孔制，所以固定钳身上的孔公差带代号为 H8 和螺杆上相应的轴公差带代号为 f7。

3)有相对运动的表面及对形状、位置要求较严格的线、面等要素，要给出既合理又经济的粗糙度或形位公差要求。

只有这样，经测绘而制造出的零件，才能顺利地装配到机器上去并达到其功能要求。

(4)填写标题栏。一般可写出零件的名称、材料及测绘者的姓名和完成时间等。

4. 根据零件草图画零件图

零件草图完成后，应经校核、整理，再依次绘制零件工作图。

(1)校核零件草图。零件测绘一般是在现场进行的，受时间、条件限制，有些问题不一定考虑得很周全，因此要对所画的零件草图进行仔细校核。校核的主要内容有：表达方案是否正确、完整、清晰、简练；尺寸标注是否正确、完整、清晰、合理；技术要求的确定是否满足零件的性能和使用要求，是否比较经济合理。校核后进行必要的修改补充，即可根据零件草图绘制零件工作图。

(2)绘制零件工作图。绘制零件工作图的具体步骤和绘制零件草图基本相同。

1)确定比例和图幅；布图，画各视图的基准线；

2)画底稿完成全部图形；

3)擦去多余作图线，检查、描深、画剖面线；画尺寸界线、尺寸线和箭头；

4)注写尺寸数字、技术要求和文字说明，填写标题栏；

5)校核，即完成零件工作图。

三、装配体的测绘

装配体的测绘是根据现有的部件(或机器)，先画出零件草图，再画出装配图和零件工作图等全套图样的过程。

生产实践中，维修机器设备或技术改造时，在没有现成技术资料的情况下，就需要对机器或部件进行测绘，以得到有关的技术资料。可以通过部件测绘的实践继续深入学习零件图和装配图的知识。装配体测绘的一般方法和步骤如下。

1. 了解和分析测绘对象

可通过观察实物和查阅有关图样资料、说明书及向工人了解使用情况等，来了解部件（或机器）的性能、用途、工作原理、结构特点及零件间的装配关系和相对位置等。

2. 拆卸装配体，绘制装配示意图

（1）画装配示意图。装配示意图是在装配体拆卸过程中所画的记录图样。它的主要作用是避免由于零件拆卸后可能产生的错乱致使重新装配时发生疑难。此外，在画装配图时也可作为参考。装配示意图所表达的主要内容是每个零件的位置、装配关系和部件的工作情况，而不是整个部件的结构和各个零件的形状。

装配示意图的画法没有严格的规定，一般以简单的线条画出零件的大致轮廓，有些零件如齿轮、弹簧、轴承等，应按国家标准中规定的符号表示。画装配示意图时，通常对各零件的表达不受前后层次限制，尽可能把所有的零件集中在一个视图上，如确有必要，可补充其他视图。

画装配示意图的顺序，一般可从主要零件着手，然后按装配顺序把其他零件逐个画上。图形画好后，在装配示意图上应将各零件编上序号并写出其零件名称和数量（两个件以上）。

（2）拆卸装配体。在拆卸过程中可进一步了解装配体中各零件的装配关系、结构和作用。拆卸过程应注意以下几点：

1）拆卸前应先分析、确定拆卸顺序，然后按顺序将零件逐个拆下。

2）对于过盈配合的零件，如不影响对零件结构形状的了解和测量，也可不拆。

3）拆下的零件，特别是零件多的部件，应编以号签，妥善保管。对小零件（如螺钉、键、销等），要防止丢失；对重要零件和零件上的重要表面，要防止碰伤、变形、生锈，以便再装配时仍能保证部件的性能和要求。

3. 测绘零件、画零件草图

零件草图是画装配图和零件图的依据。因此，在拆卸工作结束后，要对零件进行测绘，画出零件草图。

画零件草图时应注意以下几点。

（1）凡属标准件只需测量其主要尺寸，查有关标准定下规定标记，列一个标准件清单即可，不必画零件草图。其余所有零件都必须画出零件草图。

（2）零件的配合尺寸，应正确判定其配合状况，并成对地在两个零件草图上同时进行标注。

（3）相互关联的零件，应考虑其联系尺寸。

4. 画装配图

根据装配示意图和所有零件草图、标准件清单画装配图。应对现有的资料进行整理、分析，进一步了解装配体的性能及结构特点，对装配体的完整形状做到心中有数。

（1）确定表达方案。

1）确定主视图的投影方向。以最能表达装配体结构特点和较多地显示装配关系的一面作为主视图的投影方向。

2）确定装配体位置。通常是按工作位置放置，使装配体的主要轴线或主要安装面呈水

平或垂直位置。

3)选择其他视图。对尚未表达清楚的部分,有针对性地选择相应的视图或辅助图形。

(2)画装配图。画装配图的步骤如下:

1)选比例、定图幅。根据部件的真实大小及复杂程度,确定合适的比例和图幅,选择图纸幅面时不仅要考虑到视图所需面积,而且要把标题栏、明细表、零件编号、尺寸标注和注写技术要求的位置一并计算在内。

2)合理布局。先画出图框、标题栏框和明细表框,然后在有效面积内布图。通常先画出各主要视图的作图基准线。各视图之间应保持一定的距离以便注写尺寸和序号,还要留出注写技术要求的地方。

3)画底稿。先画出部件的主要结构,然后按装配顺序逐个画出各个零件,每个零件应从相邻两件的接触面开始,画出零件的其他各个部分,当每画出一个零件将前一个零件的轮廓线挡住时,要及时将被挡住的轮廓线擦掉,以免忘记。画装配图时一般是一个视图、一个视图分别作图,这样不容易画丢件,也不容易画乱,但也应注意各视图间的投影关系。有些零件如有条件各个视图应尽可能一起画,以保证作图的准确性和提高作图速度。

4)检查校核,修正底稿,加深图线,画出剖面线。

5)标注尺寸,编写序号,画标题栏、明细栏,注写技术要求,完成全图。

5. 拆画零件图

零件图是指导加工零件的重要依据,它应包括制造零件所需要的全部资料。因此在画完装配图后,还要根据零件草图和装配图画出零件图。

画零件工作图时,其视图选择不强求与零件草图或装配图的表达方案完全一致。经画装配图后发现零件草图中的问题,应在画零件工作图时加以改正。注意配合尺寸或相关尺寸应协调一致。表面粗糙度等技术要求可参阅有关资料及同类或相近产品图样,结合生产条件及生产经验加以制定和标注。

⌨ 任务实施

一、测绘前的准备

应根据机用虎钳的复杂程度制订测绘进度计划,编组分工,并准备拆卸工具、测量用具、细铅丝、标签及绘图用品。

制定具体任务与进度:

(1)绘制装配示意图(A4图纸)(4学时)。

(2)列标准件清单(共4种标准件),绘制(除标准件外)全部零件草图(共6种零件、1本演算纸)(4学时)。

(3)绘制装配图(A3)(8学时)。

(4)测绘及拆画零件图:固定钳身(A3)、螺杆(A4)、活动钳身(A4)、螺钉、螺母(A4)、钳口板(与列标准件清单共用一张A4),共6种零件(16学时)。

二、了解和分析部件

1. 分析机用虎钳结构

图5-3-4是机用虎钳的结构图。该图表示了机用虎钳的内、外结构形状以及各个零件之

间的连接和装配关系。机用虎钳是用来在机床上夹持工件的部件。从图5-3-4可以看出机用虎钳由10个零件组成，其中沉头螺钉、挡圈、垫圈、六角螺母为标准件；固定钳身、螺杆、活动钳身、螺钉、螺母块、钳口板为一般零件。

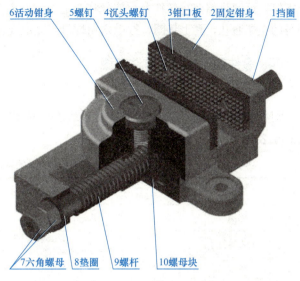

图5-3-4　机用虎钳的结构图

2. 了解工作原理

如图5-3-4所示，机用虎钳的工作原理是：固定钳身安装在工作台上，螺杆固定在固定钳身上，转动螺杆可带动螺母块做直线移动。螺母块与活动钳身用螺钉连成整体，因此当螺杆转动时，活动钳身就会沿固定钳身移动，使钳口闭合或开启，达到夹紧或松开工件的目的。为了便于夹紧工件，钳口板上应有花纹结构。

三、画装配示意图和拆卸部件

1. 画装配示意图

为了便于部件拆卸后装配复原及画装配图用，在拆卸零件的同时应画出部件的装配示意图，如图5-3-5所示。在装配示意图上应将各零件编上序号并写出其零件名称。

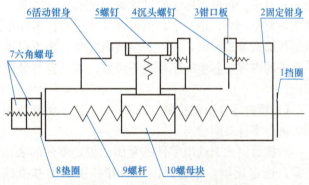

图5-3-5　机用虎钳装配示意图

2. 拆卸零件

在初步了解部件的基础上，依次拆卸各零件。拆卸时，对于部件中的某些零件之间的过盈和过渡配合，在不影响测绘工作的情况下，一般可以不拆。否则，会给拆卸工作增加困难，甚至会损伤零件。例如，用来将钳口板固定在固定钳身和活动钳身的沉头螺钉就不必拆卸下来，可以通过测螺钉头的尺寸，来查表确定沉头螺钉的规格。机用虎钳各零件结构如图5-3-6所示。

机用虎钳的装配顺序是先将两块钳口板分别用沉头螺钉固定在两个钳身上。把活动钳身放在固定钳身上，然后把螺母从固定钳身下面的长方形槽装入活动钳身的孔内，旋

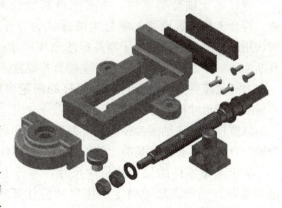

图5-3-6　拆卸的零件立体图

上螺钉，再把垫圈套在丝杠上，使丝杠自右端穿入固定钳身的通孔并旋入螺母，再穿过固定钳身的左端通孔，套上垫圈，拧上六角螺母，完成连接，与拆卸顺序正好相反。

四、零件测绘，绘制零件草图

1. 标准件

对标准件只需测出主要数据，然后查有关标准确定规定标记。机用虎钳的标准件清单格式见表 5-3-2。

表 5-3-2　机用虎钳的标准件清单

序号	名称	数量	规定标记
1	挡圈	1	
4	沉头螺钉	4	
8	垫圈	1	
7	六角螺母	2	

2. 一般零件

根据已选定的表达方案，徒手绘制一般零件的草图。草图画好后，再根据尺寸标注的原则和要求，将所需标注的尺寸画出全部尺寸线和尺寸界线。接下来进行测量，记入尺寸数字，要量一个、记一个，免得将尺寸记错。零件草图为徒手所绘，所画线条虽不像用尺规画得那么笔直圆滑，但一定要清晰完整，决不可潦草。其中标题栏可简写为装配图中明细表中的内容，其中的序号决不可省，并且要与装配示意图中的零件编号一致，以便画装配图。

（1）螺杆零件草图绘制。以图 5-3-7 所示的螺杆为例，进行零件草图绘制。

1）按目测比例画出零件的草图。拟定零件的表达方案，选定比例，布置画图，画好各视图的基准线（视图的中心位置）。

螺杆属于轴套类零件，主视图将其轴线水平放置，符合工作位置原则。螺杆上的螺纹为方牙螺纹，

图 5-3-7　螺杆立体图

应该用局部放大图表示其牙型并标注全部尺寸；螺杆右端为方榫，应该用移出断面图表示其断面形状，以便于标注尺寸；左端有外螺纹，按外螺纹的规定画法画出。

2）测量零件尺寸并标注。对螺杆的测量要用到直尺、游标卡尺、千分尺、内卡钳等，测量后进行尺寸标注。

以螺杆的水平轴线为径向尺寸基准，标出各个轴段的直径；以大直径的轴肩段左端面为轴向方向的主要尺寸基准。辅助基准选取螺杆的两端面注出轴向各部分尺寸。

集中测量零件的尺寸并标注尺寸，零件上的尺寸测量应集中进行以提高工作效率，避免遗漏。当所需尺寸确定后按尺寸标注要求集中标注，为防止尺寸的遗漏，可按尺寸的作用进行联想标注（定形尺寸、定位尺寸、总体尺寸等）。如图 5-3-8 所示为螺杆零件草图。

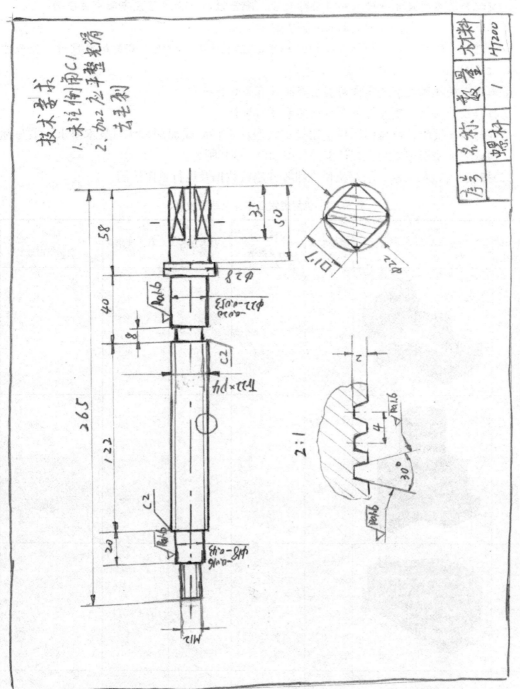

图5-3-8 螺杆零件草图

【注意】 零件测绘的注意事项如下：

①零件上的制造缺陷及长期使用产生的磨损均不应画出。

②零件上的工艺结构要参考有关标准画出。

③有配合关系的尺寸一般只测量公称尺寸；配合性质及公差值应查阅有关手册。

④不重要的尺寸允许将测量的尺寸圆整。

⑤对螺纹、键槽、齿轮等标准结构的尺寸，应将测量的数值与有关标准核对，使尺寸符合标准系列。

⑥零件上的技术要求可参考同类型产品或有关资料确定。

⑦根据设计要求，参考有关资料确定零件的材料。

3)注写技术要求、填写标题栏。按规定线型徒手将图线加深，注写技术要求，填写标题栏，检查有无错误和遗漏。螺杆零件草图如图 5-3-8 所示。

(2)按表 5-3-3 的要求，填写机用虎钳零件测绘数据及进行草图绘制。

表 5-3-3　机用虎钳各零件及草图绘制

零件件号	立体图	测量工具	零件尺寸 测量数据	表达方案	技术要求	草图 （绘制空白处）

零件件号	立体图	测量工具	零件尺寸测量数据	表达方案	技术要求	草图（绘制空白处）

五、画装配图

1. 确定表达方案

机用虎钳装配图，主视图以＿＿＿＿＿＿＿为投影方向，通过＿＿＿＿＿＿＿作全剖视图，表达了各零件之间的上下位置和左右位置，以及装配关系、工作原理和传动路线。

俯视图表达＿＿＿＿＿＿＿，右上方在钳口板和固定钳身连接处作＿＿＿＿＿＿＿，表达钳口板和固定钳身的连接。

左视图采用＿＿＿＿＿＿＿＿＿，补充反映主视图没反映清楚的螺母和固定钳身、固定钳身和活动钳身的接触和配合情况。

螺杆右端采用＿＿＿＿＿＿＿＿＿＿反映断面形状和大小，据此确定扳手的规格，所以此图必须画出。

2. 画装配图

一般一个视图一个视图的绘制，每个视图按装配顺序绘制，每个视图都从接触面开始绘制。比如主视图的画图顺序是：固定钳身，右端垫圈，螺杆，螺母，活动钳身，螺钉，两个护口板，螺杆左端的垫圈，标准件螺母。

3. 注写尺寸

装配图的尺寸与零件图不同，它主要注写的是反映装配体的性能或规格大小的尺寸，零件间有公差配合要求的配合尺寸，部件安装在机器上或安装在地基上进行连接固定所需的安装尺寸，总体尺寸及一些重要尺寸等。机用虎钳的尺寸有：＿＿＿＿＿＿＿为反映装配体的性能或规格大小的尺寸；＿＿＿＿＿＿＿为配合尺寸；＿＿＿＿＿＿＿为安装尺寸；＿＿＿＿＿＿＿为总体尺寸。

4. 编序号，列明细表

装配图中的所有零部件都要编号，而且应按顺时针或逆时针方向水平或垂直地整齐排列。相应地在标题栏上方将每个零件自下而上列在明细表中，包括标准件，并且要把标准件的规定标记写在明细表中。

5. 拆画零件图

根据零件草图和装配图画出零件图，注意配合尺寸或相关尺寸应协调一致。

提示：绘制过程参考图 5-3-9～图 5-3-14。

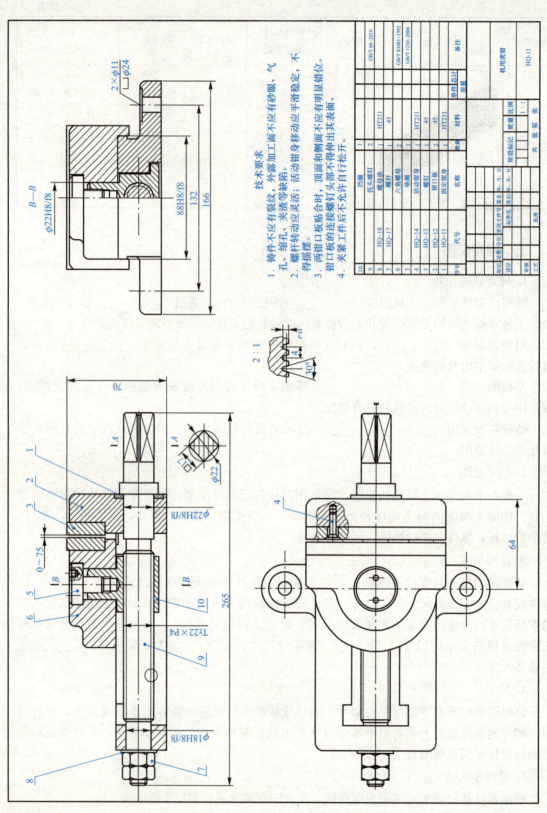

技术要求

1. 铸件不应有裂纹，外露加工面不应有砂眼、气孔、缩孔、夹渣等缺陷。
2. 螺杆转动应灵活；活动钳身移动应平滑稳定，不得摇摆。
3. 两钳口板贴合时，顶面和侧面不应有明显错位。钳口板的连接螺钉头部不得伸出其表面。
4. 夹紧工件后允许自行松开。

10							
9		挡圈	1				GB/T 68-2016
8	HQ-18	沉头螺钉	2	HT211			
7	HQ-17	螺杆	1	45			
6		六角螺母	2				GB/T 8308I-1992
5		垫圈	1				GB/T 1230-2006
4	HQ-14	活动钳身	1	HT211			
3	HQ-13	螺母	1	45			
2	HQ-12	钳口板	2	45			
1	HQ-11	固定钳身	1	HT211			
序号	代号	名称	数量	材料	单件 总计		备注
					质量		

设计			阶段标记	质量	比例	机用虎钳
审核					1:1	
工艺			共 张 第 张			HQ-11

图5-3-9 机用虎钳装配图

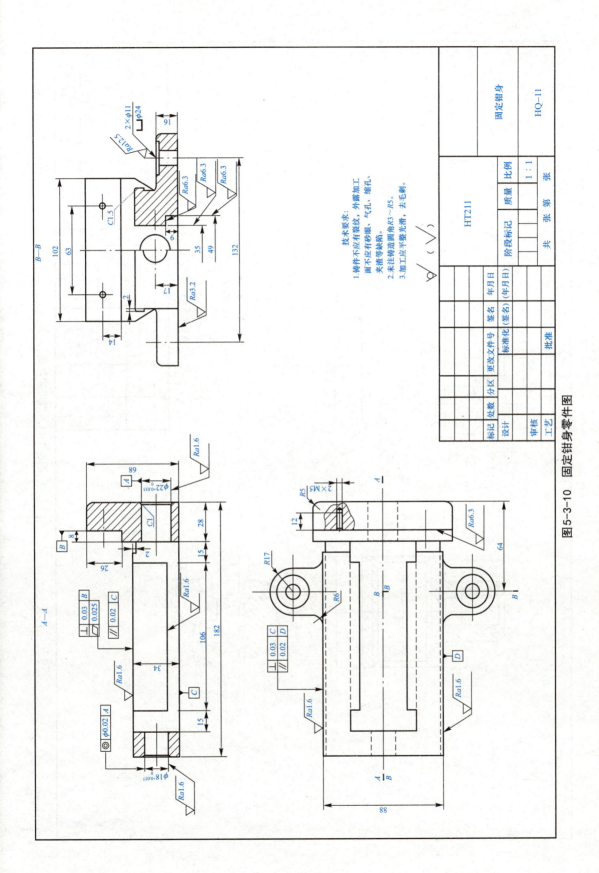

图 5-3-10 固定钳身零件图

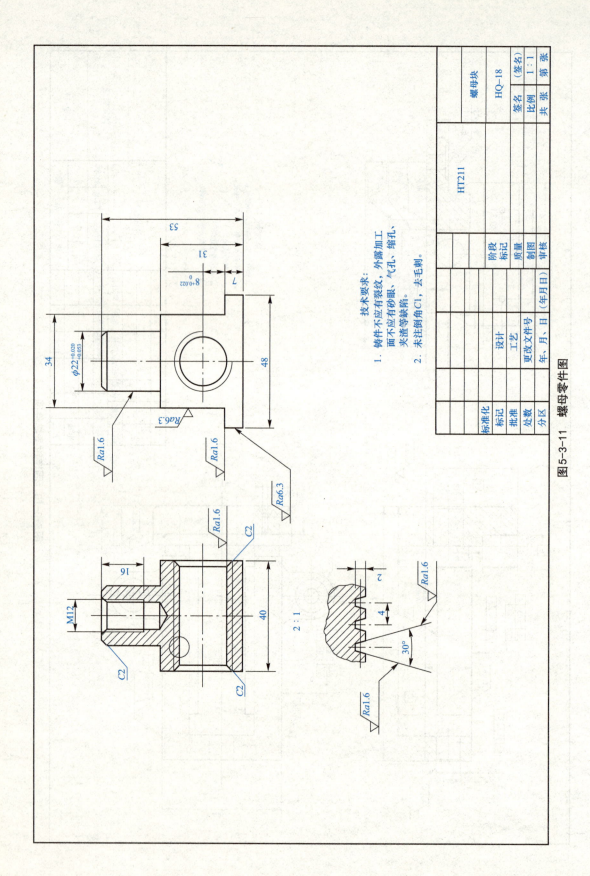

图 5-3-11 螺母零件图

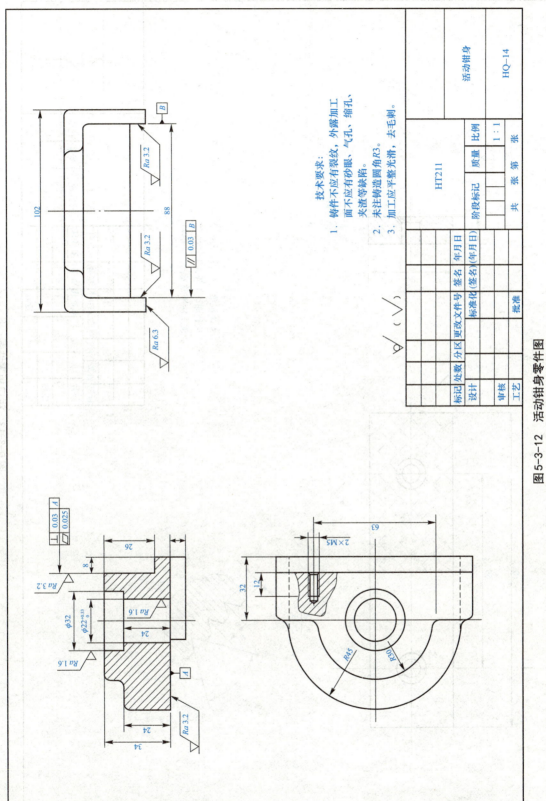

技术要求:
1. 铸件不应有裂纹、外露加工面不应有砂眼、气孔、缩孔、夹渣等缺陷。
2. 未注铸造圆角R3。
3. 加工应平整光滑,去毛刺。

						HT211		活动钳身	
								HQ-14	
标记	处数	分区	更改文件号	签名	年月日	阶段标记	质量	比例	
								1:1	
设计			标准化	(签名)	(年月日)				
审核						共 张	第 张		
工艺			批准						

图5-3-12 活动钳身零件图

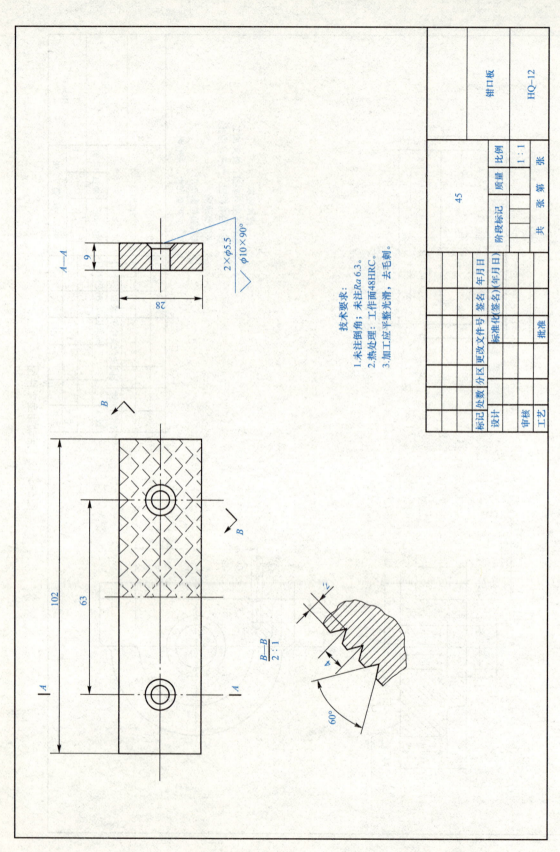

技术要求：
1.未注倒角；未注Ra 6.3。
2.热处理：工作面48HRC。
3.加工应平整光滑，去毛刺。

A—A

9

28

$2×\phi5.5$
$\phi10×90°$

B—B
2 : 1

60°

B

B

A

A

102

63

							钳口板
					45		
						阶段标记	质量	比例
								1：1
标记	处数	分区	更改文件号	签名	年月日		共 张 第 张
设计			标准化(签名)(年月日)				HQ—12
审核							
工艺			批准				

图 5-3-13　钳口板零件图

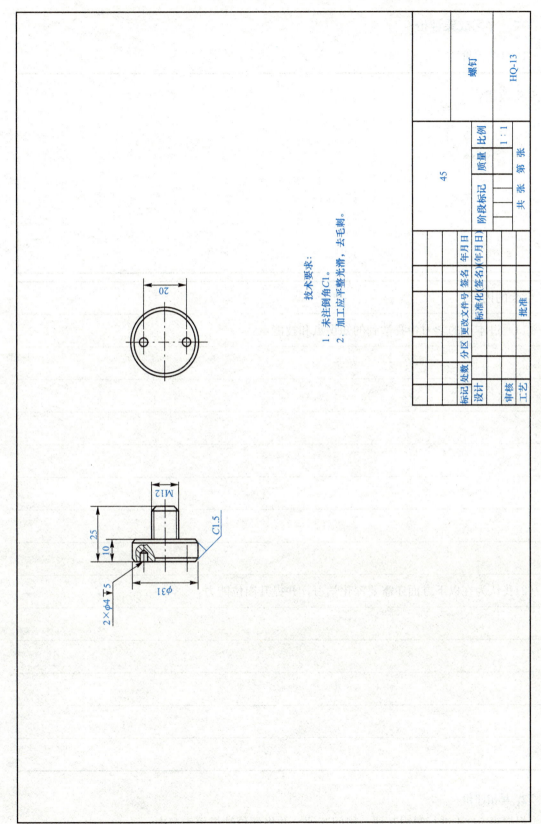

技术要求：
1. 未注倒角C1。
2. 加工应平整光滑，去毛刺。

							45				螺钉
								质量	比例		HQ-13
							阶段标记		1：1		
					年月日				共 张 第 张		
标记	处数	分区	更改文件号	签名	年月日						
设计			标准化	签名	年月日						
审核											
工艺			批准								

图 5-3-14　螺钉零件图

六、学习成果评价

1. 自我评价

学生改错：

学会的内容：

(1)通过本次的学习，我学到的知识点和技能点：

(2)我认为在以下方面还需要深化学习，并提升岗位能力：

2. 互相评价

根据表 5-3-4 进行组内互评、组间互评，并将评价结果填于表中。

表 5-3-4 互相评价表

评分模块	评分内容	评价等级 （满分 10 分）
综合能力 （组内互评）	按时上课，工装齐备，书、笔、本齐全	
	安全操作，责任心强，能够进行团队协作	
	学习积极主动，合理使用教学资源，主动帮助他人	
	接受工作分配，有效沟通，高效完成工作任务	
小组互评		
教师评价		

模块 6　构建船舶柴油机零件三维模型

模块概述

本模块通过构建三拐小型曲轴的三维虚拟零件模型，了解三维 CAD 软件 Pro/ENGINEER（以下简称 Pro/E）的概念和设计模块，熟悉 Pro/ENGINEER Wildfire 5.0 的界面，学习 Pro/E 二维草图绘制的基本命令及创建三维实体的基本特征命令，并通过亲自操作三维零件模型的实践，从而达到掌握创建三维零件模型的基本思路和建模方法的目标。

模块目标

一、知识目标

1. 了解三维 CAD 软件 Pro/E 的概念和设计模块。

2. 熟悉 Pro/ENGINEER Wildfire 5.0 的界面。

3. 掌握 Pro/E 二维草图绘制的基本命令。

4. 掌握 Pro/E 创建三维实体的基本特征命令。

二、能力目标

1. 能够运用 Pro/E 二维草图绘制的基本命令绘制草图。

2. 能够运用 Pro/E 特征命令创建简单三维零件模型。

3. 掌握创建三维零件模型的基本思路和建模方法。

三、素质目标

1. 提高学习能力、沟通能力，培养团队协作精神。

2. 培养勤于思考、耐心细致、做事认真的职业素养。

任务　构建曲轴零件三维模型

任务描述

曲轴是柴油机上一个重要零件，承受由活塞通过连杆传来的力，并将活塞的往复运动通过曲柄连杆机构转变为旋转运动，将柴油机所产生的功传递出去。曲轴在轴类零件分类中属于异形轴，形状比较复杂，刚度较差，加工较为困难。

本次任务是利用三维 CAD 软件 Pro/ENGINEER Wildfire 5.0 来创建图 6-1-1 所示的三拐小型曲轴的三维虚拟零件模型。

任务目标

根据零件图创建柴油机主要零件曲轴的三维虚拟零件模型。

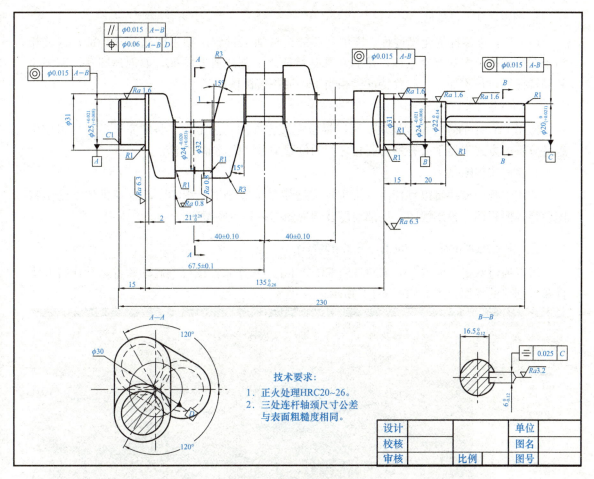

图 6-1-1　三拐曲轴零件图

📖 知识准备

一、Pro/E 概述

Pro/E 是美国参数科技公司(PTC)的旗舰产品。Pro/E 是一套大型三维参数驱动 CAD/CAM 集成软件，集多功能模块于一体，可进行零件设计、零件装配、零件制造、钣金设计、数控机床加工、模具开发与设计制造、机构运动仿真等。其以参数驱动(参数化)而闻名，并迅速广泛应用于机械、电子、模具、柴油机等行业。

关于 Pro/E 更多的介绍，读者可以自行登录 PTC 公司的官方网站查看。

二、Pro/E 的模块介绍

Pro/E 是一个包含多个设计模型的大型设计软件，其中主要的设计模块包括创建二维草图、创建三维零件模型、创建零件装配图及创建工程图等。

1. 创建二维草图

三维模型的创建中一般都要先创建草绘截面图，然后才能生成实体。因此，二维草图是三维实体建模的重要环节之一。

2. 创建三维零件模型

Pro/E 三维零件的建模过程，模仿真实的机械加工过程。首先创建基础特征，这就相当于在机械加工之前产生毛坯，然后在基础特征之上创建放置特征，如创建圆孔、倒圆角和筋特征等，每添加一个放置特征就相当于增加一道机械加工工序。

3. 创建零件装配图

使用 Pro/E 的零件装配模块，可以轻松完成零件的装配工作。装配完毕后还可以使用组件分解的方式来显示所有零件互相之间的位置关系，因此非常直观。

4. 创建工程图

使用工程图模块可以直接由三维零件实体模型生成二维工程图。系统提供的二维工程图包括一般视图、投影视图、局部视图及剖视图等多种视图类型。

三、Pro/ENGINEER Wildfire 5.0 的界面

可以通过双击桌面的 Pro/ENGINEER Wildfire 5.0 软件图标 启动软件，默认打开零件模型创建的界面，界面如图 6-1-2 所示。

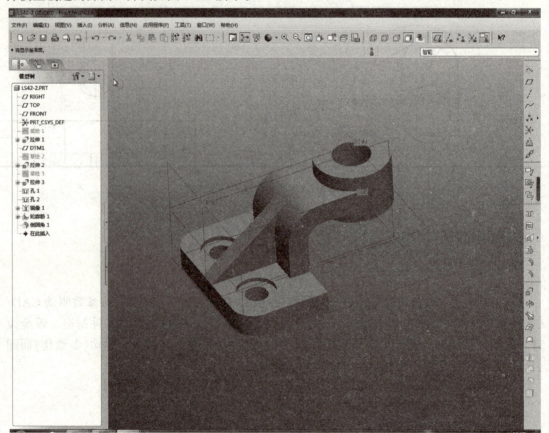

图 6-1-2　Pro/ENGINEER Wildfire 5.0 软件操作界面

四、绘制草图

草绘后的图形经过拉伸、旋转等处理即可建立实体模型，而且其他很多造型方式都要

在草绘的基础上完成，所以说草绘是 Pro/E 零件建模的基础。

1. 草图绘制基本命令

草图绘制/编辑几何图元命令按钮如图 6-1-3 所示。

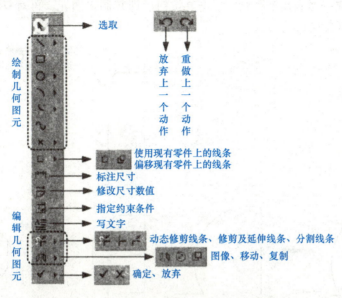

图 6-1-3　绘制/编辑几何图元命令按钮

2. 约束

在设计时，可以根据模型的要求，先确定一些图元的相互约束关系，如位置关系、垂直关系、平行关系等，然后将其定义为强约束，在以后模型生成与自动修改时，系统将不会改变约束关系，这样可以简化建模，提高建模效率。草绘环境中用到的几何约束见表 6-1-1。

表 6-1-1　草绘环境中用到的几何约束

按钮	约束
↕	使直线或两点竖直
↔	使直线或两点水平
⊥	使两图元正交
⊙	使两图元相切
＼	在直线中间放置一点
◉	点与直线共线
⊷	使两点或顶点关于中心线对称
=	创建相等长度、相等半径或相等曲率
◉	使两条线平行

3. 编辑几何图元

(1)修剪线条。动态删除线段：单击 ⊬ 按钮，选取到的线条即被删除。

角落处进行裁剪：单击 ⊦ 按钮，点选两条线，则系统自动修剪或延伸两条线。

修剪命令的用法如图 6-1-4 所示。

（2）镜像、复制功能。

1）镜像：选取一个或多个图元，单击 ![按钮] 按钮，选取中心线，即可使所选的图元镜像至中心线的另一侧。镜像命令的用法如图 6-1-5 所示。

2）复制：选取一个或几个图元，单击 ![按钮] 按钮后即复制出图元，再对复制的图元进行图元的移动、缩放或旋转。

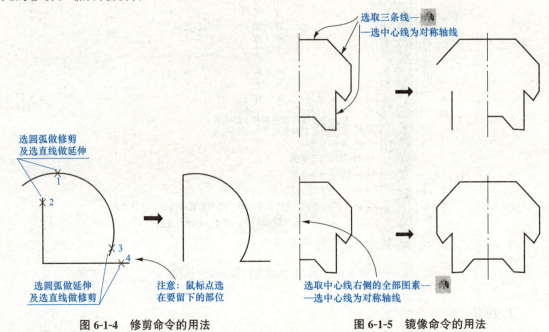

图 6-1-4　修剪命令的用法　　　　　图 6-1-5　镜像命令的用法

4. 标注尺寸

（1）直线尺寸的标注。直线尺寸的标注包括线段的长度、线到点、线到线、点到点。直线尺寸的标注如图 6-1-6 所示。

（2）圆或圆弧的尺寸标注。圆或圆弧的尺寸包括半径的标注［图 6-1-7（a）］和直径的标注［图 6-1-7（b）］。

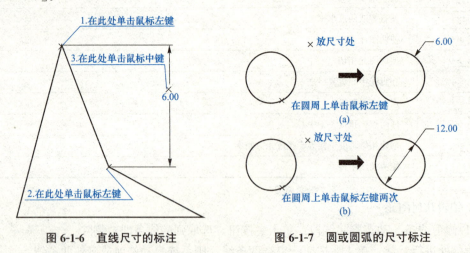

图 6-1-6　直线尺寸的标注　　　　　图 6-1-7　圆或圆弧的尺寸标注

（3）旋转截面直径的标注。旋转截面直径的标注如图 6-1-8 所示。

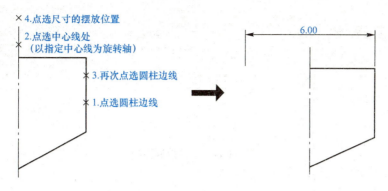

图 6-1-8　旋转截面直径的标注

（4）角度的标注。角度的标注如图 6-1-9 所示。

五、零件建模基础

任何一个零件模型，无论简单还是复杂，都可以分成一个个特征，特征是零件建模的基本单元。在 Pro/E 系统中，进行零件模型的设计过程就是一个个特征的设计过程，通过特征的叠加和切除等来构建零件模型。实体零件特征主要分为以下两种：

（1）基本特征：创建三维实体模型的基础，实体零件第一特征都属于基本特征，主要有拉伸、旋转、扫描等。

（2）放置特征：放置特征必须放置在基本特征之上，即这些特征的创建都依赖基本特征，不能脱离实体特征单独存在，主要有孔、筋、倒圆角、倒角等。

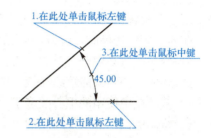

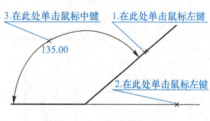

图 6-1-9　角度的标注

1. 拉伸建模

拉伸建模的原理是在垂直该方向的某个平面上绘制一个截面，然后让该截面沿垂直绘图方向伸长一定的深度。拉伸特征如图 6-1-10 所示，拉伸控制面板如图 6-1-11 所示。

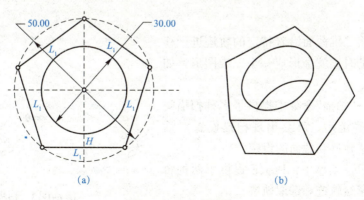

(a)　　　　　　　　　　(b)

图 6-1-10　拉伸特征

(a)多个截面；(b)实体

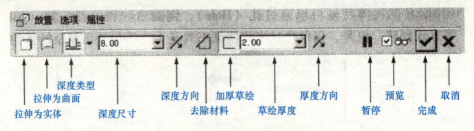

图 6-1-11　拉伸控制面板

2. 旋转建模

旋转建模的原理是在某个平面上绘制一个截面和一条中心线，将截面以中心线为旋转轴给定一个旋转角度，则得到一个零件几何体。

在通过旋转建模时，应遵循以下规则：

(1)旋转截面必须有一条中心线。

(2)几何体必须只能草绘在旋转轴的一侧。

(3)若草绘中使用的中心线多于一条，Pro/E 将使用草绘的第一条中心线作为旋转轴。

(4)绘制的截面必须是封闭的。

旋转特征如图 6-1-12 所示。

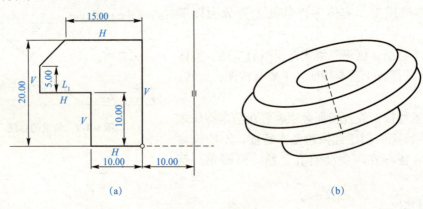

(a)　　　　　　　　　　　　(b)

图 6-1-12　旋转特征

(a)截面；(b)实体

3. 扫描

扫描就是将二维截面沿着特定的轨迹进行移动，截面移动的时候就会形成一个三维图形，如图 6-1-13 所示。

在"插入"→"扫描"命令中提供了多种扫描类型，扫描类型确定后，就会出现扫描设置对话框，以进行扫描轨迹和截面的设定。

在"扫描轨迹"菜单中，Pro/E 提供了两种轨迹生成方式：草绘轨迹和选取轨迹。

轨迹确定后，Pro/E 会在轨迹线的起点建立

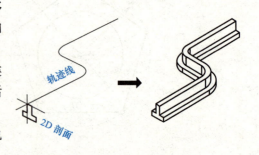

图 6-1-13　扫描

一个草绘平面(临时平面，垂直轨迹线)，用于截面的绘制。

4. 放置特征

Pro/E 提供了一些实用的放置特征工具，主要包括倒圆角、倒角、筋、孔、壳和拔模等。

(1)倒圆角。使用工具栏的 ☑ 按钮或单击"插入"→"倒圆角"命令，可以创建倒圆角特征。

1)选取要圆角的边(可以按住 Ctrl 键进行多选)，图形窗口会出现预览。

2)更改半径值，完成圆角，方法如图 6-1-14 所示。

图 6-1-14　倒圆角选项

(2)倒角。使用工具栏的 ☑ 按钮或单击"插入"→"倒角"命令，出现图 6-1-15 所示的选项对话框。更改参数，完成倒角。

图 6-1-15　倒角选项

(3)筋。使用"工程特征"工具栏的 ☑ 按钮或单击"插入"→"筋"命令。

筋创建过程如下。

1)选取草绘平面。

2)绘制筋的截面(截面是筋的外形，必须是开放的，而且端点必须锁定在依附的面上)，如图 6-1-16 所示。

3)修改筋的厚度，如图 6-1-17 所示。

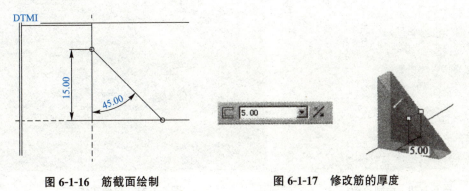

图 6-1-16　筋截面绘制　　　　图 6-1-17　修改筋的厚度

📟 任务实施

(1)启动 Pro/E 软件，单击"新建文件"按钮 ☐，打开"新建文件"对话框，新建一个名为"quzhou"的实体文件。

(2)创建左面第一段连杆轴颈实体特征。选择 RIGHT 作为基准平面，绘制草图，如图 6-1-18 所示。

单击"拉伸实体"命令按钮 🗺，生成第一段连杆轴颈，如图 6-1-19 所示。

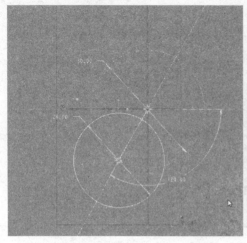

图 6-1-18 绘制草图(一)

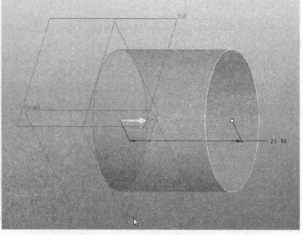

图 6-1-19 拉伸实体(一)

(3)创建左面第二个曲轴臂。选择第一段连杆轴颈实体的右端面为草图基准面，绘制图 6-1-20 所示的草图。

单击"拉伸实体"命令按钮 🗺，生成左面第二段曲臂，如图 6-1-21 所示。

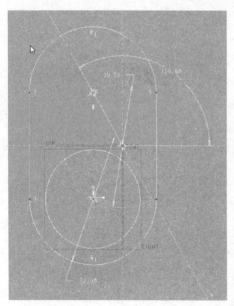

图 6-1-20 绘制草图(二)

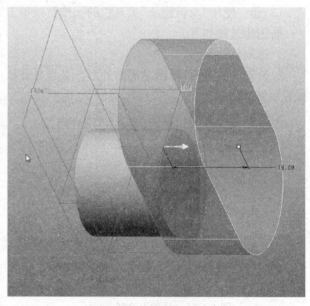

图 6-1-21 拉伸实体(二)

(4)创建左面第二段连杆轴颈实体特征。选择左面第二个曲轴臂的右端面作为基准平面，绘制草图，如图 6-1-22 所示。

单击"拉伸实体"命令按钮 🗺，生成左面第二段连杆轴颈，如图 6-1-23 所示。

(5)创建左面第三个曲轴臂。选择左面第二段连杆轴颈实体的右端面为草图基准面，绘制图 6-1-24 所示的草图。

单击"拉伸实体"命令按钮 🗺，生成左面第三段曲臂，如图 6-1-25 所示。

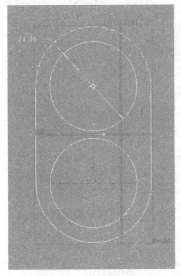

图 6-1-22　绘制草图(三)

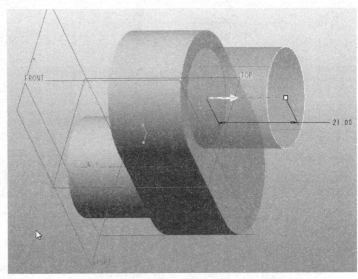

图 6-1-23　拉伸实体(三)

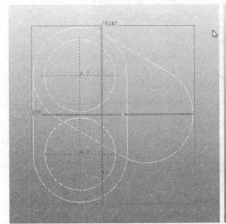

图 6-1-24　绘制草图(四)

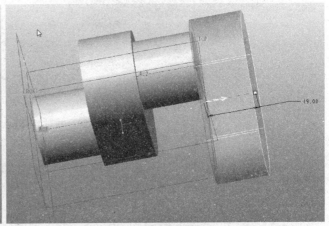

图 6-1-25　拉伸实体(四)

(6)创建左面第三个连杆轴颈实体特征。选择第三个曲轴臂的右端面作为基准平面，绘制草图。单击"拉伸实体"命令按钮，生成第三段连杆轴颈实体特征，如图 6-1-26 所示。

(7)创建左面第四个曲轴臂。选择左面第三段连杆轴颈实体的右端面为草图基准面，绘制图 6-1-27 所示的草图。

单击"拉伸实体"命令按钮，生成第四个曲臂，如图 6-1-28 所示。

(8)利用"拉伸"按钮或"旋转"按钮，生成右面三段轴颈，如图 6-1-29 所示。

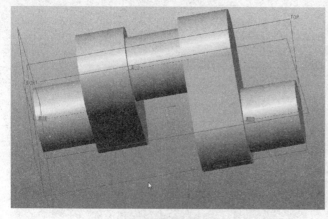

图 6-1-26　拉伸实体(五)　　　　　　　　　　　图 6-1-27　绘制草图(五)

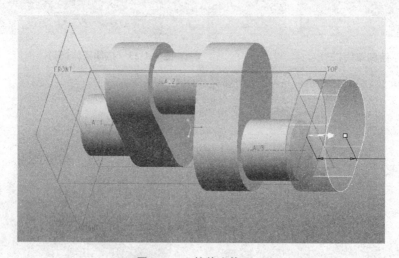

图 6-1-28　拉伸实体(六)

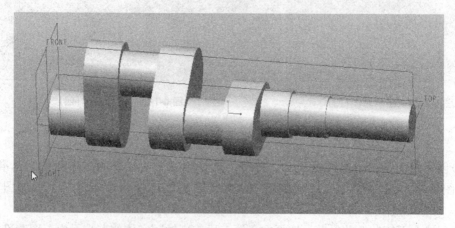

图 6-1-29　生成实体(一)

(9)创建左面第一个曲轴臂。选择第一段连杆轴颈实体的左端面作为草图基准面,绘制图 6-1-30 所示的草图。

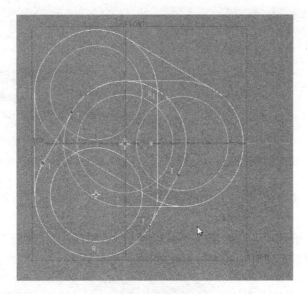

图 6-1-30　绘制草图(六)

单击"拉伸实体"命令按钮⬚，生成第一段曲臂，如图 6-1-31 所示。

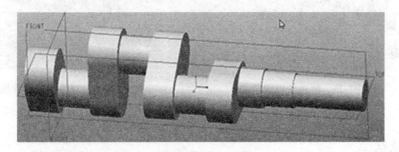

图 6-1-31　生成实体(二)

(10)生成左面第一段曲轴轴颈，如图 6-1-32 所示。

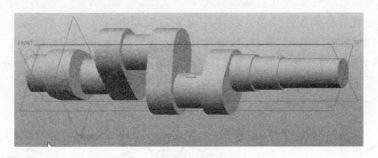

图 6-1-32　生成实体(三)

(11)创建键槽。单击"基准平面"命令按钮⬚，生成辅助基准面 DTM1，并在此平面画草图，如图 6-1-33 所示。

单击"拉伸(切除)实体"命令按钮，生成键槽，如图 6-1-34 所示。

图 6-1-33　绘制键槽草图　　　　　　　　　　　图 6-1-34　生成键槽

（12）单击"倒角"命令按钮 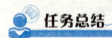 和"倒圆角"命令按钮 🔧，对曲轴进行到直角和圆角，完成后如图 6-1-35 所示。

（13）由于曲臂是锻件或铸件，形状不是很复杂，但需要用到比较复杂的命令，在这里就不进行讲解了。最后创建完成的大体形状如图 6-1-36 所示。

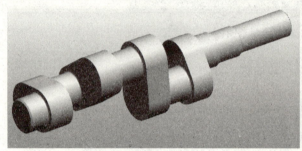

图 6-1-35　倒角和倒圆角　　　　　　　　　　　图 6-1-36　曲轴零件模型

 任务总结

在 Pro/E 系统中，零件模型的创建过程就是一个个特征的创建过程，特征是零件建模的基本单元，通过特征的叠加和切除来构建零件模型。

本次任务创建的曲轴零件模型，主体是由 7 段轴颈和 4 个曲臂组成的。其中，轴颈使用基本特征中"拉伸"命令或用"旋转"命令来完成，曲臂用"拉伸"特征来完成。"拉伸"或"旋转"特征的创建过程是首先选择基准平面，绘制草图，然后再进行实体的拉伸或旋转。然后通过创建辅助基准面，在此基础上绘制草图，用"拉伸（切除）实体"命令来完成键槽的建模。曲轴主体完成后，利用放置特征中的"倒角"和"倒圆角"命令对曲轴进行倒角和倒圆角的操作。

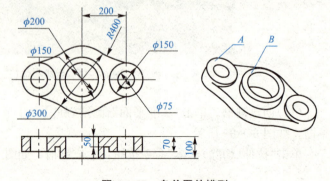

图 6-1-37　盘盖零件模型

 巩固训练

利用本次任务所学的方法，完成图 6-1-37 所示盘盖零件模型的创建。

学习成果评价单

任务名称：_____　　　　　　自我评价成绩：_____

评分模块	评分内容	配分	重点检查内容	扣分	得分	备注
知识	是否了解 Pro/E 的基本设计主要模块	15	零件模块			
	是否熟悉 Pro/E 的零件模型创建界面	15	Pro/E 的零件模型创建界面部分的用途			
技能	是否能够绘制草图	20	简单草图的绘制方法和尺寸标注			
	是否掌握"拉伸"和"旋转"命令的使用方法	20	"拉伸"和"旋转"命令的使用方法			
	是否掌握"倒角"和"倒圆角"命令的使用方法	20	"倒角"和"倒圆角"命令的使用方法			
素质	职业素养	10	团队合作、严谨工作作风、爱岗敬业			
完成任务情况	能独立完成的任务					
	与他人合作完成的任务					
	在教师指导下完成的任务					
	你对本次任务的建议					

学习笔记：

_____

_____

_____

_____

_____

_____

附　　录

附录 1　螺纹

附表 1-1　普通螺纹的直径与螺距(GB/T 193—2003 和 GB/T 196—2003)（单位：mm）

标注示例：M10—6g(粗牙普通外螺纹、公称直径 d=10、右旋、中径及顶径公差带代号均为 6g、中等旋合长度)；M10×1 LH—6H(细牙普通内螺纹、公称直径 D=10、螺距 P=1、左旋、中径及顶径公差带代号均为 6H，中等旋合长度)

公称直径 D、d		螺距 P		粗牙中径	粗牙小径
第一系列	第二系列	粗牙	细牙	D_2、d_2	D_1、d_1
3		0.5	0.35	2.675	2.459
	3.5	0.6		3.110	2.850
4		0.7		3.545	3.242
	4.5	0.75	0.50	4.013	3.688
5		0.8		4.480	4.134
6		1	0.75	5.350	4.917
8		1.25	1, 0.75	7.188	6.647
10		1.5	1.25, 1, 0.75	9.026	8.376
12		1.75	1.25, 1	10.863	10.106
	14	2	1.5, 1.25*, 1	12.701	11.835
16		2	1.5, 1	14.701	13.835
	18	2.5		16.376	15.294
20		2.5		18.376	17.294
	22	2.5	2, 1.5, 1	20.376	19.294
24		3		22.051	20.752
	27	3		25.051	23.752
30		3.5	(3), 2, 1.5, 1	27.727	26.211
	33	3.5	(3), 2, 1.5	30.727	29.211
36		4	3, 2, 1.5	33.402	31.670
	39	4		36.402	34.670
42		4.5		39.077	37.129
	45	4.5		42.077	40.129
48		5		44.752	42.587
	52	5	4, 3, 2, 1.5	48.752	46.587
56		5.5		52.428	50.046
	60	5.5		56.428	54.046
64		6		60.103	57.505
	68	6		64.103	61.505

注：1. 优先选用第一系列，第三系列未列入。

　　2. 括号内尺寸尽可能不用。

　　3. * M14×1.25 仅用于火花塞。

附表 1-2 螺纹旋合长度(GB/T 197—2018)　　　　mm

基本大径 D、d		螺距 P	旋合长度			
			S	N		L
>	≤		≤	>	≤	>
2.8	5.6	0.35	1	1	3	3
		0.5	1.5	1.5	4.5	4.5
		0.6	1.7	1.7	5	5
		0.7	2	2	6	6
		0.75	2.2	2.2	6.7	6.7
		0.8	2.5	2.5	7.5	7.5
5.6	11.2	0.75	2.4	2.4	7.1	7.1
		1	3	3	9	9
		1.25	4	4	12	12
		1.5	5	5	15	15
11.2	22.4	1	3.8	3.8	11	11
		1.25	4.5	4.5	13	13
		1.5	5.6	5.6	16	16
		1.75	6	6	18	18
		2	8	8	24	24
		2.5	10	10	30	30
22.4	45	1	4	4	12	12
		1.5	6.3	6.3	19	19
		2	8.5	8.5	25	25
		3	12	12	36	36
		3.5	15	15	45	45
		4	18	18	53	53
		4.5	21	21	63	63
45	90	1.5	7.5	7.5	22	22
		2	9.5	9.5	28	28
		3	15	15	45	45
		4	19	19	56	56
		5	24	24	71	71
		5.5	28	28	85	85
		6	32	32	95	95

附录 2 　螺纹紧固件

六角头螺栓——C 级（GB/T 5780—2016）　　　　　　六角头螺栓——A 和 B 级（GB/T 5782—2016）

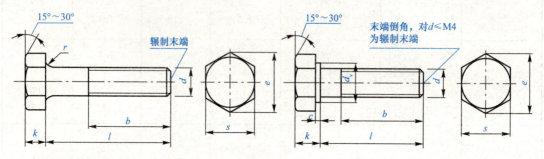

标记示例

标注示例：螺纹规格 $d=12$、公称长度 $l=80$、性能等级为 8.8 级、表面氧化、A 级的六角头螺栓，记为：螺栓 GB/T 5782—2016　M12×80

螺纹规格 d			M3	M4	M5	M6	M8	M10	M12	M16	M20	M24	M30	M36	M42
b 参考	$l \leqslant 125$		12	14	16	18	22	26	30	38	46	54	66		
	$125 < l \leqslant 200$		18	20	22	24	28	32	36	44	52	60	72	84	96
	$l > 200$		31	33	35	37	41	45	49	57	65	73	85	97	109
c			0.4	0.4	0.5	0.5	0.6	0.6	0.6	0.8	0.8	0.8	0.8	0.8	1
d_w	产品等级	A	4.75	5.88	6.88	8.88	11.63	14.63	16.63	22.49	28.19	33.61			
		B、C	4.45	5.74	6.74	8.74	11.47	14.47	16.47	22	27.7	33.25	42.75	51.11	59.95
e	产品等级	A	6.01	7.66	8.79	11.05	14.38	17.77	20.03	26.75	33.53	39.98			
		B、C	5.88	7.50	8.63	10.89	14.20	17.59	19.85	26.17	32.95	39.55	50.85	60.79	71.3
k 公称			2	2.8	3.5	4	5.3	6.4	7.5	10	12.5	15	18.7	22.5	26
r			0.1	0.2	0.2	0.25	0.4	0.4	0.6	0.6	0.8	0.8	1	1	1.2
s 公称			5.5	7	8	10	13	16	18	24	30	36	46	55	65
（产品规格范围）			20～30	25～40	25～50	30～60	40～80	45～100	50～120	65～160	80～200	90～240	110～300	140～360	160～440
l 系列			12，16，20，25，30，35，40，45，50，55，60，65，70，80，90，100，110，120，130，140，150，160，180，200，220，240，260，280，300，320，340，360，380，400，420，440，460，480，500												

注：1. A 级用于 $d \leqslant 24$ 和 $l \leqslant 10d$ 或 $\leqslant 150$ 的螺栓；B 级用于 $d > 24$ 和 $l > 10d$ 或 > 150 的螺栓。

　　2. 螺纹规格 d 范围：GB/T 5780—2016 为 M5～M64；GB/T 5782—2016 为 M1.6～M64。

　　3. 公称长度 l 范围：GB/T 5780—2016 为 25～500；GB/T 5782—2016 为 12～500。

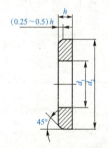

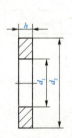

附表 2-2　六角螺母　　　　　　　　　　　　　　　（单位：mm）

六角头螺母——C 级　　　1 型六角螺母——A 和 B 级　　　六角薄螺母——A 和 B 级
（GB/T 41—2016）　　　（GB/T 6170—2015）　　　（GB/T 6172.1—2016）

标记示例：

螺纹规格 D=M12、C 级六角螺母，记为：螺母　GB/T 41—2016　M12

螺纹规格 D=M12、A 级 1 型六角螺母，记为：螺母　GB/T 6170—2015　M12

螺纹规格 D=M12、A 级六角薄螺母，记为：螺母　GB/T 6172.1—2016　M12

螺纹规格 D		M3	M4	M5	M6	M8	M10	M12	M16	M20	M24	M30	M36	M42
e_{min}	GB/T 41—2016			8.63	10.89	14.20	17.59	19.85	26.17	32.95	39.55	50.85	60.79	71.3
	GB/T 6170—2015	6.01	7.66	8.79	11.05	14.38	17.77	20.03	26.75	32.95	39.55	50.85	60.79	71.3
	GB/T 6172.1—2016	6.01	7.66	8.79	11.05	14.38	17.77	20.03	26.75	32.95	39.55	50.85	60.79	71.3
s_{max}	GB/T 41—2016			8	10	13	16	18	24	30	36	46	55	65
	GB/T 6170—2015	5.5	7	8	10	13	16	18	24	30	36	46	55	65
	GB/T 6172.1—2016	5.5	7	8	10	13	16	18	24	30	36	46	55	65
m_{max}	GB/T 41—2016			5.6	6.4	7.9	9.5	12.2	15.9	19	22.3	26.4	31.9	34.9
	GB/T 6170—2015	2.4	3.2	4.7	5.2	6.8	8.4	10.8	14.8	18	21.5	25.6	31	34
	GB/T 6172.1—2016	1.8	2.2	2.7	3.2	4	5	6	8	10	12	15	18	21

注：A 级用于 $D \leqslant 16$；B 级用于 $D > 16$。

附表 2-3　垫圈　　　　　　　　　　　　　　　　　（单位：mm）

小垫圈——A 级（GB/T 848—2002）

平垫圈——A 级（GB/T 97.1—2002）

平垫圈　倒角型——A 级（GB/T 97.2—2002）

标记示例：

标准系列、公称直径 d=8 mm、性能等级为 140 HV 级、不经表面处理的平垫圈，记为：垫圈　GB/T 97.1—2002　8

公称尺寸（螺纹规格 d）		1.6	2	2.5	3	4	5	6	8	10	12	(14)	16	20	24	30	36
d_1	GB/T 848—2002	1.7	2.2	2.7	3.2	4.3	5.3	6.4	8.4	10.5	13	15	17	21	25	31	37
	GB/T 97.1—2002	1.7	2.2	2.7	3.2	4.3	5.3	6.4	8.4	10.5	13	15	17	21	25	31	37
	GB/T 97.2—2002						5.3	6.4	8.4	10.5	13	15	17	21	25	31	37
d_2	GB/T 848—2002	3.5	4.5	5	6	9	9	11	15	18	20	24	28	34	39	50	60
	GB/T 97.1—2002	4	5	6	7	9	10	12	16	20	24	28	30	37	44	56	66
	GB/T 97.2—2002						10	12	16	20	24	28	30	37	44	56	66
h	GB/T 848—2002	0.3	0.3	0.5	0.5	0.5	1	1.6	1.6	1.6	2	2.5	2.5	3	4	4	5
	GB/T 97.1—2002	0.3	0.3	0.5	0.5	0.8	1	1.6	1.6	2	2.5	2.5	3	3	4	4	5
	GB/T 97.2—2002						1	1.6	1.6	2	2.5	2.5	3	3	4	4	5

附表 2-4 弹簧垫圈 （单位：mm）

标准型弹簧垫圈（GB/T 93—1987）　　　　　　轻型弹簧垫圈（GB/T 859—1987）

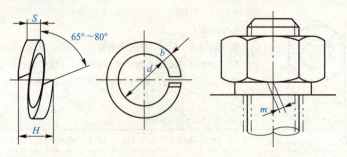

标记示例：规格 16 mm、材料为 65 Mn、表面氧化的标准型弹簧垫圈，记为：垫圈　GB/T 93—1987　16

规格 （螺纹大径）		3	4	5	6	8	10	12	(14)	16	(18)	20	(22)	24	(27)	30
d		3.1	4.1	5.1	6.1	8.1	10.2	12.2	14.2	16.2	18.2	20.2	22.5	24.5	27.5	30.5
H	GB/T 93—1987	1.6	2.2	2.6	3.2	4.2	5.2	6.2	7.2	8.2	9	10	11	12	13.6	15
	GB/T 859—1987	1.2	1.6	2.2	2.6	3.2	4	5	6	6.4	7.2	8	9	10	11	12
$S(b)$	GB/T 93—1987	0.8	1.1	1.3	1.6	2.1	2.6	3.1	3.6	4.1	4.5	5	5.5	6	6.8	7.5
S	GB/T 859—1987	0.6	0.8	1.1	1.3	1.6	2	2.5	3	3.2	3.6	4	4.5	5	5.5	6
$m \leqslant$	GB/T 93—1987	0.4	0.55	0.65	0.8	1.05	1.3	1.55	1.8	2.05	2.25	2.5	2.75	3	3.4	3.75
	GB/T 859—1987	0.3	0.4	0.55	0.65	0.8	1	1.25	1.5	1.6	1.8	2	2.25	2.5	2.75	3
b	GB/T 859—1987	1	1.2	1.5	2	2.5	3	3.5	4	4.5	5	5.5	6	7	8	9

注：1. 括号内的规格尽可能不用。

2. m 应大于零。

附表 2-5 双头螺柱 （单位：mm）

双头螺柱——$b_m=1d$（GB 897—1988）　　　　双头螺柱——$b_m=1.25d$（GB 898—1988）

双头螺柱——$b_m=1.5d$（GB 899—1988）　　　　双头螺柱——$b_m=2d$（GB 900—1988）

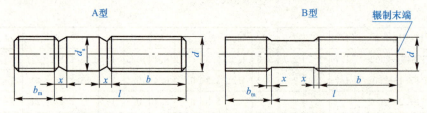

标记示例

两端均为粗牙普通螺纹，$d=10$ mm，$l=50$ mm，性能等级为 4.8 级，B 型，$b_m=1d$，记为：螺柱　GB 897—1988 M10×50

旋入机体一端为粗牙普通螺纹，旋螺母一端为 $P=1$ mm 的细牙普通螺纹，$d=10$ mm，$l=50$ mm，性能等级为 4.8 级，A 型，$b_m=1d$，记为：螺柱　GB 897—1988　AM10—M10×1×50

旋入机体一端为过渡配合的第一种配合，旋螺母一端为粗牙普通螺纹，$d=10$ mm，$l=50$ mm，性能等级为 8.8 级，镀锌钝化，B 型，$b_m=1d$，记为：螺柱　GB 897—1988　GM10—M10×50—8.8—Z

螺纹规格 d	b_m(旋入机体端长度)				d_S	x	l/b(螺柱长度/旋螺母端长度)
	GB 897	GB 898	GB 899	GB 900			
M4			6	8	4	$1.5P$	16~22/8　25~40/14
M5	5	6	8	10	5	$1.5P$	(16~22)/10　(25~50)/16
M6	6	8	10	12	6	$1.5P$	(20~22)/10　(25~30)/14　(32~75)/18
M8	8	10	12	16	8	$1.5P$	(20~22)/12　(25~30)/16　(32~90)/22
M10	10	12	15	20	10	$1.5P$	(25~28)/14　(30~38)/16　(40~120)/26　130/32
M12	12	15	18	24	12	$1.5P$	(25~30)/16　(32~40)/20　(45~120)/30　(130~180)/36
M16	16	20	24	32	16	$1.5P$	(30~38)/20　(40~55)/30　(60~120)/38　(130~200)/44
M20	20	25	30	40	20	$1.5P$	(35~40)/25　(45~65)/35　(70~120)/46　(130~200)/52
M24	24	30	36	48	24	$1.5P$	(45~50)/30　(55~75)/45　(80~120)/54　(130~200)/60
M30	30	38	45	60	30	$1.5P$	(60~65)/40　(70~90)/50　(95~120)/66　(130~200)/72　(210~250)/85
M36	36	45	54	72	36	$1.5P$	(65~75)/45　(80~110)/60　120/78　(130~200)/84　(210~300)/97
M42	42	52	63	84	42	$1.5P$	(70~80)/50　(85~110)/70　120/90　(130~200)/96　(210~300)/109
M48	48	60	72	96	48	$1.5P$	(80~90)/60　(95~110)/80　120/102　(130~200)/108　(210~300)/121
l系列	12, (14), 16, (18), 20, (22), 25, (28), 30, (32), 35, (38), 40, 45, 50, (55), 60, (65), 70, (75), 80, (85), 90, (95), 100 110~260(10进位), 280, 300						

注: 1. 括号内的规格尽可能不用。

2. P 为螺距。

3. $b_m=1d$, 一般用于钢对钢; $b_m=1.25d$、$b_m=1.5d$, 一般用于钢对铸铁; $b_m=2d$, 一般用于钢对铝合金。

附表 2-6　开槽盘头螺钉(GB/T 67—2016)　　(单位：mm)

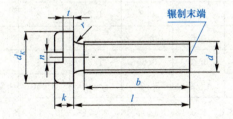

标记示例：螺纹规格 d=M5、公称长度 l=20 mm、性能等级为 4.8 级、不经表面处理的 A 级开槽盘头螺钉，记为：

螺钉　GB/T 67—2016　M5×20

螺纹规格 d	M1.6	M2	M2.5	M3	M4	M5	M6	M8	M10
P(螺距)	0.35	0.4	0.45	0.5	0.7	0.8	1	1.25	1.5
b	25	25	25	25	38	38	38	38	38

螺纹规格 d	M1.6	M2	M2.5	M3	M4	M5	M6	M8	M10
d_k	3.2	4	5	5.6	8	9.5	12	16	20
k	1	1.3	1.5	1.8	2.4	3	3.6	4.8	6
n	0.4	0.5	0.6	0.8	1.2	1.2	1.6	2	2.5
r	0.1	0.1	0.1	0.1	0.2	0.2	0.25	0.4	0.4
t	0.35	0.5	0.6	0.7	1	1.2	1.4	1.9	2.4
公称长度 l	2～6	2.5～20	3～25	4～30	5～40	6～50	8～60	10～80	12～80
l 系列	2、2.5、3、4、5、6、8、10、12、(14)、16、20、25、30、35、40、45、50、(55)、60、(65)、70、(75)、80								

注：1. 括号内的规格尽可能不用。

2. M1.6～M3 的螺钉，公称长度 $l \leqslant 30$ mm 的，制出全螺纹；M4～M10 的螺钉，公称长度 $l \leqslant 40$ mm 的，制出全螺纹。

附表 2-7 开槽沉头螺钉(GB/T 68—2016)　　　　（单位：mm）

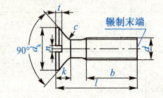

标记示例：螺纹规格 d＝M5、公称长度 l＝20 mm、性能等级为 4.8 级、不经表面处理的 A 级开槽沉头螺钉，记为：
螺钉　GB/T68 —2100　M5×20

螺纹规格 d	M1.6	M2	M2.5	M3	M4	M5	M6	M8	M10
P(螺距)	0.35	0.4	0.45	0.5	0.7	0.8	1	1.25	1.5
b	25	25	25	25	38	38	38	38	38
d_k	3.6	4.4	5.5	6.3	9.4	10.4	12.6	17.3	20
k	1	1.2	1.5	1.65	2.7	2.7	3.3	4.65	5
n	0.4	0.5	0.6	0.8	1.2	1.2	1.6	2	2.5
r	0.4	0.5	0.6	0.8	1	1.3	1.5	2	2.5
t	0.5	0.6	0.75	0.85	1.3	1.4	1.6	2.3	2.6
公称长度 l	2.5～16	3～20	4～25	5～30	6～40	8～50	8～60	10～80	12～80
l 系列	2.5、3、4、5、6、8、10、12、(14)、16、20、25、30、35、40、45、50、(55)、60、(65)、70、(75)、80								

注：1. 括号内的规格尽可能不用。

2. M1.6～M3 的螺钉，公称长度 $l \leqslant 30$ mm 的，制出全螺纹；M4～M10 的螺钉、公称长度 $l \leqslant 45$ mm 的，制出全螺纹。

附表 2-8　开槽圆柱头螺钉(GB/T 65—2016)　　　　　　(单位：mm)

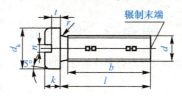

标记示例：螺纹规格 d＝M5、公称长度 l＝20 mm、性能等级为 4.8 级、不经表面氧化的 A 级开槽圆柱头螺钉，记为：螺钉　GB/T 65—2016　M5×20

螺纹规格 d	M1.6	M2	M2.5	M3	M4	M5	M6	M8	M10
P(螺距)	0.35	0.4	0.45	0.5	0.7	0.8	1	1.25	1.5
b	25	25	25	25	38	38	38	38	38
d_k	3	3.8	4.5	5.5	7	8.5	10	13	16
k	1.1	1.4	1.8	2.0	2.6	3.3	3.9	5.0	6.0
n	0.4	0.5	0.6	0.8	1.2	1.2	1.6	2	2.5
r	0.1	0.1	0.1	0.1	0.2	0.2	0.25	0.4	0.4
t	0.45	0.6	0.7	0.85	1.1	1..3	1.6	2	2.4
公称长度 l	2～16	3～20	3～25	4～30	5～40	6～50	8～60	10～80	12～80
l 系列	2，3，4，5，6，8，10，12，(14)，16，20，25，30，35，40，45，50，(55)，60，(65)，70，(75)，80								

注：1. M1.6～M3 的螺钉，公称长度 l≤30 mm 的，制出全螺纹；M4～M10 的螺钉，公称长度 l≤40 mm 的，制出全螺纹。

　　2. 括号内的规格尽可能不用。

附录 3 键、销

附表 3-1 平键和键槽的尺寸与公差（GB/T 1095—2003 和 GB/T 1096—2003）　　mm

轴	键			键槽									
				宽度 b						深度			
公称直径 d	公称尺寸 $b×h$	宽度极限偏差 (h8)	高度 h 极限偏差 (h11)	公称尺寸 b	极限偏差					轴 t_1		毂 t_2	
					松连接		正常连接		紧密连接	公称尺寸	极限偏差	公称尺寸	极限偏差
					轴 H9	毂 D10	轴 N9	毂 JS9	轴和毂 P9				
>6~8	2×2	0 −0.014	—	2	+0.025 0	+0.060 +0.020	−0.004 −0.029	±0.012 5	−0.006 −0.031	1.2	+0.1 0	1.0	+0.1 0
>8~10	3×3			3						1.8		1.4	
>10~12	4×4	0 −0.018		4	+0.030 0	+0.078 +0.030	0 −0.030	±0.015	−0.012 −0.042	2.5		1.8	
>12~17	5×5			5						3.0		2.3	
>17~22	6×6			6						3.5		2.8	
>22~30	8×7	0 −0.022	0 −0.090	8	+0.036 0	+0.098 +0.040	0 −0.036	±0.018	−0.015 −0.051	4.0		3.3	
>30~38	10×8			10						5.0		3.3	
>38~44	12×8	0 −0.027		12	+0.043 0	+0.120 +0.050	0 −0.043	±0.021 5	−0.018 −0.061	5.0		3.3	
>44~50	14×9			14						5.5		3.8	
>50~58	16×10			16						6.0	+0.2 0	4.3	+0.2 0
>58~65	18×11		0 −0.110	18						7.0		4.4	
>65~75	20×12	0 −0.033		20	+0.052 0	+0.140 +0.065	0 −0.052	±0.026	−0.022 −0.074	7.5		4.9	
>75~85	22×14			22						9.0		5.4	
>85~95	25×14			25						9.0		5.4	
>95~110	28×16			28						10.0		6.4	

附表 3-2　销　　　　　　　　　　　　　　　　　（单位：mm）

圆柱销（GB/T 119.1—2000）　　　圆锥销（GB/T 117—2000）　　　开口销（GB/T 91—2000）

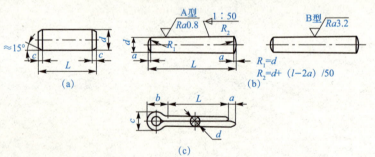

(a)　　　　　　　　　　　　　　(b)

(c)

标记示例：

公称直径 10 mm、长 50 mm 的 A 型圆柱销，记为：销　GB/T 119.1—2000　6m10×50

公称直径 10 mm、长 60 mm 的 A 型圆锥销，记为：销　GB/T 117—2000　10×60

公称直径 5 mm、长 50 mm 的开口销，记为：销　GB/T 91—2000　10×50

名称	公称直径 d	1	1.2	1.5	2	2.5	3	4	5	6	8	10	12
圆柱销 GB/T 119.1—2000	$c\approx$	0.20	0.25	0.30	0.35	0.40	0.50	0.63	0.80	1.2	1.6	2	2.5
圆锥销 GB/T 117—2000	$a\approx$	0.12	0.16	0.20	0.25	0.30	0.40	0.50	0.63	0.80	1	1.2	1.6
开口销 GB/T 91—2000	d(公称)	0.6	0.8	1	1.2	1.6	2	2.5	3.2	4	5	6.3	8
	c	1	1.4	1.8	2	2.8	3.6	4.6	5.8	7.4	9.2	11.8	15
	$b\approx$	2	2.4	3	3	3.2	4	5	6.4	8	10	12.6	16
	a	1.6	1.6	1.6	2.5	2.5	2.5	2.5	3.2	4	4	4	4
	l(商品规格范围公称长度)	4~12	5~16	6~20	8~25	8~32	10~40	12~50	14~65	18~80	22~100	30~120	40~160
l系列		2，3，4，5，6，8，10，12，14，16，18，20，22，24，26，28，30，32，35，40，45 50，55，60，65，70，75，80，85，90，95，100，120												

附录4 滚动轴承

附表 4-1 深沟球轴承 (GB/T 276—2013)

标记示例: 滚动轴承 6210 (GB/T 276—2013)

轴承代号	尺寸/mm			
	d	D	B	$r_{s,min}$
6304	20	52	15	1.1
6305	25	62	17	1.1
6306	30	72	19	1.1
6307	35	80	21	1.5
6308	40	90	23	1.5
6309	45	100	25	1.5
6310	50	110	27	2
6311	55	120	29	2
6312	60	130	31	2.1
6313	65	140	33	2.1
6314	70	150	35	2.1
6315	75	160	37	2.1
6316	80	170	39	2.1
6317	85	180	41	3
6318	90	190	43	3
6319	95	200	45	3
6320	100	215	47	3

轴承代号	尺寸/mm			
	d	D	B	$r_{s,min}$
02 系列				
6200	10	30	9	0.6
6201	12	32	10	0.6
6202	15	35	11	0.6
6203	17	40	12	0.6
6204	20	47	14	1
6205	25	52	15	1
6206	30	62	16	1
6207	35	72	17	1.1
6208	40	80	18	1.1
6209	45	85	19	1.1
6210	50	90	20	1.1
6211	55	100	21	1.5
6212	60	110	22	1.5
6213	65	120	23	1.5
6214	70	125	24	1.5
6215	75	130	25	1.5
6216	80	140	26	2
6217	85	150	28	2
6218	90	160	30	2
6219	95	170	32	2.1
6220	100	180	34	2.1
03 系列				
6300	10	35	11	0.6
6301	12	37	12	1
6302	15	42	13	1
6303	17	47	14	1

轴承代号	尺寸/mm			
	d	D	B	$r_{s,min}$
04 系列				
6403	17	62	17	1.1
6404	20	72	19	1.1
6405	25	80	21	1.5
6406	30	90	23	1.5
6407	35	100	25	1.5
6408	40	110	27	2
6409	45	120	29	2
6410	50	130	31	2.1
6411	55	140	33	2.1
6412	60	150	35	2.1
6413	65	160	37	2.1
6414	70	180	42	3
6415	75	190	45	3
6416	80	200	48	3
6417	85	210	52	4
6418	90	225	54	4
6419	95	240	55	4
6420	100	250	58	4

表中: d——轴承公称内径; D——轴承公称外径; B——轴承公称宽度; r——内外圈公称倒角尺寸的单向最小尺寸。

附表 4-2 圆锥滚子轴承(GB/T 297—2015)

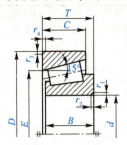

标记示例：滚动轴承 30312(GB/T 297—2015)   标准外形

轴承代号	尺寸/mm							
	d	D	B	C	T	$\gamma_{1s,min}$ $\gamma_{2s,min}$	$\gamma_{3s,min}$ $\gamma_{4s,min}$	α
02 系列								
30203	17	40	12	11	13.25	1	1	12°57′10″
30204	20	47	14	12	15.25	1	1	12°57′10″
30205	25	52	15	13	16.25	1	1	14°02′10″
30206	30	62	16	14	17.25	1	1	14°02′10″
30207	35	72	17	15	18.25	1.5	1.5	14°02′10″
30208	40	80	18	16	19.75	1.5	1.5	14°02′10″
30209	45	85	19	16	20.75	1.5	1.5	15°06′34″
30210	50	90	20	17	21.75	1.5	1.5	15°38′32″
30211	55	100	21	18	22.75	2	1.5	15°06′34″
30212	60	110	22	19	23.75	2	1.5	15°06′34″
30213	65	120	23	20	24.75	2	1.5	15°06′34″
30214	70	125	24	21	26.25	2	1.5	15°38′32″
30215	75	130	25	22	27.25	2	1.5	16°10′20″
30216	80	140	26	22	28.25	2.5	2	15°38′32″
30217	85	150	28	24	30.5	2.5	2	15°38′32″
30218	90	160	30	26	32.5	2.5	2	15°38′32″
30219	95	170	32	27	34.5	3	2.5	15°38′32″
30220	100	180	34	29	37	3	2.5	15°38′32″
03 系列								
30302	15	42	13	11	14.25	1	1	10°45′29″
30303	17	47	14	12	15.25	1	1	10°45′29″
30304	20	52	15	13	16.25	1.5	1.5	11°18′36″
30305	25	62	17	15	18.25	1.5	1.5	11°18′36″
30306	30	72	19	16	20.75	1.5	1.5	11°51′35″
30307	35	80	21	18	22.75	2	1.5	11°51′35″
30308	40	90	23	20	25.25	2	1.5	12°57′10″
30309	45	100	25	22	27.25	2	1.5	12°57′10″

轴承代号	尺寸/mm							
	d	D	B	C	T	$\gamma_{1s,min}$ $\gamma_{2s,min}$	$\gamma_{3s,min}$ $\gamma_{4s,min}$	α
30310	50	110	27	23	29.25	2.5	2	12°57′10″
30311	55	120	29	25	31.5	2.5	2	12°57′10″
30312	60	130	31	26	33.5	3	2.5	12°57′10″
30313	65	140	33	28	36	3	2.5	12°57′10″
30314	70	150	35	30	38	3	2.5	12°57′10″
30315	75	160	37	31	40	3	2.5	12°57′10″
30316	80	170	39	33	42.5	3	2.5	12°57′10″
30317	85	180	41	34	44.5	4	3	12°57′10″
30318	90	190	43	36	46.5	4	3	12°57′10″
30319	95	200	45	38	49.5	4	3	12°57′10″
30320	100	215	47	39	51.5	4	3	12°57′10″

附表 4-3 推力球轴承(GB/T 301—2015)

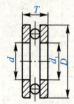

标记示例：51000 型标准外形 滚动轴承 51214(GB/T 301—2015)

轴承代号	尺寸/mm			
51000 型	d	d_1	D	T
12 系列				
51200	10	12	26	11
51201	12	14	28	11
51202	15	17	32	12
51203	17	19	35	12
51204	20	22	40	14
51205	25	27	47	15
51206	30	32	52	16
51207	35	37	62	18
51208	40	42	68	19
51209	45	47	73	20
51210	50	52	78	22
51211	55	57	90	25
51212	60	62	95	26
51213	65	67	100	27

轴承代号	尺寸/mm			
51214	70	72	105	27
51215	75	77	110	27
51216	80	82	115	28
51217	85	88	125	31
51218	90	93	135	35
51220	100	103	150	38
13 系列				
51304	20	22	47	18
51305	25	27	52	18
51306	30	32	60	21
51307	35	37	68	24
51308	40	42	78	26
51309	45	47	85	28
51310	50	52	95	31
51311	55	57	105	35
51312	60	62	110	35
51313	65	67	115	36
51314	70	72	125	40
51315	75	77	135	44
51316	80	82	140	44
51317	85	88	150	49
51318	90	93	155	50
51320	100	103	170	55
14 系列				
51405	25	27	60	24
51406	30	32	70	28
51407	35	37	80	32
51408	40	42	90	36
51409	45	47	100	39
51410	50	52	110	43
51411	55	57	120	48
51412	60	62	130	51
51413	65	68	140	56
51414	70	73	150	60
51415	75	78	160	65
51416	80	83	170	68
51417	85	88	180	72
51418	90	93	190	77
51420	100	103	210	85

附录 5　极限与配合

附表 5-1　标准公差数值（GB/T 1800.2—2020）

公称尺寸/mm 大于	至	IT01	IT0	IT1	IT2	IT3	IT4	IT5	IT6	IT7	IT8	IT9	IT10	IT11	IT12	IT13	IT14	IT15	IT16	IT17	IT18
		标准公差值 μm													标准公差值 mm						
—	3	0.3	0.5	0.8	1.2	2	3	4	6	10	14	25	40	60	0.1	0.14	0.25	0.4	0.6	1	1.4
3	6	0.4	0.6	1	1.5	2.5	4	5	8	12	18	30	48	75	0.12	0.18	0.3	0.48	0.75	1.2	1.8
6	10	0.4	0.6	1	1.5	2.5	4	6	9	15	22	36	58	90	0.15	0.22	0.36	0.58	0.9	1.5	2.2
10	18	0.5	0.8	1.2	2	3	5	8	11	18	27	43	70	110	0.18	0.27	0.43	0.7	1.1	1.8	2.7
18	30	0.6	1	1.5	2.5	4	6	9	13	21	33	52	84	130	0.21	0.33	0.52	0.84	1.3	2.1	3.3
30	50	0.6	1	1.5	2.5	4	7	11	16	25	39	62	100	160	0.25	0.39	0.62	1	1.6	2.5	3.9
50	80	0.8	1.2	2	3	5	8	13	19	30	46	74	120	190	0.3	0.46	0.74	1.2	1.9	3	4.6
80	120	1	1.5	2.5	4	6	10	15	22	35	54	87	140	220	0.35	0.54	0.87	1.4	2.2	3.5	5.4
120	180	1.2	2	3.5	5	8	12	18	25	40	63	100	160	250	0.4	0.63	1	1.6	2.5	4	6.3
180	250	2	3	4.5	7	10	14	20	29	46	72	115	185	290	0.46	0.72	1.15	1.85	2.9	4.6	7.2
250	315	2.5	4	6	8	12	16	23	32	52	81	130	210	320	0.52	0.81	1.3	2.1	3.2	5.2	8.1
315	400	3	5	7	9	13	18	25	36	57	89	140	230	360	0.57	0.89	1.4	2.3	3.6	5.7	8.9
400	500	4	6	8	10	15	20	27	40	63	97	155	250	400	0.63	0.97	1.55	2.5	4	6.3	9.7
500	630			9	11	16	22	32	44	70	110	175	280	440	0.7	1.1	1.75	2.8	4.4	7	11
630	800			10	13	18	25	36	50	80	125	200	320	500	0.8	1.25	2	3.2	5	8	12.5
800	1 000			11	15	21	28	40	56	90	140	230	360	560	0.9	1.4	2.3	3.6	5.6	9	14
1 000	1 250			13	18	24	33	47	66	105	165	260	420	660	1.05	1.65	2.6	4.2	6.6	10.5	16.5
1 250	1 600			15	21	29	39	55	78	125	195	310	500	780	1.25	1.95	3.1	5	7.8	12.5	19.5
1 600	2 000			18	25	35	46	65	92	150	230	370	600	920	1.5	2.3	3.7	6	9.2	15	23
2 000	2 500			22	30	41	55	78	110	175	280	440	700	1 100	1.75	2.8	4.4	7	11	17.5	28
2 500	3 150			26	36	50	68	96	135	210	330	540	860	1 350	2.1	3.3	5.4	8.6	13.5	21	33

附表 5-2 轴 a~j 的基本偏差数值

公称尺寸/mm		上极限偏差 es/μm												下极限偏差 ei/μm		
大于	至	所有公差等级												IT5和IT6	IT7	IT8
		a*	b*	c	cd	d	e	ef	f	fg	g	h	js	j		
—	3	−270	−140	−60	−34	−20	−14	−10	−6	−4	−2	0		−2	−4	−6
3	6	−270	−140	−70	−46	−30	−20	−14	−10	−6	−4	0		−2	−4	
6	10	−280	−150	−80	−56	−40	−25	−18	−13	−8	−5	0		−2	−5	
10	14	−290	−150	−95	−70	−50	−32	−23	−16	−10	−6	0	偏差=±ITn/2，式中，n是标准公差等级数	−3	−6	
14	18															
18	24	−300	−160	−110	−85	−65	−40	−25	−20	−12	−7	0		−4	−8	
24	30															
30	40	−310	−170	−120	−100	−80	−50	−35	−25	−15	−9	0		−5	−10	
40	50	−320	−180	−130												
50	65	−340	−190	−140		−100	−60		−30		−10	0		−7	−12	
65	80	−360	−200	−150												
80	100	−380	−200	−170		−120	−72		−36		−12	0		−9	−15	
100	120	−410	−240	−180												
120	140	−460	−260	−200		−145	−85		−43		−14	0		−11	−18	
140	160	−520	−280	−210												
160	180	−580	−310	−230												
180	200	−660	−340	−240		−170	−100		−50		−15	0		−13	−21	
200	225	−740	−380	−260												
225	250	−820	−420	−280												
250	280	−920	−480	−300		−190	−110		−56		−17	0		−16	−26	
280	315	−1 050	−540	−330												
315	355	−1 200	−600	−360		−210	−125		−62		−18	0		−18	−28	
355	400	−1 350	−680	−400												
400	450	−1 500	−760	−440		−230	−135		−68		−20	0		−20	−32	
450	500	−1 650	−840	−480												
500	560					−260	−145		−76		−22	0				
560	630															
630	710					−290	−160		−80		−24	0				
710	800															
800	900					−320	−170		−86		−26	0				
900	1 000															
1 000	1 120					−350	−195		−98		−28	0				
1 120	1 250															
1 250	1 400					−390	−220		−110		−30	0				
1 400	1 600															
1 600	1 800					−430	−240		−120		−32	0				
1 800	2 000															
2 000	2 240					−480	−260		−130		−34	0				
2 240	2 500															
2 500	2 800					−520	−290		−145		−38	0				
2 800	3 150															

* 公称尺寸≤1 mm 时，不使用基本偏差 a 和 b。

附表 5-3　轴 k~zc 的基本偏差数值

公称尺寸/mm		下级限偏差 ei/μm															
大于	至	IT4 至 IT7，IT7	≤IT7，IT8	所有公差等级													
		k	k	m	n	p	r	s	t	u	v	x	y	z	za	zb	zc
—	3	0	0	+2	+4	+6	+10	+14		+18		+20		+26	+32	+40	+60
3	6	+1	0	+4	+8	+12	+15	+19		+23		+28		+35	+42	+50	+80
6	10	+1	0	+6	+10	+15	+19	+23		+28		+34		+42	+52	+67	+97
10	14	+1	0	+7	+12	+18	+23	+28		+33		+40		+50	+64	+90	+130
14	18	+1	0	+7	+12	+18	+23	+28		+33	+39	+45		+60	+77	+108	+150
18	24	+2	0	+8	+15	+22	+28	+35		+41	+47	+54	+63	+73	+98	+136	+188
24	30	+2	0	+8	+15	+22	+28	+35	+41	+48	+55	+64	+75	+88	+118	+160	+218
30	40	+2	0	+9	+17	+26	+34	+43	+48	+60	+68	+80	+94	+112	+148	+200	+274
40	50	+2	0	+9	+17	+26	+34	+43	+54	+70	+81	+97	+114	+136	+180	+242	+325
50	65	+2	0	+11	+20	+32	+41	+53	+66	+87	+102	+122	+144	+172	+226	+300	+405
65	80	+2	0	+11	+20	+32	+43	+59	+75	+102	+120	+146	+174	+210	+274	+360	+480
80	100	+2	0	+13	+23	+37	+51	+71	+91	+124	+146	+178	+214	+258	+335	+445	+585
100	120	+2	0	+13	+23	+37	+54	+79	+104	+144	+172	+210	+254	+310	+400	+525	+690
120	140	+3	0	+15	+27	+43	+63	+92	+122	+170	+202	+248	+300	+365	+470	+620	+800
140	160	+3	0	+15	+27	+43	+65	+100	+134	+190	+228	+280	+340	+415	+535	+700	+900
160	180	+3	0	+15	+27	+43	+68	+108	+146	+210	+252	+310	+380	+465	+600	+780	+1 000
180	200	+3	0	+17	+31	+50	+77	+122	+166	+236	+284	+350	+425	+520	+670	+880	+1 150
200	225	+3	0	+17	+31	+50	+80	+130	180	+258	+310	+385	+470	+575	+740	+960	+1 250
225	250	+3	0	+17	+31	+50	+84	+140	+196	+284	+340	+425	+520	+640	+820	+1 050	+1 350
250	280	+4	0	+20	+34	+56	+94	+158	+218	+315	+385	+475	+580	+710	+920	+1 200	+1 550
280	315	+4	0	+20	+34	+56	+98	+170	+240	+350	+425	+525	+650	+790	+1 000	+1 300	+1 700
315	355	+4	0	+21	+37	+62	+108	+190	+268	+390	+475	+590	+730	+900	+1 150	+1 500	+1 900
355	400	+4	0	+21	+37	+62	+114	+208	+294	+435	+530	+660	+820	+1 000	+1 300	+1 650	+2 100
400	450	+4	0	+23	+40	+68	+126	+232	+330	+490	+595	+740	+920	+1 100	+1 450	+1 850	+2 400
450	500	+4	0	+23	+40	+68	+132	+252	+360	+540	+660	+820	+1 000	+1 250	+1 600	+2 100	+2 600
500	560	+5	0	+26	+44	+78	+150	+280	+400	+600							
560	630	+5	0	+26	+44	+78	+155	+310	+450	+660							
630	710	0	0	+30	+50	+88	+175	+340	+500	+740							
710	800	0	0	+30	+50	+88	+185	+380	+560	+840							
800	900	0	0	+34	+56	+100	+210	+430	+620	+940							
900	1 000	0	0	+34	+56	+100	+220	+470	+680	+1 050							
1 000	1 120	0	0	+40	+66	+120	+250	+520	+780	+1 150							
1 120	1 250	0	0	+40	+66	+120	+260	+580	+840	+1 300							
1 250	1 400	0	0	+48	+78	+140	+300	+640	+960	+1 450							
1 400	1 600	0	0	+48	+78	+140	+330	+720	+1 050	+1 600							
1 600	1 800	0	0	+58	+92	+170	+370	+820	+1 200	+1 850							
1 800	2 000	0	0	+58	+92	+170	+400	+920	+1 350	+2 000							
2 000	2 240	0	0	+68	+110	+195	+440	+1 000	+1 500	+2 300							
2 240	2 500	0	0	+68	+110	+195	+460	+1 100	+1 650	+2 500							
2 500	2 800	0	0	+76	+135	+240	+550	+1 250	+1 900	+2 900							
2 800	3 150	0	0	+76	+135	+240	+580	+1 400	+2 100	+3 200							

附表 5-4 孔 A～M 的基本偏差数值

下极限偏差 EI 适用于所有公差等级；上极限偏差 ES 中 J 分 IT6、IT7、IT8，K 分 ≤IT8、>IT8，M 分 ≤IT8、>IT8。JS 列：偏差 = ±ITn/2，式中，n 是标准公差等级数。单位：μm。

公称尺寸 大于	至	A[a]	B[a]	C	CD	D	E	EF	F	FG	G	H	J (IT6)	J (IT7)	J (IT8)	K[c,d] (≤IT8)	K[c,d] (>IT8)	M[b,c,d] (≤IT8)	M[b,c,d] (>IT8)
—	3	+270	+140	+60	+34	+20	+14	+10	+6	+4	+2	0	+2	+4	+6	0	0	−2	−2
3	6	+270	+140	+70	+46	+30	+20	+14	+10	+6	+4	0	+5	+6	+10	−1+Δ		−4+Δ	−4
6	10	+280	+150	+80	+56	+40	+25	+18	+13	+8	+5	0	+5	+8	+12	−1+Δ		−6+Δ	−6
10	14	+290	+150	+95	+70	+50	+32	+23	+16	+10	+6	0	+6	+10	+15	−1+Δ		−7+Δ	−7
14	18	+290	+150	+95	+70	+50	+32	+23	+16	+10	+6	0	+6	+10	+15	−1+Δ		−7+Δ	−7
18	24	+300	+160	+110	+85	+65	+40	+28	+20	+12	+7	0	+8	+12	20	−2+Δ		−8+Δ	−8
24	30	+300	+160	+110	+85	+65	+40	+28	+20	+12	+7	0	+8	+12	20	−2+Δ		−8+Δ	−8
30	40	+310	+180	+130	+100	+80	+50	+35	+25	+15	+9	0	+10	+14	+24	−2+Δ		−9+Δ	−9
40	50	+320	+180	+130	+100	+80	+50	+35	+25	+15	+9	0	+10	+14	+24	−2+Δ		−9+Δ	−9
50	65	+340	+190	+140		+100	+60		+30		+10	0	+13	+18	+28	−2+Δ		−11+Δ	−11
65	80	+360	+200	+150		+100	+60		+30		+10	0	+13	+18	+28	−2+Δ		−11+Δ	−11
80	100	+380	+220	+170		+120	+72		+36		+12	0	+16	+22	+34	−3+Δ		−13+Δ	−13
100	120	+410	+240	+180		+120	+72		+36		+12	0	+16	+22	+34	−3+Δ		−13+Δ	−13
120	140	+460	+260	+200		+145	+85		+43		+14	0	+18	+26	+41	−3+Δ		−15+Δ	−15
140	160	+520	+280	+210		+145	+85		+43		+14	0	+18	+26	+41	−3+Δ		−15+Δ	−15
160	180	+580	+310	+230		+145	+85		+43		+14	0	+18	+26	+41	−3+Δ		−15+Δ	−15
180	200	+660	+340	+240		+170	+100		+50		+15	0	+22	+30	+47	−4+Δ		−17+Δ	−17
200	225	+740	+380	+260		+170	+100		+50		+15	0	+22	+30	+47	−4+Δ		−17+Δ	−17
225	250	+820	+420	+280		+170	+100		+50		+15	0	+22	+30	+47	−4+Δ		−17+Δ	−17
250	280	+920	+480	+300		+190	+110		+56		+17	0	+25	+36	+55	−4+Δ		−20+Δ	−20
280	315	+1 050	+540	+330		+190	+110		+56		+17	0	+25	+36	+55	−4+Δ		−20+Δ	−20
315	355	+1 200	+600	+360		+210	+125		+62		+18	0	+29	+39	+60	−4+Δ		−21+Δ	−21
355	400	+1 350	+680	+400		+210	+125		+62		+18	0	+29	+39	+60	−4+Δ		−21+Δ	−21
400	450	+1 500	+760	+440		+230	+135		+68		+20	0	+33	+43	+66	−5+Δ		−23+Δ	−23
450	500	+1 650	+840	+480		+230	+135		+68		+20	0	+33	+43	+66	−5+Δ		−23+Δ	−23
500	560					+260	+145		+76		+22	0				0			−26
560	630					+260	+145		+76		+22	0				0			−26
630	710					+290	+160		+80		+24	0				0			−30
710	800					+290	+160		+80		+24	0				0			−30
800	900					+320	+170		+86		+26	0				0			−34
900	1 000					+320	+170		+86		+26	0				0			−34
1 000	1 120					+350	+195		+98		+28	0				0			−40
1 120	1 250					+350	+195		+98		+28	0				0			−40
1 250	1 400					+390	+220		+110		+30	0				0			−48
1 400	1 600					+390	+220		+110		+30	0				0			−48
1 600	1 800					+430	+240		+120		+32	0				0			−58
1 800	2 000					+430	+240		+120		+32	0				0			−58
2 000	2 240					+480	+260		+130		+34	0				0			−68
2 240	2 500					+480	+260		+130		+34	0				0			−68
2 500	2 800					+520	+290		+145		+38	0				0			−76
2 800	3 150					+520	+290		+145		+38	0				0			−76

a 公称尺寸 ≤1 mm 时，不适用基本偏差 A 和 B。

b 特例：对于公称尺寸大于 250～315 mm 的公差带代号 M6，ES=−9 μm（计算结果不是 −11 μm）。

c 为确定 K 和 M 的值，见国家标准 GB/T 1800.1—2020 中 4.3.2.5。

d 对于 Δ 值，见附表 5-5。

附表 5-5　孔 N~ZC 的基本偏差数值

P~ZC*　在>IT7的标准公差等级的基本偏差数值上限增加一个Δ值

公称尺寸/mm 大于	至	N*		P~ZC*	基本偏差数值 上极限偏差 ES/μm P	R	S	T	U	V	X	Y	Z	ZA	ZB	ZC	Δ值 标准公差等级/μm IT3	IT4	IT5	IT6	IT7	IT8
—	3	−4	−4		−6	−10	−14		−18		−20		−26	−32	−40	−60	0	0	0	0	0	0
3	6	−8+Δ	0		−12	−15	−19		−23		−28		−35	−42	−50	−80	1	1.5	1	3	4	6
6	10	−10+Δ	0		−15	−19	−23		−28		−34		−42	−52	−67	−97	1	1.5	2	3	6	7
10	14	−12+Δ	0		−18	−23	−28		−33		−40		−50	−64	−90	−130	1	2	3	3	7	9
14	18	−12+Δ	0		−18	−23	−28		−33	−39	−45		−60	−77	−108	−150	1	2	3	3	7	9
18	24	−15+Δ	0		−22	−28	−35		−41	−47	−54	−63	−73	−98	−136	−188	1.5	2	3	4	8	12
24	30	−15+Δ	0		−22	−28	−35	−41	−48	−55	−64	−75	−88	−118	−160	−218	1.5	2	3	4	8	12
30	40	−17+Δ	0		−26	−34	−43	−48	−60	−68	−80	−94	−112	−148	−200	−274	1.5	3	4	5	9	14
40	50	−17+Δ	0		−26	−34	−43	−54	−70	−81	−97	−114	−136	−180	−242	−325	1.5	3	4	5	9	14
50	65	−20+Δ	0		−32	−41	−53	−66	−87	−102	−122	−144	−172	−226	−300	−405	2	3	5	6	11	16
65	80	−20+Δ	0		−32	−43	−59	−75	−102	−120	−146	−174	−210	−274	−360	−480	2	3	5	6	11	16
80	100	−23+Δ	0		−37	−51	−71	−91	−124	−146	−178	−214	−258	−335	−445	−585	2	4	5	7	13	19
100	120	−23+Δ	0		−37	−54	−79	−104	−144	−172	−210	−254	−310	−400	−525	−690	2	4	5	7	13	19
120	140	−27+Δ	0		−43	−63	−92	−122	−170	−202	−248	−300	−365	−470	−620	−800	3	4	6	7	15	23
140	160	−27+Δ	0		−43	−65	−100	−134	−190	−228	−280	−340	−415	−535	−700	−900	3	4	6	7	15	23
160	180	−27+Δ	0		−43	−68	−108	−146	−210	−252	−310	−380	−465	−600	−780	−1 000	3	4	6	7	15	23
180	200	−31+Δ	0		−50	−77	−122	−166	−236	−284	−350	−425	−520	−670	−880	−1 150	3	4	6	9	17	26
200	225	−31+Δ	0		−50	−80	−130	−180	−258	−310	−385	−470	−575	−740	−960	−1 250	3	4	6	9	17	26
225	250	−31+Δ	0		−50	−84	−140	−196	−284	−340	−425	−520	−640	−820	−1 050	−1 350	3	4	6	9	17	26
250	280	−34+Δ	0		−56	−94	−158	−218	−315	−385	−475	−580	−710	−920	−1 200	−1 550	4	4	7	9	20	29
280	315	−34+Δ	0		−56	−98	−170	−240	−350	−425	−525	−650	−790	−1 000	−1 300	−1 700	4	4	7	9	20	29
315	355	−37+Δ	0		−62	−108	−190	−268	−390	−475	−590	−730	−900	−1 150	−1 500	−1 900	4	5	7	11	21	32
355	400	−37+Δ	0		−62	−114	−208	−294	−435	−530	−660	−820	−1 000	−1 300	−1 650	−2 100	4	5	7	11	21	32
400	450	−40+Δ	0		−68	−126	−232	−330	−490	−595	−740	−920	−1 100	−1 450	−1 850	−2 400	5	5	7	13	23	34
450	500	−40+Δ	0		−68	−132	−252	−360	−540	−660	−820	−1 000	−1 250	−1 600	−2 100	−2 600	5	5	7	13	23	34

基本偏差数值
上极限偏差 ES/μm

公称尺寸/mm		≤IT8 / >IT8	≤IT7	>IT7 的标准公差等级				
大于	至	N*	P~ZC	P	R	S	T	U
500	560	−44	在>IT7的标准公差等级的基本偏差数值上限增加一个Δ值	−78	−150	−280	−400	−600
560	630				−155	−310	−450	−660
630	710	−50		−88	−175	−340	−500	−740
710	800				−185	−380	−560	−840
800	900	−56		−100	−210	−430	−620	−940
900	1 000				−220	−470	−680	−1 050
1 000	1 120	−66		−120	−250	−520	−780	−1 150
1 120	1 250				−260	−580	−840	−1 300
1 250	1 400	−78		−140	−300	−640	−960	−1 450
1 400	1 600				−330	−720	−1 050	−1 600
1 600	1 800	−92		−170	−370	−820	−1 200	−1 850
1 800	2 000				−400	−920	−1 350	−2 000
2 000	2 240	−110		−195	−440	−1 000	−1 500	−2 300
2 240	2 500				−460	−1 100	−1 650	−2 500
2 500	2 800	−135		−240	−550	−1 250	−1 900	−2 900
2 800	3 150				−580	−1 400	−2 100	−3 200

* 公称尺寸≤1 mm 时，不使用标准公差等级>IT8 的基本偏差 N。

参考文献

[1] 涂晶洁. 机械制图(项目式教学)[M]. 2版. 北京：机械工业出版社，2018.

[2] 刘哲，高玉芬. 机械制图[M]. 7版. 大连：大连理工大学出版社，2018.

[3] 孙跃爽，段银利，原伟. 机械制图[M]. 镇江：江苏大学出版社，2013.

[4] 王槐德. 机械制图新旧标准代换教程[M]. 北京：中国标准出版社，2004.

[5] 朱凤艳. 机械制图[M]. 2版. 北京：北京理工大学出版社，2016.

[6] 金大鹰. 机械制图[M]. 10版. 北京：机械工业出版社，2020.

[7] 刘善平，郑学贵，张心宇. 船舶动力装置[M]. 2版. 北京：人民交通出版社，2014.